上海商学院学术专著出版基金支持　　　　　　　　　　　　海派商业文化研究院
　　　　　　　　　　　　　　　　　　　　　　　　　　海派商业文化系列丛书

从近代对外贸易中心到卓越全球城市

上海对外贸易与城市功能变迁

郭娆锋　著

上海科学技术文献出版社
Shanghai Scientific and Technological Literature Press

图书在版编目（CIP）数据

从近代对外贸易中心到卓越全球城市：上海对外贸易与城市功能变迁/郭娆锋著. —上海：上海科学技术文献出版社，2024
ISBN 978-7-5439-9031-9

Ⅰ.①从… Ⅱ.①郭… Ⅲ.①对外贸易—经济史—上海—近现代 Ⅳ.①F752.851

中国国家版本馆CIP数据核字（2024）第061651号

上海文化发展基金会图书出版专项基金资助项目

责任编辑：李　莺
封面设计：张琳洁

从近代对外贸易中心到卓越全球城市：上海对外贸易与城市功能变迁
CONG JINDAI DUIWAIMAOYI ZHONGXIN DAO ZHUOYUE QUANQIU CHENGHSHI: SHANGHAI DUIWAIMAOYI YU CHENGSHI GONGNENG BIANQIAN
郭娆锋　著

出版发行：上海科学技术文献出版社
地　　址：上海市淮海中路1329号4楼
邮政编码：200031
经　　销：全国新华书店
印　　刷：商务印书馆上海印刷有限公司
开　　本：720mm×1000mm　1/16
印　　张：16
字　　数：269 000
版　　次：2024年6月第1版　2024年6月第1次印刷
书　　号：ISBN 978-7-5439-9031-9
定　　价：75.00元
http://www.sstlp.com

"海派商业文化系列丛书"
编辑委员会

主　任：劳晓芸

副主任：刘　斌　张　冰

委　员：郭娆锋　刘叙一　牛　萌　孙　迪　王　斐
　　　　肖志珂　徐薛艳　赵鸿飞

前言

1843年11月,上海正式开埠。自此,上海开启了它的近代对外贸易大发展时代。对外贸易推动着上海经济与城市的发展,并不断助推上海发展成为当时的经济、金融、贸易和航运中心。回顾近代上海对外贸易中心的演进历程,上海之所以能够成为近代中国乃至远东的对外贸易中心,得益于其得天独厚的自然条件、不断创新的制度环境以及悠久的海派商业文化传统等。就优越的地理条件而言,上海通江达海,处于中国1.8万多千米大陆海岸线的中心位置,扼守长江口,拥有四季可通航的优良港口,开埠前就已经开通北洋、南洋、长江、运河四条重要航线。

1949年5月,上海解放后,在中国共产党领导下,上海对外贸易稳步发展。为了冲破国外封锁,上海以国营外贸企业为主体,不断开拓新的对外贸易伙伴,依靠独立自主的对外贸易政策,实现了上海对外贸易规模稳步增长,同时,国内对外贸易中心地位也逐渐恢复。1978年,改革开放以后,随着新的市场活力被不断激发,经营体制改革成效逐步凸显,上海对外贸易迎来了全新发展时期。尤其在21世纪后,随着上海对外贸易规模的不断扩大,出口商品结构也开始逐渐优化,上海国际贸易中心的地位逐步凸显,上海对外贸易进入了高速发展期。

回顾新中国成立以来上海城市的发展历程,上海在国家发展战略中,经历了从"重要工业基础和财政支柱"到"社会主义现代化的中心城市",从"国际大都市"到"社会主义现代化国际大都市",再向"具有世界影响力的社会主义现代化国际大都市"演进的历程。上海的城市功能也经历了从消费的城市向生产的城市,从"一个龙头、四个中心"到"五个中心"和"四大功能"的转变。

20世纪40年代,上海已从远东经济中心,衰退为一座生产萎靡、百业萧条、物价飙升、工业全面瘫痪的畸形发展的城市。从城市功能的转变上来看,把消费的城市转变为生产的城市,是新中国成立初期中国共产党人领导下的城市工作的中心环节,为上海改造和发展指明了方向,成了新上海发展的核心内容。只有将消费的城市转换为生产的城市,才能带动全国城市的工业发展,推动我国工业化的进程,从而完成我国从农业国向工业国的转变。上海作为新中国工业基础最好的城市承担起了它的历史使命。在消费的城市向着生产的城市转型过程中,中央赋予了上海功能定位——上海就是全国的上海。上海要从全国的角度考虑自身的发展,最初的是"全国支援上海,上海支援全国",随后发展成为"全国一盘棋"的总规划,上海成了支援内地的工业基地。

改革开放之初,上海仍然延续以工业发展为重心的战略政策,工业中心的功能仍然处于领导地位。随着全国经济改革的进一步推进,中央、国务院对上海的经济发展做出了重要指示。1982年12月,国务院批准成立上海经济区,并规定上海是整个经济区的中心。随后,明确指出上海作为全国的经济中心,是其他城市不可替代的。进入20世纪90年代后,根据国内外形势的变化和发展,中央对上海的功能定位有了更新的指示和要求,党的十四大报告中明确指出:"以浦东开发开放为龙头,进一步开放长江沿岸城市,尽快把上海建成国际经济、金融、贸易中心之一,带动长江三角洲和整个长江流域地区经济发展。"全新的功能定位进一步明确了上海经济建设的主攻方向,应当落实为金融和贸易,上海由此发展成为多功能性的国际大都市。由此,开放开启了全面推进上海城市各大功能建设的宏伟篇章。2001年2月,上海基本确立由"三个中心"向"四个中心"发展,即将上海发展成为国际经济中心、金融中心、贸易中心和航运中心之一。

2017年12月15日,《上海市城市总体规划(2017—2035年)》(简称《上海2035》)获得国务院批复原则同意。这是从"1946年大上海都市计划"至2018年上海的第六轮城市总体规划,明确上海打造"卓越全球城市"和"社会主义国际大都市"的方向。自此,上海开始从建设"四个中心"向建设"五个中心"奋力前行,并不断深化其城市核心功能。同时,面向"十四五",上海要强化"四大功能",即强化全球资源配置功能、科技创新策源功能、高端产业引领功能、开放枢纽门户功能"四大功能"布局。

因此,本书的研究内容由以下几个部分构成:首先,对上海对外贸易中心的演变进行了全方位的回顾,深入探讨了近代上海对外贸易中心的发展历程、新中国成立后上海对外贸易制度变化以及上海国际贸易中心建设的初步设想。其次,就近代主要的商品贸易、上海洋行与上海城市发展进行了简要的概括,并在此基础上,追寻历史的脉搏,对上海城市功能的变迁做了全方位的回顾。再次,借鉴香港、东京国际贸易中心城市发展经验,结合中国自由贸易区的发展,对新时代上海现代国际贸易中心建设进行了深入的研究,并进一步探讨了数字贸易与服务贸易的发展。最后,从上海浦东新区—国际贸易核心区的建设历程出发,对上海全球城市功能建设进行了进一步的研究。

由于本书所研究的内容时间跨度长,工作量较大,一些资料搜集困难,势必造成很多的遗漏和差错。对于本书存在的不足之处,诚请读者批评指正。

目录

第一章　上海对外贸易中心的演进 ⋯⋯⋯⋯⋯⋯⋯⋯⋯⋯⋯⋯⋯⋯ 001
　第一节　近代上海贸易中心发展历程 ⋯⋯⋯⋯⋯⋯⋯⋯⋯⋯⋯⋯⋯ 001
　第二节　新中国计划经济体制下的上海对外贸易发展 ⋯⋯⋯⋯⋯⋯ 007
　第三节　国际贸易中心的初步设想 ⋯⋯⋯⋯⋯⋯⋯⋯⋯⋯⋯⋯⋯⋯ 016

第二章　近代商品贸易、上海洋行与城市发展 ⋯⋯⋯⋯⋯⋯⋯⋯⋯ 032
　第一节　几项重点商品贸易品类概况 ⋯⋯⋯⋯⋯⋯⋯⋯⋯⋯⋯⋯⋯ 032
　第二节　重点商品贸易与上海城市发展 ⋯⋯⋯⋯⋯⋯⋯⋯⋯⋯⋯⋯ 041
　第三节　上海洋行发展历程及其影响 ⋯⋯⋯⋯⋯⋯⋯⋯⋯⋯⋯⋯⋯ 050

第三章　上海城市功能的变迁 ⋯⋯⋯⋯⋯⋯⋯⋯⋯⋯⋯⋯⋯⋯⋯⋯ 066
　第一节　新中国成立初期上海城市功能的转型 ⋯⋯⋯⋯⋯⋯⋯⋯⋯ 066
　第二节　从单纯"生产城市"到"一个龙头、四个中心" ⋯⋯⋯⋯⋯ 071
　第三节　"五个中心"与"四大功能"的提出 ⋯⋯⋯⋯⋯⋯⋯⋯⋯⋯ 077

第四章　国际贸易中心城市的发展历程：以中国香港、日本东京为例
⋯⋯⋯⋯⋯⋯⋯⋯⋯⋯⋯⋯⋯⋯⋯⋯⋯⋯⋯⋯⋯⋯⋯⋯⋯⋯⋯⋯⋯⋯ 104
　第一节　国际贸易中心城市的特征 ⋯⋯⋯⋯⋯⋯⋯⋯⋯⋯⋯⋯⋯⋯ 105
　第二节　中国香港国际贸易中心发展研究 ⋯⋯⋯⋯⋯⋯⋯⋯⋯⋯⋯ 108
　第三节　日本东京国际贸易中心发展研究 ⋯⋯⋯⋯⋯⋯⋯⋯⋯⋯⋯ 125

第五章　中国(上海)自由贸易试验区与国际贸易中心建设 …… 136
第一节　中国自由贸易试验区发展 …… 137
第二节　上海自由贸易试验区发展历程 …… 153
第三节　现代上海国际贸易中心建设 …… 158

第六章　数字贸易与服务贸易发展 …… 167
第一节　全球数字贸易发展现状 …… 168
第二节　中国服务贸易与数字贸易发展概况 …… 171
第三节　上海服务贸易与数字贸易发展概况 …… 181

第七章　从上海浦东到全球城市功能建设 …… 192
第一节　浦东新区——国际贸易核心区的建设 …… 192
第二节　上海全球城市功能建设 …… 201

参考文献 …… 213

附录　"十四五"时期提升上海国际贸易中心能级规划 …… 216

第一章　上海对外贸易中心的演进

第一节　近代上海贸易中心发展历程

19世纪50年代开始,上海取代广州成为中国最大的港口城市,并迅速发展成为中国最重要的对外贸易中心,上海进出口额占到全国进出口总值的一半以上,在进口方面更是经常达到全国进口值的60%以上(表1-1)。因此,上海作为当时中国的经济中心、最重要的通商口岸、中西方交流的重要渠道,推动着中国其他城市的发展,并开始引领中国近代经济社会向前发展。

表1-1　全国和上海货值增长趋势表　　　　　单位:千关两

年份	进口净值			出口货值			进出口总值		
	上海	全国	上海占全国百分比/%	上海	全国	上海占全国百分比/%	上海	全国	上海占全国百分比/%
1867	39 795	62 459	64	26 237	52 158	50	66 032	114 617	58
1873	43 891	66 637	66	37 553	69 451	54	81 444	136 088	60
1886	58 121	87 479	66	31 310	77 207	41	89 431	164 686	54
1894	93 256	62 103	58	58 422	128 105	46	151 678	290 208	52

资料来源:上海社会科学院经济研究所、上海市国际贸易学会学术委员会编,《上海对外贸易1840—1949》(上册),上海社会科学院出版社,1989年11月,第28页。

美国人罗兹·墨菲在《上海——现代中国的钥匙》一书中指出:"上海城市,从地形学上讲,位于那从西面和北面向它汇合的华东低地和整个长江流域的焦点。长江及其支流,把中国物产丰饶的核心地带百川注入的水源收容下来,最后都倾泻到黄浦江口,在基本上属于工业发展前的中国经济体系中,超溢当地市场而外运的货物,多半经由水路运送出去。在这个紧要关键的问题上,没有什么地方能够享有上海有利条件的一小部分。"①

19世纪末,上海优越的地理位置让其继续维持着近代中国对外贸易转运中心的位置,国际贸易往来都集中于上海,并通过沿海沿江水运交通保持着国内国外的货物交流。如表1-1所示,1894年上海从国外进口总值9 326万关两,其中有6 261万关两(占67%)是转运到其他通商口岸的;出口总值5 842万关两,其中来自其他通商口岸通过上海转口出口数有2 905万关两,为出口总值的一半。② 随着工业和对外贸易的进一步发展,上海在20世纪初成为世界十大海港之一。

对外贸易的发展与上海城市整体发展密不可分,而且对外贸易对上海的影响体现在城市发展的各个方面。随着上海对外贸易的不断发展,上海的商业、工业、航运、金融、保险等相关行业纷纷迅速成长起来,上海城市的发展轨迹也开始追随着对外贸易制度的改变而不断延伸。从某种程度上说,上海人的生活方式和价值观念也随着对外贸易的大发展而发生不同的变化。

一、近代对外贸易对上海城市建设的贡献

第二次鸦片战争打破了上海城市建设的轨迹,将上海推到了对外贸易体系改革和优化的前沿,给上海注入了全新的对外贸易制度和运作模式。随着长江和华北的更多城市作为通商口岸陆续开放,上海成为国内商品贸易的集散地,进一步巩固了其在全国对外贸易中的地位。同时,随着上海城市地位的提高、贸易相关的产业迅速发展,上海逐步发展成为全国的金融中心、工业中心、商业中心和贸易中心,最终成为远东的经济文化中心。

---

① [美]罗兹·墨菲.《上海——现代中国的钥匙》,上海社会科学院历史研究所编译,上海人民出版社,1986,第56页。
② 上海社会科学院经济研究所、上海市国际贸易学会学术委员会编.《上海对外贸易1840—1949》(上册),上海社会科学院出版社,1989,第30页。

(一) 上海取代广州成为近代对外贸易中心

上海对外贸易的规模及体制创新决定了其在上海近代经济社会发展中的地位。在开埠初期,洋行、买办(华商)、海关、道台等贸易环节中各要素互动、磨合,列强与清廷、上海地方官不断博弈,在对抗中寻求共同利益,逐步形成了开埠后中国开展对外贸易的样板。上海对外体制在摸索中前行,并对其他口岸起到了很好的示范和引领作用,尤其在制度创新方面,有些制度如租界制度、买办制度、新式工厂制度、产权制度,特别是江海关的外籍税务司制度在《天津条约》签订后即在全国通商口岸迅速推广,带来较强的辐射效应。[1]

上海能取代广州成为对外贸易中心的主要原因在于:首先,对外侵略的资本主义国家将掠夺中国财富的重心从广州转至上海。在迫使清政府开放五个通商口岸后,英美等资本主义国家将上海作为侵略中国内地的据点,以达到更好地侵略中国的目的。其次,上海的地理位置优越。就掠夺的出口商品而言,以丝茶为例,其原产地距离上海更近,而离广州口岸较远,因此,丝茶的出口大多就近转到上海,如此可以获得更多的利润。再次,就进口贸易而言,上海地处中国口岸的中间位置,外国海运轮船到达上海后,其携带的货物既可以向南销售到浙江、福建以及广州等地方,也可以销往华北地区。同时,地处长江流域的上海,其周边也是富饶之地,水陆交通十分便利,附近区域的经济相对来说也比较发达,洋商也愿意且容易将国外的商品销售到这些地方。因此,上海开埠之后,资本主义国家将大量原先运销到广州的货物转运到上海市场进行销售。如此一来,经过十几年的发展,上海就取代了广州的商业地位,成为当时中国的对外贸易中心,跃居于全国对外贸易的首位。[2]

另外有学者认为,近代上海对外贸易中心的形成,得益于太平天国运动带来的契机、上海条约口岸制度及长江流域的开埠。1851年太平天国运动的爆发,打破了中国对外贸易的原有格局,战乱阻碍了传统的商业运输道路,南方进出口贸易停滞,原来从内地转运广州出口的商品开始部分地转往上海,开辟新的外销路径。同时,由于条约口岸制度的间接保护,人口及商业精英向上海大规模迁移,为上海对外贸易的发展提供了充分的市场要素。1861年,镇江、九江和汉口的口岸开埠,长江流域(特别是中游地区)的传统商路发生根本性转变,长江流域逐渐成为上海腹地,其进出口市场得以成倍扩展。出口的商品开始转运上海,广

---

[1] 夏斯云等著.《上海近现代对外贸易史纲》,上海人民出版社,2015,第2页。
[2] 黄苇.《上海开埠初期对外贸易研究(1843—1863年)》,上海人民出版社,1979,第78页。

州对外贸易受到了极大的影响。①

(二) 上海从对外贸易中心到近代金融中心

19世纪下半叶,随着上海对外贸易地位的不断上升,上海的金融业也逐渐崛起,随后发展成为全国的金融中心。上海对外贸易的大幅增长,也迫切需要与之相适应且能高效运作的金融体系,而当时上海本地的金融业发展以钱庄为主,显然钱庄的实力无法满足上海港内贸易发展的需求。此时,外资银行与钱庄开始联合,建立起了信用与资金融通关系。如此,钱庄的经营方式主要表现为:一方面以传统简便的存贷款方式与国内农副产品贸易商建立信贷关系;另一方面以拆借的方式与外资银行进行合作、共同牟利。

具体来看,自1847年英商丽如银行(Oriental Bank)在上海开设分行之后,上海洋商开办的银行迅速增多,到1911年达到27家。另外,1891年成立的西商上海股份公所(1904年改组易名为上海众业公所),则是中国最早的证券交易所。1897年5月,在上海开业的中国通商银行是第一家由中国人自己开办的银行,随后,又成立了信成、四明、裕商等多家银行。大多数的华商银行都具备纸币的发行权,并在外埠设有分支机构或代理机构。截至1911年,上海华洋银行的业务范围已超出长江下游各省,辐射到华北、华南和华中的若干地区。显然,经过开埠后半个多世纪的发展,上海的金融业不仅具有地区性,而且已有全国性的地位。② 从20世纪开始,华商银行兴起,在第一次世界大战期间,中国民族工商业乘机快速发展,华商银行迎来了发展的机会,资本迅速积累,逐步成为中国金融业的新力量。

20世纪20年代下半期至30年代初,上海成为完全的金融中心,主要表现为③:(1)金融机构总部的集聚。除了早期的"南山行"(浙江兴业银行,1907年;浙江实业银行,1910年;上海商业储蓄银行,1915年)、通商银行的总部原来就在上海外,资本规模较大的中国、交通、盐业、大陆、金城以及中国实业等银行的总部也纷纷从北京或天津移至上海。(2)社会货币资本高度集中。全国银行存款总余额,从1911年的1亿元,增长为1931年的20亿元,随着现金进一步集聚于

---

① 李发根.《论近代上海对外贸易中心的形成——以战争契机与口岸制度为视角》,上海经济研究,2016,第9期。
② 吴景平.《中国近代金融史十讲》,复旦大学出版社,2019,第4—5页。
③ 洪葭管.《20世纪的上海金融》,上海人民出版社,2004,第5—6页。

沿海城市,银行吸储能力大大增强,1936年全国银行存款余额高达45亿元。(3) 金银、外汇的总汇聚地,货币发行的枢纽。上海港口的黄金白银吞吐量居全国首位,外汇业务和国际收支频繁,金银外汇的库存和储备也占据相当大的比重。(4) 上海是全国利率和多种金融资产市场行情的转移发布地。(5) 具有投资市场的功能,容纳来自全国各地的资金。1934年,上海证券交易所债券成交量就达47.7亿元,而北京证券交易所的成交量不足1亿元。(6) 各类金融市场和营业场所都于这一时期扩建或进一步活跃。(7) 大型银行完成在全国各地金融网点的铺设。(8) 经营近代银行必需的人才、信息和设备逐步建立和齐全,电信、交通和基础设施日益先进,上海与各地广泛进行金融联系,承担金融服务的条件更加成熟。

二、上海成为近代对外贸易中心的原因分析

(一) 上海优越的地理位置和人文环境

上海具有得天独厚的地理环境条件。首先,上海地处中国漫长海岸线的沿海中心与长江入海口,拥有四季都可以通航的优良港口,并共有五条重要航线:第一条是北洋航线。由上海向北航行,可至青岛、烟台、天津、牛庄(今营口)。第二条是南洋航线。由上海南行,经浙江,可达福建、广东及南洋群岛一带。南北洋航线的物资的汇集,让上海形成了南北洋货物转口的枢纽。第三条是长江航线。此航线自古就已经开辟,联系上海和长江各口岸。第四条是运河、太湖水道内河航线,贯穿江苏、浙江、安徽、山东、河北各地。第五条是外洋航线。东通美洲,南航印度可达欧洲,北至海参崴。[①]

其次,广阔的经济腹地和丰富的自然资源。长江三角洲地区盛产各类农副产品,比如大米、菜籽、丝、棉以及一些手工业品等,因此,长江三角洲地区的经济相对比较发达,为对外贸易活动提供了进口市场和出口货源。而现代工业的发展,带来了所需的进口生产资料,如上海进口商品包括纺纱所需的棉花、钢材以及其他的各种化工原料。据不完全统计,外贸商品结构中,进口商品品种从19世纪70年代的近百种猛增到20世纪的1 000余种。

最后,上海人口增长和购买力的集聚。20世纪后,上海城市人口超过300万人,居全国首位。人口增长带来了强大的购买力,也催生了中国近代最大的零

---

① 陈立仪、陆志濂、钱小明.《解放前上海是怎样成为我国主要对外贸易中心》,《社会科学》,1982,第5期。

售业市场。上海的南京路成了当时中国最负盛名的商业购物街,市区内也形成了以公馆马路、霞飞路、静安寺、小东门等为主的商业集聚区,市区外围的沪西、沪东、沪北等地也开始形成一批以社会中下层居民为主要消费对象的商业中心。1933年,上海已有大小商业店铺7.2万户,其中公共租界2.28万户,法租界1.12万户,华界3.8万户。1936年,全市商业店铺再增至86 639户。一个从批发到零售门类齐全的商业网络在上海已完全形成。①

(二) 上海对外贸易制度创新

上海近代对外贸易制度的创新表现为:首先,买办和工厂制度的创立。买办是外商在中国经营的代理人,这种委托代理的关系,促进了内地商人与洋商的商品交易,建立了某种意义上的信用关系。近代买办首先诞生于上海,通过依附于外商带来的财力和权势,以及自身的社会关系,发展成为拥有财富和声望的阶层。尽管买办在很多方面被视为帝国主义掠取国人财富的工具,但在某种意义上说,买办制度对于对外贸易起到了降低交易成本、推动上海对外贸易的发展的作用。上海工厂制度方面的创新,带来了生产的高效率,为当时上海在中国的经济地位奠定了坚实的基础,并巩固了对外贸易中心的物质基础。其次,上海对外贸易发展带来的金融制度创新。为了满足对外贸易发展对资金高效运转的需要,为对外贸易服务的近代金融机构和金融制度在上海诞生。美国记者托马斯·诺克斯曾在书中写道:"在中国所有的开放口岸都有中国的银行、保险公司、同业公会轮船公司,而且都由中国人管理,并得到了中国人的资金支持。"②银行、保险公司及证券交易所等近代金融制度的建立和发展,让上海巩固了金融中心的地位,并引领其他口岸和地区的发展。

(三) 上海工业提供雄厚的物质基础

开埠初期,为了更好地服务于对外贸易及其需求,船舶修造和出口商品加工工业逐步兴起。上海工业迅速成长是在《马关条约》允许外商在中国直接开设工厂之后。而在第一次世界大战之后,上海民族工业发展迅速。据不完全统计,1911至1947年,30人以上规模的工厂,从1911年的48家增长到1947年的7 738家,增幅近120倍,包括食品、棉纺、丝织等行业,门类比较齐全,产量颇丰。

---

① 张忠民.《近代上海经济中心地位的形成和确立》,《上海经济研究》,1996,第10期。
② 夏斯云等著.《上海近现代对外贸易史纲》,上海人民出版社,2015,第117页。

从 1932 到 1937 年,上海工业生产总值占到全国的 51%。如表 1-2 所示,1947 年,上海工厂数占全国工厂数的 60.4%,职工人数也占全国的 60% 左右,上海逐步发展成为我国轻纺工业中心。[①]

表 1-2 上海在全国的工业地位(1911—1947 年)

年份	全国工厂数		上海工厂数		上海占全国百分比/%
	家数	指数	家数	指数	
1911	171	100	48	100	28.1
1927	1 347	780	449	930	32.7
1933	2 435	1 420	1 186	2 470	48.7
1947	12 812	7 480	7 738	11 950	60.4

注:"指数"以 1911 年作为基数 100 计算而得。
资料来源:陈立仪、陆志濂、钱小明,《新中国成立前上海是怎样成为我国主要对外贸易中心》,《社会科学》,1982 年,第 5 期。

对外贸易的发展促进了国外先进技术在上海工业领域的实践,大大提高了上海工业发展水平及竞争力,并在激烈的国际市场竞争环境下逐步发展,开拓了市场,提供了资本、管理经验和商业网络;与此同时,上海工业为对外贸易的发展提供了雄厚的物质基础。对外贸易中心与工业中心相互支撑,共同促进上海经济社会的发展。

第二节 新中国计划经济体制下的上海对外贸易发展

新中国成立之初,对外贸易体制的运行以毛泽东的对外贸易统制政策理论思想为指导,在计划经济体制下,全国对外贸易实施"统制对外贸易"制度。随着独立自主的对外贸易体制的建立和运行,对外贸易规模逐年扩大,到 1978 年全国对外贸易总额达到近 300 亿美元,远远高于新中国成立初期的规模。1949 年

---

① 陈立仪、陆志濂、钱小明.《解放前上海是怎样成为我国主要对外贸易中心》,《社会科学》,1982,第 5 期。

5月,上海解放后,在统制对外贸易制度下,其对外贸易的主体和对象逐渐转变,国营外贸企业成了上海对外贸易的主体,而受到西方势力的经济封锁和禁运的影响,对外贸易对象也转向苏联、东欧等国家。

一、新中国对外贸易制度改革历程回顾

(一) 新中国对外贸易制度建立的措施

传统的外贸体制实质上是以指令性计划为中心的国民经济统购统销制在外贸领域的延伸,是中央集权型的外贸体制。这种体制表现为:外贸业务依国家编制的统一计划进行;外汇使用由国家统一分配;进出口企业由国家设立和统一管理;外贸物资由国家统一调拨和收购;外贸财务由国家统收统支;外贸盈亏也由国家统负;外贸收购和销售价格由国家统一制订。①

新中国成立后,为了扭转中国半殖民地半封建时期的对外贸易颓势,迅速恢复我国经济的发展,在计划经济体制下,我国实施统制对外贸易制度。正如《中国人民政治协商会议共同纲领》中提到,在"节制资本"和"统制对外贸易"的前提下,实行"公私兼顾、劳资两利、城乡互助、内外交流"政策。为此,中央人民政府采取了一系列的对外贸易措施如下。

首先,摧毁美英等帝国主义国家在我国对外贸易上的控制权,没收对外贸易中的官僚资本。新中国成立后,国家立即没收、接管了境内官僚资本主义的进出口企业,在此基础上建立国营外贸公司,并对私人资本主义的对外贸易公司进行军事管制。其次,建立国家统一管理、以国营外贸企业为经营主体的对外贸易体制。1949年10月成立中央贸易部,内设国外贸易司。1949至1952年,我国对内和对外贸易都由中央人民政府贸易部统一领导和管理。比如,在1950年12月,贸易部颁布《对外贸易管理暂行条例实施细则》,将管理权牢牢抓在国家手里。再次,对私营进出口商进行社会主义改造。新中国成立初期,全国共有私营进出口商4 600家,从业人员3.5万人,资本1.3亿元,经营额约占全国外贸总额的1/3,出口额约占全国出口总额的50%。根据"对外的统制贸易"和"对内的节制资本"的政策,我国政府对私营进出口商在国家统制的基础上,实行利用、限制和改造的政策。经过改造和代替,1955年底私营进出口商减少到1 083家,从业人员减少到9 994人,资本减少到4 993万元,进出口贸易额在全国进出口贸易

---

① 朱彤、盛斌、吴孝田.《中国对外贸易体制改革的探讨》,贵州人民出版社,1998,第6页。

总额中的比重由31.6%下降到0.8%。①

(二) 新中国对外贸易体制运行的指导思想

新中国对外贸易体制的运行以毛泽东的对外贸易统制政策理论思想为指导。其主要内容包括：首先，阐述了实行对外贸易统制政策的时代背景。在中国革命取得全国性胜利之后，对外贸易的控制权取代"平均地权"成了急需解决的问题。帝国主义国家试图通过贸易禁运和封锁的办法来阻碍中国对外贸易的发展；同时，以美英为代表的帝国主义国家一直推行着"遏制战略"，限制向中国出口石油制品、重型汽车、飞机部件等机械设备，并操控国际组织对中国实行禁运，企图在国际贸易和经济上将新中国扼杀在摇篮里。在此背景下，中国领导人毛泽东提出"我们要做生意"，并且强调"有生意就得做"，以宽广的胸怀欢迎外国友人进行合作，发展国际贸易，促进经济的繁荣。其次，阐述了实行对外贸易统制政策的主要目的。实行对外贸易统制政策促进建设独立完整的工业体系。对外贸易统制是当时中国经济获得增长的必要条件，通过对外贸易的发展，可以从国外引进先进技术、各种必需的物质和设备，以最快的速度建立其独立完整的工业体系，以此完成农业国向工业国的转换。同时，实行对外贸易统制政策促进中国与世界各国建立起公平的外交关系。因而，统制政策也有助于人民共和国国家政权的巩固和发展。再次，阐述了实行对外贸易统制政策的主要措施。在新中国成立前夕，毛泽东指出："不承认国民党时代的任何外国外交机关和外交人员的合法地位，不承认国民党时代的一切卖国条约的继续存在，取消一切帝国主义在中国开办的宣传机关，立即统制对外贸易，改革海关制度。"1951年《中华人民共和国暂行海关法》正式颁布，作为中国自己制定的第一部独立自主的海关法，大大促进和保护了我国对外贸易发展。在对外贸易的对象选择上，毛泽东指出："关于同外国人做生意，那是没有问题的，有生意就得做，并且现在已经开始做，几个资本主义国际的商人正在互相竞争。我们必须尽可能地首先同社会主义国家和人民民主国家做生意，同时也要同资本主义国家做生意。"新中国成立之初，苏联和东欧的社会主义国家成为我国对外贸易的主要对象，西方资本主义国家则从香港进行转口贸易，中国同西方资本主义国际贸易的直接往来是在中国与苏联关系断裂后开始的。此时，也允许与我们交易的西方资本主义国家的

---

① 傅自应.《中国对外贸易三十年》，中国财经经济出版社，2008，第4—5页。

资本家通过贸易谋取利益。[1]

(三) 新中国对外贸易体制的运行(1949—1978年)

新中国成立后,随着独立自主的对外贸易体制的建立和运行,对外贸易规模逐步增加。总体上来看,1950年,中国对外出口总额为5.5亿美元,进口总额为5.8亿美元。如图1-1可知,从1957年开始至1970年,每年的进口和出口总额平均维持在20亿美元左右。随后,进入20世纪70年代,我国对外贸易规模持续扩大,1978年对外贸易进口总额达到156.21亿美元,出口总额为136.14亿美元,远远高于新中国成立初期的水平。

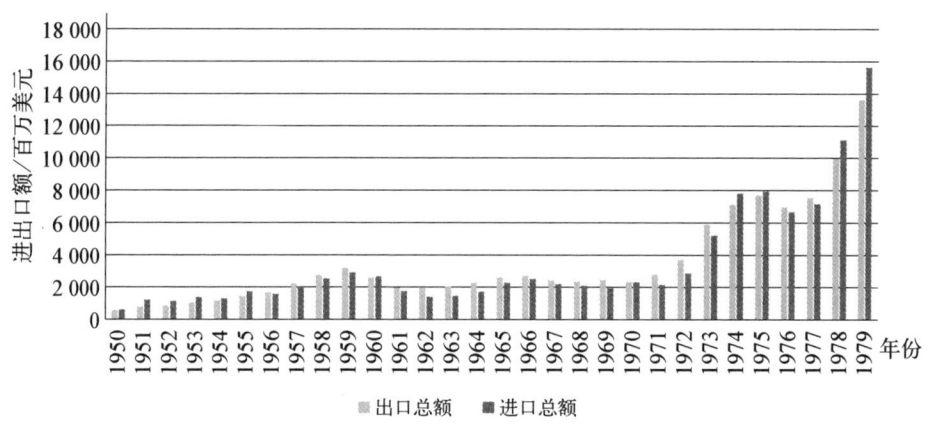

图1-1 中国进出口额变化情况(1950—1979年)

资料来源:根据WTO Data数据整理。

具体来看,1950—1978年对外贸易的分布情况如表1-3所示。1956年,中国对外贸易账户第一次实现了顺差,这一时期主要的贸易伙伴是苏联,有接近60%的贸易额是来自苏联的援助和交换。贸易方式主要表现为易货贸易和港澳转口贸易。这一时期中国的出口商品主要是大米、棉布、活猪、黑铬砂、煤炭、绸缎、厂丝、抽纱、服装等少数初级产品和劳动密集型产品;进口商品主要为钢材、天然橡胶、化肥、棉花、有色金属、食糖、化纤等工业原料产品和农产品加工品。

---

[1] 于明、邱秀华.《毛泽东对外贸易统制政策理论及其现实意义》,《毛泽东思想研究》,2003,第5期。

表1-3 1950—1978年我国对外贸易进出口变化情况　　　　单位：亿美元

年份	进出口总额		出口		进口		进出口差额
	金额	增长率/%	金额	增长率/%	金额	增长率/%	
1950	11.35	—	5.52	—	5.83	—	−0.31
1951	19.55	72.2	7.57	37.1	11.98	105.5	−4.41
1952	19.41	−0.7	8.23	8.7	11.18	−6.7	−2.95
1953	23.68	22.0	10.22	24.2	13.46	20.4	−3.24
1954	24.33	2.7	11.46	12.1	12.87	4.4	−1.41
1955	31.45	29.3	14.12	23.2	17.33	34.7	−3.21
1956	32.08	2.0	16.45	16.5	15.63	−9.8	0.82
1957	31.03	3.3	15.97	−2.9	15.06	−3.6	0.01
1958	38.71	24.8	19.81	24.0	18.90	25.5	0.91
1959	43.81	13.2	22.61	14.1	21.20	12.2	1.41
1960	38.09	13.1	18.56	−17.9	19.53	−7.9	−0.97
1961	29.36	−22.9	14.91	−19.7	14.45	−26.0	0.46
1962	26.63	−9.3	14.90	−0.1	11.73	−18.8	3.17
1963	29.15	9.5	16.49	10.7	12.66	7.9	3.83
1964	34.63	18.8	19.16	16.2	15.47	22.2	3.69
1965	42.45	22.6	22.28	16.3	20.17	30.4	2.11
1966	46.14	8.7	23.66	6.2	22.48	11.5	1.18
1967	41.57	−9.9	21.35	−9.8	20.20	−10.1	1.15
1968	44.05	−2.6	21.03	−1.5	19.45	−3.7	1.58
1969	40.29	−0.5	22.04	4.8	18.25	−6.2	3.79
1970	45.86	13.8	22.60	2.5	23.26	27.5	−0.66

(续 表)

年 份	进出口总额		出 口		进 口		进出口差额
	金额	增长率/%	金额	增长率/%	金额	增长率/%	
1971	48.41	5.6	26.36	16.6	22.05	−5.2	4.31
1972	63.01	30.2	34.43	3.6	28.58	29.6	5.85
1973	109.76	74.2	58.19	69.0	51.57	80.4	6.62
1974	145.68	32.7	69.49	19.4	76.19	17.7	−6.70
1975	147.50	1.2	72.64	4.5	74.86	−1.7	−2.22
1976	134.33	−8.9	68.55	−5.6	65.73	−12.1	2.77
1977	148.04	10.2	75.90	10.7	72.14	9.7	3.76
1978	206.38	39.4	97.45	28.4	108.93	51.9	−11.48

资料来源：对外经济贸易部政策研究室主编,《中国对外经济贸易指南》,经济导报社1984年版。转自傅自应,《中国对外贸易三十年》,中国财经经济出版社,2008年11月,第20页。

1958年之后,受到特殊时期的影响,中国对外贸易的发展也进入了跌宕起伏的阶段。1958至1970年期间,对外贸易进出口总额一直维持在40亿美元左右。1970年之后,随着我国经济社会的恢复和发展,对外贸易进入了快速增长时期。尤其在1971年我国恢复了在联合国的合法席位和权利;自1972年起,我国先后与日本、联邦德国、美国等国家建立和恢复了外交关系和经贸关系,如此一来,我国对外贸易进出口规模得到了进一步扩张。我国对外贸易进出口总额于1973年首次突破100亿美元大关,为109.76亿美元;短短5年后,1978年对外贸易总额达到206.38亿美元,同比增长39.4%,是1950年的18倍。

二、新中国成立之初上海对外贸易的发展状况(1949—1956年)

1949年5月上海解放后,在中央政府的领导下,上海逐步建立起与之相适应的统制对外贸易体制。1951年2月起,上海的口岸对外贸易归属于中央贸易部直接领导管理。为了应对当时的严峻形势,上海市政府积极应对,并采取了相应的措施。同时,相比于新中国成立之前,上海对外贸易的发展状况发生了改变,该阶段主要表现为对外贸易的主体和对象的转变等。

（一）新中国成立之初的上海对外贸易发展措施

新中国成立之初,上海面临着复杂和严峻的国内和国际形势,海运遭封锁、空中有轰炸,投机势力疯狂,市场混乱,物资匮乏等导致物价飞涨,尤其是一些生活必需品和生产资料,比如大米、棉纱、煤炭等的价格出现暴涨的现象。为了平息涨价之风,上海市政府在中央的领导下积极开展工作,最终在内外贸业的配合和调拨之下,打击了投机倒把,恢复了正常的物价。比如,上海国营贸易部门通过调动有限的物资,采取抛售或吞吐的方式控制物价飙升的态势,成功稳定了物价。同时,在当时的历史背景下,为了打开对外贸易的局面,上海市政府积极组织和领导上海市人民开展反封锁、反禁运的斗争,并实施以下六条具体措施:一是厉行节约,对汽油实行统购统销,对柴油及燃料油实行严格的分配办法;二是鼓励外商向上海直接运输物资;三是实行进口货物绕道转运的办法,经过天津、青岛等港口再转运到上海;四是鼓励出口,允许私商采用寄售方式出口;五是鼓励私商使用自备外汇进口,采用进出口联销办法,以出口结汇抵偿进口所需外汇;六是对橡胶等重要工业原料实行由国营企业统一进口的办法,加强国营企业对私营企业的领导。[①]

（二）上海对外贸易主体改变

自开埠以来,近代上海的对外贸易交易主体呈现以外国洋商为主、华商为辅的局面。新中国成立后,由于复杂的社会政治环境,该局面被彻底打破,大部分洋商洋行迅速撤离了中国市场,华商私营进出口企业也陆续退出,二者的企业数量大幅减少。随着中央政府对外贸易统制政策的实施,国营外贸企业成了上海对外贸易的主体,其规模也迅速增长起来。

新中国成立后,上海进出口洋行和华商私营进出口企业数量减少的最主要原因都在于利润的大幅下降。洋行之所以在上海开埠后大量涌现,是因为在不平等的条约下,外国洋行享有了大量的特权,由此可以开展不公平交易,最大限度地压低买入商品价格和提高出售产品的价格,以此掠夺中国人民的财富。然而,在新中国成立后,中国政府全面实施独立自主的原则,取消了洋行之前所拥有的一切特权,洋行的灰色收入大幅减少,业务量也大幅下滑,大多数洋行开始亏损。因此,在无利可图的情况下,利益驱动的资本主义国家企业自然就退出了

---

① 熊月之编.《上海通史》第12卷《当代经济》,上海人民出版社,1999,第180—181页。

中国市场。对于华商私营进出口商而言,以帝国主义和官僚资本为代表的进口商的退出,使一部分华商私营进口商的业务锐减,由此大大压缩了其利润空间,从而逐步消逝于市场之中。

上海解放后不久,军管会贸易处在接管国民党官僚资本商业机构的基础上成立国营贸易机构,比如华东区国外贸易总公司、中粮上海油粮进出口分公司、上海市丝绸进出口有限公司等。此阶段,数量上国营外贸公司并不多,但规模和质量上却有着明显的优势。以华东区国外贸易总公司为例,其作为一个集团外贸公司,下属公司包括:中国蚕丝公司华东区公司、中国猪鬃公司华东区公司、中国茶叶公司华东区公司、中国土产公司华东区公司、中国蛋品公司华东区公司、中国皮毛公司华东区公司、中国油脂公司华东区公司、中国进口公司华东区公司等8个公司,其规模达到了近400亿元。在此阶段国营外贸企业在对外贸易发展中占主导地位。

(三) 上海对外贸易对象的转变

新中国成立之初,我国对外面临着以美国为首的西方势力的经济封锁和禁运,随后朝鲜战争爆发,美国彻底禁止了中美之间的贸易,并对中国在美资产进行冻结。因此,我国对外贸易的主要对象集中于当时社会主义阵营的苏联和东欧等国家。上海根据中央的指示,将对外贸易对象也转向苏联、东欧国家等。

1949年10月,经中央同意,华东区对外贸易管理局与苏联商务代表处上海分处签订了第一份易货合同,进出口值共计160万美元。上海对苏联、东欧国家的出口额占上海出口总额的比重很大,原来对资本主义国家出口的传统商品如生丝、茶叶、桐油、猪鬃、矿产等大都转为向苏联和东欧出口。从1949年10月至1952年,上海对苏联、东欧出口达8 264万美元,所占比重从1949年的不足4%上升到1952年的55.45%、1953年的68%,1957年甚至增至83%。同时,我国开始积极向东南亚国家开拓贸易,1952年我国与锡兰(今斯里兰卡)签订了橡胶、大米的五年贸易协定,协定规定我国每年向锡兰提供27万吨大米,每年从锡兰进口5万吨橡胶。我国政府确定该协定由上海具体执行,上海也由此开始发展了对东南亚各国的贸易。①

---

① 熊月之编.《上海通史》第12卷《当代经济》,上海人民出版社,1999,第181页。

三、"大跃进"和"文革"时期的上海对外贸易发展状况(1957—1977年)

新中国成立的十年间,上海对外贸易规模有所恢复和发展。上海商业发展遵循市场价值规律,坚持维护地区间商品的自由流通,经营方式灵活多样,市场交易活跃,商品货物交流频繁。1958年进出口额达到6.95亿美元,其中出口6.29亿美元,比上年增长51.6%。出口的国家地区前所未有地达到91个。然而,受"左"的错误思想影响,上海对外贸易规模锐减。1962年,出口跌到5.53亿美元,仅及1959年出口额的75%,1961—1963年出口额均低于6亿美元。由于此阶段中国与苏联关系恶化,上海对外贸易对象又转向了西方资本主义国家,比如西欧、日本等国家。而就具体的商品结构来看,"大跃进"时期,向资本主义国家出口的商品中,工业品出口比例迅速增长,1958年有超过一半的出口产品为工业品,1960年达到75.8%。随后,1961至1965年的工业品结构中,以农副产品为原料的轻纺工业品出口减少,重工业品出口有所增加。[①]

在此期间,上海商业部门为了保证商品的供应主要采取了以下六项措施:一是加强工业品采购,组织计划外生产,积极扩大日用品货源;二是贯彻自力更生的方针,建立市郊副食品基地;三是零售供应上严格控制集团购买力,优先供应居民需要;四是组织高价商品销售,扩大货币回笼;五是坚决稳定18类商品的价格,并对100多种商品实行凭证凭票供应,以保证人民生活的基本需要;六是加强日用品的修配业务,挖掘社会物资潜力。商业经营管理上也进行了一系列的调整:一是恢复供销合作社,发展集市贸易,扩大和活跃城乡物质交流;二是加强日用工业品经营,改善工商关系,对200多种三类工业品由包销改为商业选购或工业自销;三是调整农副产品收购政策,改进农副产品收购工作,根据兼顾国家、集体和个人三方面利益的原则,规定合理的购留比例和购留方法,贯彻等价交换原则,做好农村商品供应工作;四是改善市场组织,提高零售商业的服务质量;五是改进商业企业经营管理,健全核算制度,讲究经济效果。[②]

"文革"期间,上海商业遭到严重破坏,上海对外贸易发展基本上处于停滞的状态。直到后期,随着中日、中美关系的逐渐恢复,以及全球经济环境的进一步繁荣,国际需求日渐增加。从上海进出口总额来看,1971年首次突破10亿美

---

① 夏斯云等著.《上海近现代对外贸易史纲》,上海人民出版社,2015,第317页。
② 熊月之编.《上海通史》第12卷《当代经济》,上海人民出版社,1999,第200页。

元,达到 10.38 亿美元,1977 年增长至 23.21 亿美元;单从出口来看,1972 年突破 10 亿美元,达到 13.3 亿美元,1977 年增长到 22.21 亿美元。

第三节　国际贸易中心的初步设想

　　1978 年,改革开放的春风吹遍全国各地,在邓小平对外贸易思想的指导下,上海开启了国际贸易中心的初步设想。随着经济社会、生产生活秩序的恢复,以市场为主导的对外贸易体系的建立,不断激发出来的新的市场活力,让上海对外贸易进入全新的探索发展时期。1978 至 2012 年,上海对外贸易经历了从探索转轨、深化改革到高速发展的过程。在探索期(1978—1991 年),上海对外贸易以"简政放权"为中心对经营体制进行改革,形成工贸一体化经营的格局,积极引进外资,在此期间,上海对外贸易实现稳定增长,到 1991 年进口规模已经突破 80 亿美元。在深化改革期(1992—2001 年),上海以发展对外贸易为经济建设中心,国际贸易中心建设设想逐步成熟,对外贸易规模不断扩大,出口商品结构不断优化,工业制品也逐渐转为高附加值、高技术含量的产品。经过此阶段的发展,2001 年上海外贸进出口商品总额突破 600 亿美元。加入世界贸易组织(Word Trade Organization,简称 WTO)之后,上海国际贸易中心建设进入高速发展时期,对外贸易规模呈几何式增长,2002 年上海进出口总额为 726.64 亿美元,2011 年最高达到 4 374.36 亿美元,增长了 6 倍多。

一、上海国际贸易中心建设的指导思想

　　改革开放后,上海国际贸易中心的建设是以邓小平关于对外经济贸易的基本思想为指导,逐步建立和发展起来的。

　　1983 年 7 月,邓小平指出:"要扩大对外开放,现在开放得不够……中国是一个大市场,许多国家都想同我们搞点合作,做点买卖,我们要很好利用。这是一个战略问题。"①在此,扩大对外开放、发展对外贸易成了一个战略问题,一个提高社会主义生产力、促进我国社会主义现代化建设的战略问题。

　　1984 年 10 月,邓小平在会见参加中外经济合作问题讨论会的全体中外代

---

① 邓小平.《邓小平文选》(第三卷),人民出版社,1993,第 32 页。

表时谈道:"我们在制定对内经济搞活这个方针的同时,还提出对外经济开放……经验证明,中国长期处于停滞和落后状态的一个重要原因是闭关自守。当然,像中国这样大的国家搞建设,不靠自己不行,主要靠自己,这叫做自力更生。但是,在坚持自力更生的基础上,还需要对外开放,吸收外国的资金和技术来帮助我们发展。"①在此,邓小平关于对外贸易的思想指出,对外贸易发展需要坚持独立自主、自力更生的原则,"独立自主,自力更生,无论过去、现在和将来,都是我们的立足点",把握对外贸易发展的主动权,积极吸取外来先进技术、事物,把最先进的东西为社会主义建设所用。

对外贸易发展起来了,市场也就有了,同时,可以通过对外贸易实现经济增长的目标。1984年,"现在中国对外贸易额占世界贸易额的比例很小。如果我们能够实现翻两番,对外贸易额就会增加许多,中国同外国的经济关系就发展起来,市场也发展了。"②"现在我国的对外贸易额是四百多亿美元吧?这么一点进出口,就能实现翻两番呀?我国年国民生产总值达到一万亿美元的时候,我们的产品怎么办?统统在国内销?什么都自己造?还不是要从外面买进来一批,自己的卖出去一批?所以说,没有对外开放这一着,翻两番困难,翻两番之后再前进更困难。"③如果没有对外贸易的发展,经济目标实现起来就相当困难,对外贸易已经成了国家发展的重要战略。

在对外贸易的对象方面,邓小平指出:"我们是三个方面的开放。一个是对西方发达国家的开放,我们吸收外资、引进技术等等主要从哪里来。一个是对苏联和东欧国家的开放,这也是一个方面。国家关系即使不能够正常化,但是可以交往,如做生意呀、搞技术合作呀,甚至于合资经营呀、技术改造呀,一百五十六个项目的技术改造,他们可以出力嘛。还有一个是对第三世界发展中国家的开放,这些国家都有自己的特点和长处,这里有很多文章可以做。"④

1985年3月,邓小平会见日本商工会议所访华团时谈道:"第三世界,包括中国,希望自己发展起来,而战争对他们毫无好处。第三世界的力量,特别是第三世界国家中人口最多的中国的力量,是世界和平力量发展的重要因素。所以,从政治角度来说,中国的发展对世界、对亚太地区的和平和稳定都是有利的。……一些发

---

① 邓小平.《邓小平文选 第三卷》,人民出版社,1993,第78—79页。
② 同上,第79页。
③ 同上,第90页。
④ 同上,第99页。

达国家担心,如果中国发展起来,货物出口多了,会不会影响发达国家的商品输出? 是存在一个竞争问题。但是,发达国家技术领先,高档的东西多,怕什么!"①中国的发展与世界共同进步,世界贸易的发展也离不开中国的对外贸易的发展;同时,意味着中国随着对外贸易的发展会在国际市场上与发达国家产生竞争,中国要勇敢地面对这种竞争,在竞争中发展,也应该意识到发达国家在国际贸易中占有技术优势,这使得它们在国际市场上有先发优势。在《迈向贸易强国之路》一书中,编者总结了邓小平关于对外贸易的基本思想:一是发展对外贸易是一个战略问题;二是大力发展对外贸易,是实现我国社会主义现代化建设目标,特别是三步走目标的重要手段;三是在发展对外贸易中,中国和外国相互都要开放市场、平衡贸易的观点;四是扩大出口,解决外汇短缺问题;五是出口商品质量是扩大出口市场、提高竞争力的重要手段;六是全方位开放,拓展国际市场,即实行"市场多元化"战略。②

  邓小平对外贸易思想的实践主要体现在以下两个方面:(1)创立"经济特区"。1979年4月,邓小平首次提出开办"出口特区",随后不久,中共中央、国务院同意将深圳、珠海、汕头和厦门设立为出口特区。1980年5月,正式将其更名为"经济特区"。1984年2月,邓小平在视察广东、福建、上海后指出:"我们建立经济特区,实行开放政策,有一个指导思想要明确,就是不是收,而是放……特区是个窗口,是技术的窗口,管理的窗口,知识的窗口,也是对外政策的窗口。"③之后,借鉴世界发达国家或地区的自由港区的发展经验,通过减免关税等优惠措施,利用先进的管理模式,营造良好的投资与营商环境,鼓励引进外资,尤其重视先进技术与管理方法的引进,承接各类国际产业的转移,以特区的特殊经济政策和管理模式为指导,深圳"经济特区"创下了一个又一个增长奇迹。可以说,深圳是邓小平对外开放思想伟大的实践之一。(2)开发浦东。进入90年代,邓小平同志从全国改革开放和经济发展的全局出发,对上海的发展提出了战略构想。早在1990年2月,邓小平同志就指出:"中国可以搞几个香港,上海应该搞上去。"1991年1月,邓小平同志又指出:"上海在先进科技、现代工业基础、各类人才等方面的条件不比香港、新加坡差,也不比西方某些先进大城市差多少。""如果政策对头,不出什么大问题,至多30年可以把上海建成商业、金融、贸易、高科

---

  ① 邓小平.《邓小平文选》(第三卷),人民出版社,1993,第105—106页。
  ② 商务部研究院编.《迈向贸易强国之路:40年改革开放大潮下的中国对外贸易》,中国商务出版社,2018,第3—8页。
  ③ 邓小平.《邓小平文选》(第三卷),人民出版社,1993,第51—52页。

技、信息的综合性国际中心,走在香港、新加坡的前面。"1992年春,邓小平同志在视察南方的重要谈话中再次对上海的发展提出新要求,指出,上海"目前完全有条件搞得更快点。上海在人才、技术和管理方面都有明显的优势,辐射面宽"。邓小平同志这些指示为上海构筑国际贸易中心指明了前进方向。[①]

二、上海对外贸易从探索转轨、深化改革到高速发展(1978—2001年)

改革开放之前,在计划经济体制下,上海实行统制对外贸易。1978年十一届三中全会拉开了中国经济体制改革的序幕,国家的工作中心转移到经济建设上来。秉持着"对内搞活、对外开放"的基本方针,上海市积极配合对外开放的国家政策,压抑已久的对外贸易也开始展现全新的活力。为了更好地适应经济的进一步发展,上海市积极探索对外贸易体制改革,重新与日本、美国、欧洲和中国香港等国家和地区积极开展贸易活动。响应国家号召,紧抓浦东开发开放的战略机遇,不断深化改革,加速外资的引进,促进上海对外贸易的高速发展。

(一) 上海对外贸易重新起步、探索转轨期(1978—1991年)

改革开放后,上海经济社会发展开始恢复正常,各行各业重新开始发展起来。此时,上海对外贸易也进入了探索转轨的时期,开始建立起市场为主导的现代对外贸易体系,新的市场活力开始被激发出来。

1978年12月,上海以"简政放权、搞活经营"为抓手,根据中央的相关精神,建立了全国第一家政企合一、集中经营全市进出口业务的地方外贸公司——上海市对外贸易总公司。1981年,上海外贸总公司从上海市对外贸易局剥离出来,成了独立经济实体,实现了政企分离。1984年,上海市对外贸易总公司改为地方性的综合外贸企业,实行经理负责制,自主经营、独立核算、自负盈亏。如此,极大地鼓励了企业自主发展对外贸易的积极性,推动了上海对外贸易的进一步增长。

上海积极探索引入外资的优惠政策,尝试不同形式的引进方式,逐步开放各投资领域。1980年以后,外资进入中国多以"合资"的方式,上海作为中国最大的口岸城市和经济枢纽,拥有良好的外贸配套设施和坚实的商业基础,因此深受外商投资的青睐。随着中央政府权力的进一步下放,上海引进外商投资的步伐

---

① 李邦君.《邓小平关于把上海建成国际贸易中心的战略构想及其重大实践意义》,《学术月刊》,1995,第3期。

也逐渐加快,外资的引入在很大限度上促进了上海对外贸易的发展。随后,上海开始推行工贸结合、技贸结合和各种形式的改革。1981年开始,由贸工农联营的企业发展起来,联营形式逐渐变得紧密,以投资入股的经营模式得到进一步发展,内容上也多以原料、辅料以及包装配套生产为主,联合对象也由小型乡镇企业转向大型工业和企业集团。同时,工贸双方的高效结合经历以下两个阶段:第一阶段,上海推行了"四联合、两公开"制度,即联合办公、联合对外洽谈、联合安排生产、联合派员出国考察,外贸企业公开商品销售价格、生产企业公开产品成本,以此加强工贸之间的联合,调动工贸双方的积极性。第二阶段,在工贸"四联合、两公开"制度的基础上,从两个方面试行创办各种形式的联营出口生产基地和工贸结合的进出口公司、工贸联合贸易公司。①

总之,该阶段上海对外贸易以"简政放权"为中心对经营体制进行改革,形成工贸一体化经营的格局,实现了个人和企业的跨地区市场化联营合作,并以"搞活经营"为主旨,积极推进利用外资,试行外贸承包经营责任制。通过十多年的探索发展,上海对外贸易开始稳步前行,进出口规模由1978年的不足40亿美元,发展到1991年突破80亿美元,翻了一倍。

(二) 上海对外贸易深化改革、快速增长期(1992—2001年)

进入20世纪90年代后,国际环境风云突变,1991年苏联解体,宣布社会主义阵营进入低潮,中国面临着严峻复杂的国际政治环境。同时,新一轮产业化转移浪潮席卷全球,国际资本呈现集团化、规模化和全球化的趋势,国际竞争日益激烈。在此背景下,1990年4月,党中央和国务院做出了浦东开放开发的战略部署,实行经济开发区的特殊政策,希望重建上海国际经济中心的地位,因此,给上海引进全球资本带来了机遇和挑战。1992年,随着建设社会主义市场经济体制目标的确立,在党的十四大之后,上海改革开放的脚步进一步加快。党的十四大给上海做出了"以浦东开发开放为龙头,进一步开放长江沿岸城市,尽快把上海建设成国际经济、金融和贸易中心城市之一,带动长江三角洲和整个长江流域地区经济的新飞跃"的重要指标,由此,上海经济增长转型之路正式开启。上海以"建设国际经济、金融、贸易中心"为发展战略总目标,不断深化对外贸易体制改革,探索推进对外贸易市场化改革的新路子,把握浦东开发开放带来的新机

---

① 夏斯云等著.《上海近现代对外贸易史纲》,上海人民出版社,2015,第328页。

遇,拉动上海乃至长三角地区的开放发展,并加快引进跨国公司集团的投资,推动全国经济开放发展的步伐。

在此期间,上海对外贸易实现快速发展所采取的措施主要有:一是确立对外贸易在上海国民经济发展中的重要地位,形成全市上下支持外贸改革和发展的政策环境;二是在外贸计划管理中,中长期规划的指导作用进一步加强;三是逐步取消指令性计划,实行指导性计划管理,为最终达到外贸计划运行主要依靠监测、调控的目的打下基础;四是建立"统一领导、分口管理、各方考核"的大外经贸计划管理体制;五是提高出口商品质量,积极推进"双高"产品出口;六是实施以质取胜和市场多元化战略,加大出口商品结构和市场机构的调整力度。[①]

具体来看,这一阶段我国在世界贸易额中所占比重稳步上升。2001年,我国出口总额占世界出口总额的4.3%,世界排名第6位;进口总额占世界进口总额的3.8%,世界排名第6位,我国在世界贸易中的影响力显著提升。在此阶段,上海对外贸易规模也呈现快速增长态势。如表1-4所示,1992年上海外贸进出口商品总额为97.57亿美元,占GDP总额的48.2%;到2001年突破了600亿美元,占GDP总额的101.7%,年均增长率为22.89%。

表1-4 上海对外贸易进出口变化情况(1992—2001年)

年 份	外贸进出口商品总额/亿美元	外贸进口商品总额/亿美元	外贸出口商品总额/亿美元	外贸进出口差额/亿美元	外贸进出口相当于生产总值的比例/%	外贸出口相当于生产总值的比例/%
1992	97.57	32.02	65.55	33.53	48.2	32.4
1993	127.32	53.5	73.82	20.32	48.5	28.1
1994	158.67	67.9	90.77	22.87	69.2	39.6
1995	190.25	74.48	115.77	41.29	64.3	39.1
1996	222.63	90.25	132.38	42.13	63.7	37.9
1997	247.64	100.4	147.24	46.84	61	36.3
1998	313.44	153.88	159.56	5.68	70.3	35.8

---

① 上海市商务委员会编著.《上海开放型经济30年:中国改革开放30年上海对外经济贸易回顾和展望》,上海人民出版社,2008,第52—53页。

(续　表)

年　份	外贸进出口商品总额/亿美元	外贸进口商品总额/亿美元	外贸出口商品总额/亿美元	外贸进出口差额/亿美元	外贸进出口相当于生产总值的比例/%	外贸出口相当于生产总值的比例/%
1999	386.04	198.19	187.85	−10.34	79.1	38.5
2000	547.10	293.56	253.54	−40.02	99.4	46.1
2001	608.98	332.7	276.28	−56.42	101.7	46.2

资料来源：《上海统计年鉴》，tjj.sh.gov.cn/tjnj/nj.htm?d1=2004tjnj/C0805.htm。

在此阶段，上海对外贸易的规模不断扩大，出口商品结构也开始逐渐优化。工业制成品出口额增长迅速，初级产品的出口增幅锐减，而在工业制成品中，高附加值、高技术含量的产品开始增多。同时，服务贸易也得到进一步发展，广告、人力资源、运输仓储、商业等逐渐成为上海服务贸易中的主导行业。技术贸易取得历史性突破，1999年技术进出口总额达到28.86亿美元。上海港的贸易量迎来了大幅度的增长，1999年外贸进出口货物吞吐突破6 000万吨，达到6 285万吨；口岸进出口总值761.5亿美元，位居全国港口榜首；上海集装箱吞吐量达421.6万标准箱，跻身全球十大集装箱港口之列。[①]

上海对外贸易出口国家和地区而言，1990年上海出口的排名依次为：中国香港、日本、美国、德国、新加坡、俄罗斯、意大利、英国。到2000年排名发生了一些变化，在出口的这些国家和地区中，日本跃居第1位，随后是美国、欧洲、中国香港。具体变化情况如表1-5所示。

表1-5　主要年份按国别(地区)分的外贸出口商品总额及占比　　单位：亿美元

国家及地区	1990年		1995年		2000年	
	出口额	占比/%	出口额	占比/%	出口额	占比/%
日　本	7.59	14.26	35.24	30.44	60.81	23.98
美　国	7.45	14.00	19.36	16.72	56.25	22.19

---

① 周振华.《上海：城市嬗变及展望》(中卷)，《中心城市的上海：1979—2009》，上海人民出版社，2010，第224页。

(续 表)

国家及地区	1990年		1995年		2000年	
	出口额	占比/%	出口额	占比/%	出口额	占比/%
欧　　洲	15.52	29.17	16.36	14.13	45.62	17.99
中国香港	10.64	20.00	23.26	20.09	23.02	9.08
韩　　国	—	—	5.18	4.47	10.59	4.18
德　　国	2.54	4.77	4.76	4.11	9.48	3.74
新加坡	1.82	3.42	3.47	3.00	7.88	3.11
英　　国	1.15	2.16	2.22	1.92	7.07	2.79
荷　　兰	0.74	1.39	1.17	1.01	6.16	2.43
中国台湾	0.24	0.45	2.81	2.43	5.67	2.24
非　　洲	1.38	2.59	2.41	2.08	5.63	2.22
大洋洲及太平洋岛屿	1.17	2.20	2.2	1.90	5.37	2.12
意大利	1.27	2.39	1.93	1.67	4.98	1.96
澳大利亚	1.02	1.92	2.17	1.87	4.74	1.87
法　　国	0.85	1.60	1.45	1.25	4.5	1.77
加拿大	0.92	1.73	1.83	1.58	4.04	1.59
比利时	0.3	0.56	0.94	0.81	2.95	1.16
马来西亚	0.39	0.73	1.23	1.06	2.59	1.02
泰　　国	0.78	1.47	2.36	2.04	2.48	0.98
阿拉伯联合酋长国	0.9	1.69	1.52	1.31	1.79	0.71
沙特阿拉伯	0.66	1.24	1.33	1.15	1.14	0.45
巴　　西	0.03	0.06	0.68	0.59	1.06	0.42

(续 表)

国家及地区	1990 年		1995 年		2000 年	
	出口额	占比/%	出口额	占比/%	出口额	占比/%
巴基斯坦	0.33	0.62	0.88	0.76	0.55	0.22
埃 及	0.13	0.24	0.3	0.26	0.44	0.17
俄罗斯	1.74	3.27	0.39	0.34	0.37	0.15
苏 丹	0.01	0.02	0.1	0.09	0.22	0.09
科威特	0.58	1.09	0.33	0.29	0.2	0.08
摩洛哥	0.13	0.24	0.2	0.17	0.2	0.08

资料来源：《上海统计年鉴》，tjj.sh.gov.cn/tjnj/nj.htm?d1=2004tjnj/C0807.htm。

三、上海国际贸易中心建设的重新定位(2002—2012 年)

2001 年 12 月，中国正式加入 WTO，标志着我国的对外开放进入了全新的阶段，中国开始直接对接全球贸易体系和探索构建竞争性的市场体系，如此，更需要对外贸易体制与 WTO 的规则相适应，从而进一步提高在全球分工中的地位。因此，我国对外贸易政策导向开始转变为与国际经济接轨的制度型政策，开放范围转向为全方位、宽领域开放，市场准入度进一步提高，市场环境具有法律约束力，透明度增强。在此阶段，我国对外贸易体制全面深化改革主要有以下几个方面：首先，加强知识产权的保护和管理，相继出台了知识产权保护的相关法律。其次，放宽建立合资对外贸易公司的条件，包括降低了注册资本的要求；取消外方营业额要求，取消试点地域和数量限制；放宽在中西部设立合资外贸公司的要求；符合相关条件的外资企业经批准从事外贸进出口相关业务。最后，简化外汇行政审批手续。[①]

2004 年开始，出口退税政策的调整和进一步实施大大促进了我国对外贸易出口的增长。2002 至 2012 年，我国对外贸易商品进口和出口额增速远远超出了全球贸易的增速，在全球贸易中的比重也大大提升。2010 年，我国已经跃升为全球第一的制造业大国，超越美国成了第一大货物贸易出口国。如表 1-6 所示，2002

[①] 尹忠明.《中国经济改革 30 年：外经贸卷》，西南财经大学出版社，2008，第 29—30 页。

至2012年期间,除受2008年金融危机的影响,2009年我国对外贸易出口增速为负外,我国对外贸易出口保持着平均20%以上的增速,2012年占全球贸易总额的11.07%,保持为全球第一出口大国的地位。进口方面,2012年中国进口总额占全球贸易总额的9.74%,仅次于美国,排名全球第2位(表1-7)。

表1-6 2002—2012年中国商品贸易出口总额与世界出口总额变化及其占比

单位:百万美元

年 份	中 国		世 界		中国总额占世界总额百分比/%
	出口总额	增速/%	出口总额	增速/%	
2002	325 596	22.36	6 500 713	4.91	5.01
2003	438 228	34.59	7 590 832	16.77	5.77
2004	593 326	35.39	9 222 553	21.50	6.43
2005	761 953	28.42	10 510 292	13.96	7.25
2006	968 978	27.17	12 131 449	15.42	7.99
2007	1 220 456	25.95	14 032 003	15.67	8.70
2008	1 430 693	17.23	16 170 529	15.24	8.85
2009	1 201 612	−16.01	12 565 091	−22.30	9.56
2010	1 577 754	31.30	15 303 993	21.80	10.31
2011	1 898 381	20.32	18 343 114	19.86	10.35
2012	2 048 714	7.92	18 513 545	0.93	11.07

资料来源:根据WTO Data数据整理所得。

表1-7 2002—2012年中国商品贸易进口总额与世界进口总额变化及其占比

单位:百万美元

年 份	中 国		世 界		中国总额占世界总额百分比/%
	进口总额	增速/%	进口总额	增速/%	
2002	295 170	21.19	6 656 539	3.90	4.43
2003	412 760	39.84	7 771 071	16.74	5.31

(续 表)

年 份	中国		世界		中国总额占世界总额百分比/%
	进口总额	增速/%	进口总额	增速/%	
2004	561 229	35.97	9 473 361	21.91	5.92
2005	659 953	17.59	10 785 263	13.85	6.12
2006	791 461	19.93	12 368 788	14.68	6.40
2007	956 116	20.80	14 268 847	15.36	6.70
2008	1 132 567	18.45	16 496 984	15.62	6.87
2009	1 005 923	−11.18	12 714 737	−22.93	7.91
2010	1 396 247	38.80	15 438 092	21.42	9.04
2011	1 743 484	24.87	18 437 485	19.43	9.46
2012	1 818 405	4.30	18 662 580	1.22	9.74

资料来源：根据 WTO Data 数据整理所得。

进入新世纪之后，经济全球化和区域一体化趋势开始加速发展，各国经济机制面临不同程度的调整，随着信息技术的发展，国际生产劳动分工更加精细。同时，随着经济全球化的进一步深化，上海在我国加入WTO之后需要从各方面提高自己的国际竞争力，加快"建设国际经济、金融、贸易中心"。面对新的机遇和挑战，从2002年开始，上海市政府积极推进外贸体制改革，加速相关政府部门的职能转换，调动各层级管理部门的积极性。按照政企分开、政资分开、政事分开、政府与中介组织分开的原则，深化行政审批制度改革，简化企业和投资项目审批程序和环节，进一步优化投资环境。在创建科学发展的管理体制方面：首先，鼓励品牌产品出口和提高引进效应，鼓励企业进出口先进技术设备、关键零部件、节能环保设备和重要原材料。其次，完善加工贸易产品分类管理制度，按照国家产业政策，促进加工贸易转型升级和梯度转移，禁止类目录和限制类目录进行动态调整，控制低层次加工贸易发展规模，引导加工贸易向产业链高端发展。再次，完善服务贸易管理体制。组织实施服务贸易发展的规划、指导目录、政策措施。抓好服务贸易的统计制度的贯彻实施。健全两级政府、各部门共同促进服务贸易发展的工作格局。积极探索服务贸易示范区和服务外包基地建设,转变增长方式,大力引进跨国公司地区总部和现代服务业。

同时,上海积极营造国际投资和对外贸易环境,优化法律、服务和运营环境,鼓励和支持跨国公司和企业总部落户上海。为了积极适应国际市场需求,上海外贸自2000年以来不断优化出口商品结构,提高出口商品档次和质量,积极实施"科技兴贸"战略。[①]

2006年7月,上海虹桥综合交通枢纽项目开始启动建设,规划总面积为26.26平方千米,基础配套设施升级,交通运输网络进一步完善,上海虹桥综合枢纽在2009年底建成后,成了上海国际贸易中心的主要承载区,为上海实现现代化国际化采购交易、国际服务贸易集聚、国际购物和先进贸易营运提供了坚实的基础。2010年5月,第41届世界博览会在上海成功举办,为上海城市建设带来了质的飞跃。第一,此次博览会显著提高了上海城市的国际知名度和国际影响力,全方位地促进和带动上海国际贸易中心的建设。世博会汇聚的新理念、新技术、新发展方式可以被上海借鉴学习并进行实践,促进上海城市对外开放,由此加快形成全方位开放的经济格局。第二,世博会带来了更加丰富的贸易内容,促进单一的货物贸易逐渐转化为货物贸易、服务贸易等综合贸易,贸易方式则由传统贸易向现代贸易转变,上海可以充分利用世博会加快推进和发展服务贸易,将贸易范围及涉及区域扩大,从单一货物贸易扩大到服务贸易,再到科技、文化等领域,同时进一步增强上海与长三角区域的联系,对内加速区域内产业分工和贸易合作,从而推动区域贸易的发展。第三,世博会集聚了国际国内贸易新的主体。世博会形成巨大的国家主体网络资源、国际组织网络资源、世界城市网络资源、国际媒体网络资源和跨国公司网络资源,为上海加快国际贸易中心建设直接提供了广阔的资源平台和全球贸易资源渠道。第四,世博会培育了新的贸易服务人才。上海利用世博会增强了对国内外贸易、会展及公共服务人才的有效集聚和利用,为上海国际贸易中心建设提供重要智力支持。第五,世博园区后续的再利用和开发提供了新的贸易发展空间,为上海世界城市的建设和发展提供具有配置全球贸易资源功能的高端服务经济集聚区。[②]

综合以上发展因素,从2002年开始,上海市对外贸易进入了高增速时期(图1-2),2003年一年的进出口总额、进口总额及出口总额增速分别达到了

---

① 夏斯云等著.《上海近现代对外贸易史纲》,上海人民出版社,2015,第351—357页。
② 朱桦.《世博会推动上海国际贸易中心建设研究》,《科学发展》,2010,第12期。

54.68%、57.39%、51.25%,在此期间各项平均增速保持在20%以上。2002年上海进出口总额为726.64亿美元,2011年最高达到4 374.36亿美元,增长了6倍多。尽管受2008年爆发的全球金融危机和2011年欧洲债务危机的影响,2009年和2012年对外贸易规模出现负增长,其他时期都保持了良好的增长态势(表1-8)。

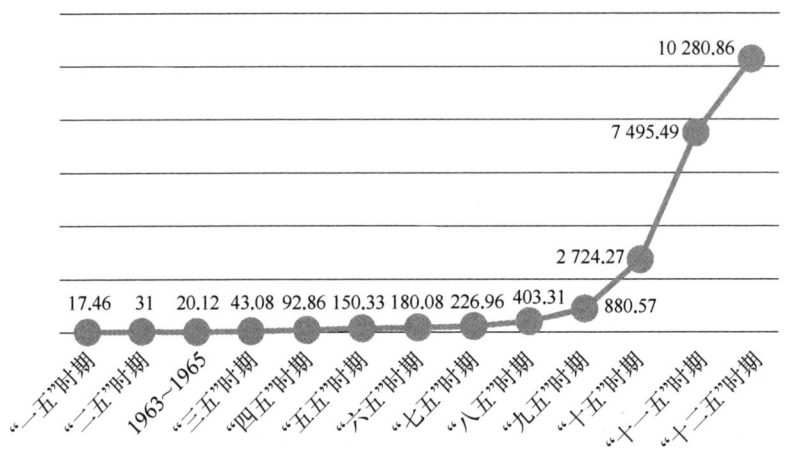

图1-2 新中国成立以来上海出口总额的变化情况(单位:亿美元)

资料来源:根据上海市统计局及相关资料整理所得。

表1-8 2002—2012年上海市进出口总额变化情况　　　单位:亿美元

年　份	进出口		进　口		出　口	
	总　额	增速/%	总　额	增速/%	总　额	增速/%
2002	726.64	19.32	406.09	22.06	320.55	16.02
2003	1 123.97	54.68	639.15	57.39	484.82	51.25
2004	1 600.26	42.38	865.06	35.35	735.2	51.64
2005	1 863.65	16.46	956.23	10.54	907.42	23.42
2006	2 274.89	22.07	1 139.16	19.13	1 135.73	25.16
2007	2 829.73	24.39	1 390.45	22.06	1 439.28	26.73
2008	3 221.38	13.84	1 527.88	9.88	1 693.5	17.66

(续 表)

年 份	进出口		进 口		出 口	
	总 额	增速/%	总 额	增速/%	总 额	增速/%
2009	2 777.31	−13.79	1 358.17	−11.11	1 419.14	−16.20
2010	3 688.69	32.82	1 880.85	38.48	1 807.84	27.39
2011	4 374.36	18.59	2 276.47	21.03	2 097.89	16.04
2012	4 367.58	−0.15	2 299.51	1.01	2 068.07	−1.42

数据来源：作者根据《上海统计年鉴》整理所得。

从对外贸易伙伴来看，美国、日本、中国香港和欧盟作为上海对外贸易的传统贸易伙伴一直保持着稳定的进出口份额。如表1－9所示，2002年，上海对美国、欧洲、日本和中国香港出口额分别为174.89亿美元、165.64亿美元、158.93亿美元和56.25亿美元，其总额超过了500亿美元，占上海总出口的67.8%。2012年，上海对美国、欧洲、日本和中国香港的出口额分别为1 087.47亿美元、1 068.67亿美元、551.98亿美元和239.09亿美元，其总额达到了2 947.21亿美元，是2002年的5.3倍，占上海总出口的60%。2012年排名前十的出口市场分别为：美国、日本、中国香港、德国、韩国、荷兰、澳大利亚、中国台湾、英国和新加坡。

表1－9 主要年份按国别(地区)分的上海关区出口总额　　单位：亿美元

国别(地区)	2002年	2003年	2006年	2007年	2008年	2009年	2011年	2012年
总 计	818.03	1 123.10	2 665.70	3 284.80	3 936.50	3 251.30	4 999.60	4 911.60
亚 洲	385.94	498.54	1 086.60	1 307.50	1 534.90	1 303.40	2 022.90	2 023.30
中国香港	56.25	78.26	184.74	207.43	208.84	169.74	249.36	239.09
中国台湾	18.78	28.68	77.40	92.18	96.23	80.79	133.45	125.52
日 本	158.93	194.47	334.85	367.58	422.12	362.86	544.99	551.98
韩 国	32.36	38.90	103.98	124.37	143.71	110.54	170.70	168.69

(续 表)

国别（地区）	2002年	2003年	2006年	2007年	2008年	2009年	2011年	2012年
新加坡	16.76	25.50	65.67	78.79	94.72	78.64	107.85	113.29
马来西亚	16.23	18.36	46.73	59.86	62.25	52.70	81.19	83.96
泰国	8.35	10.29	28.24	34.97	46.42	41.53	79.57	91.27
菲律宾	6.18	11.44	19.67	23.45	27.34	22.03	29.70	30.09
巴基斯坦	5.21	5.53	10.21	12.14	16.09	14.07	19.13	20.95
科威特	0.61	1.08	1.81	3.29	3.61	3.65	5.19	3.48
沙特阿拉伯	3.80	4.77	11.45	16.88	23.32	18.65	33.13	33.76
阿拉伯联合酋长国	10.24	12.95	27.96	36.11	54.35	39.26	52.44	54.77
非洲	23.49	32.61	73.16	89.32	125.82	109.65	156.71	161.27
埃及	3.32	3.29	8.23	10.44	13.26	10.59	11.94	13.79
苏丹	1.14	0.88	3.09	4.58	5.73	4.22	3.58	2.85
欧洲	165.64	252.54	632.46	846.67	1 057.10	819.17	1 199.80	1 068.70
德国	33.84	50.15	122.30	156.33	201.25	163.15	216.84	205.00
法国	13.36	31.22	53.57	89.21	95.37	89.37	100.99	77.25
意大利	16.99	23.89	55.87	70.79	93.26	70.87	120.53	85.39
荷兰	21.76	29.78	91.16	112.13	129.91	103.38	185.24	162.35
英国	23.96	30.15	75.54	94.67	109.70	94.92	129.79	123.49
瑞典	3.46	5.09	10.78	14.86	17.27	13.49	21.86	19.72
俄罗斯	4.91	7.86	22.95	37.41	54.33	31.10	77.35	88.38
美洲	223.73	313.18	812.55	963.14	1 121.90	932.43	1 470.80	1 513.00
美国	174.89	251.04	646.99	749.33	8.28	711.71	1 058.70	1 087.50
加拿大	13.80	18.72	54.39	63.39	74.76	59.24	82.07	83.86
巴西	4.53	6.62	23.94	33.01	56.81	45.19	100.92	99.17

(续　表)

国别（地区）	2002年	2003年	2006年	2007年	2008年	2009年	2011年	2012年
智　利	3.43	4.45	10.18	13.25	17.77	12.86	25.89	26.79
大洋洲及太平洋岛屿	19.23	26.19	60.84	78.21	95.73	86.60	149.42	145.37
澳大利亚	16.61	22.71	52.71	66.43	82.39	72.44	125.09	126.57
新西兰	2.37	2.99	6.40	8.51	9.80	7.81	11.52	12.03
其　他					1.05			

数据来源：作者根据《上海统计年鉴》整理所得。

第二章　近代商品贸易、上海洋行与城市发展

近代商品贸易的大发展,促成了上海城市经济的大发展,尤其是对外贸易在推动近代上海城市发展过程中占据着极其重要的历史地位。自开埠以来,上海逐渐成为中国历史上最重要的工商业城市和经济中心之一。上海作为中国对外开放的窗口,吸引了大批洋商进驻,促成了上海洋行的繁荣;而在此后的几十年间,上海对外贸易一度被上海洋行控制,同时也对上海城市发展和海派商业环境及文化带来了深远的影响。

第一节　几项重点商品贸易品类概况

一、棉纺织品

西方列强对中国输入的棉纺织品中以棉布和棉纱为主。鸦片战争后,英国机器生成的洋布加速进入中国市场。但是,中国纺织品的自给自足状态并不需要大量的棉布进口,销售洋布的利润也很低。美国是继英国之后第二个对中国出口棉布的国家,得益于价格优势,洋布在中国的销售逐步展开,低廉的售价可以弥补其不耐穿的缺点,进口贸易持续增长。19世纪70年代中期以后,洋布进口经常保持在1 000万匹以上,1888年达峰值的1 866万匹,1894年1 379万匹,价值2 968万关两。

(一)上海棉布

1840至1913年,是上海棉布商业的形成及其初步发展时期。在该阶段,洋

布成了英国对中国侵略后输入的重点商品之一,当时的洋布多以白布为主,外商洋行通过买办推销洋布,1858 年洋布店增加至 16 家,棉布商业就此以洋行为主导,在买办的推销下逐步展开。

上海棉布进口洋行主要以英国、美国、法国和德国的洋行为主,最早的洋行包括英商怡和、仁记、老宝顺、泰和、义记、老沙逊、公平、元芳等;美商老旗昌、丰裕、协隆;法商百司、永兴;德商瑞记、鲁麟、美最时等。上海开埠后,随着外国洋行东移,广州洋货进口数量下降,广东人成为最早在上海推销洋布的商人。最早在上海南京路、河南路宝善街一带开设零售店推销洋货,洋布只是其中一种,其他包括肥皂、香粉、毯子、围巾、手帕、玻璃瓶花等。1850 年后,洋布慢慢被独立出来,形成专业化销售,但仍然将其称为"洋货"来进行推销。随后,专营洋布的"清洋布"店出现,利用专业化的销售,品种花色逐步多样,销量和利润也逐步增加。在此背景下,上海棉布行业逐步发展起来。其中,在利润的驱动下,洋行买办和资本家开始重视行业市场发展,洋布品种增多,洋布市场销路也逐步被打开,从上海邻近省县城领域,逐步向全国各大城市延伸。整体门市销量进一步上升,洋布进销业务得到进一步发展。

我国洋布市场最早由英国侵略者所霸占,随后有美国布的输入,再到后来日本货加入,洋布市场逐渐多样化。洋布的销售方式最开始以零售为主,销售对象也都是本市内的直接消费者,随着市场规模的扩大,批发业务逐渐兴起。由此,上海也成了全国棉布销售的重要枢纽,洋布店开始以原件批发为主、零售为辅进行对外销售,主要包括上海邻县和浙江、江苏两省的杭州、嘉兴、湖州、苏州、无锡、常州等地。洋布门店数从 1860 年的 16 家,增至 1884 年的 62 家。1913 年,以批发业务为主的洋布店已经超过零售店。

第一次世界大战之后,上海棉布商业迎来了新的发展。1921 年后,日本棉布逐渐占据市场,英国棉布逐渐减少。1921 至 1925 年,进口英国棉布的占比由 1913 年的 53% 下降为 29%,日本棉布的占比由 21% 上升为 53%,日商则在 1921、1922 年两年间在华大量开设工厂,日货势力更为扩大。考虑到推销的便利性,原来经营西货字号的棉布商,有部分开始改营日货,专营日货的字号更是如雨后春笋般涌现,估计截至 1925 年,日货字号已发展至 200 家左右,英货销路相对缩小,西货字号不断趋向没落。[①]

---

① 中国科学院经济研究所编.《中国资本主义工商业史料丛刊:上海市棉布商业》,科学出版社,2008,第 103 页。

(二) 棉纱

棉纱真正大批量输入中国是在 19 世纪 70 年代之后。该阶段,中国棉纱进口在 1892 年达到峰值 130.4 万担,1894 年进口量为 116 万担,计值 2 129.9 万关两,比 1867 年的 3.4 万担增加 112.6 万担,增长了 33.1 倍,其中绝大部分是从印度输入。印度棉纱以其低廉的价格成功大量进入中国市场,其生产的棉纱 80% 以上都销往中国。而由于机器在印度的使用,其劳动生产率显著提高,生产成本不断降低,当时的印度棉纱价格优势明显。在中国国产棉花价格上涨,印度棉纱价格下降的情况下,一些中国农户素来自纺自织的局面被打破,逐渐改为只织不纺。中国华南地区是棉纱进口的主要地区,1867 年全国棉花进口 33.6 万担,价值 516.4 万关两,其中从广州、汕头、厦门三个华南口岸进口达 33.59 万担,几乎占全部的进口量。全国棉纱进口 3.4 万担,计值 161.6 万关两,上述华南三个口岸地区进口 3.31 万担,占 97.4%。无论是棉花还是棉纱,基本都是从华南三口进口,但这时棉纱进口还远低于棉花进口的数量。到 1894 年,上述华南三口进口的棉花下降到 2 万担,仅及 1867 年的 6%,而棉纱进口则扩大到 34.88 万担,为 1867 年的 10.25 倍。①

二、茶叶

茶叶是中国传统贸易中最主要的大宗商品。19 世纪后,中国茶叶贸易大发展,茶叶出口增长迅猛,并牢牢占据中国出口货物的第一位。中英茶叶贸易历史悠久,其中臭名远扬的东印度公司起到了极强的外力作用。进入 19 世纪后,东印度公司的大部分茶叶都是来自中国,而在 1825 年后的许多年里,该公司几乎所有的茶叶都来自中国。茶叶贸易利润极高,其原因在于进价相对低,而在英国销售价格又很高,且被东印度公司垄断。因此,东印度公司也受到了其他外商的挑战,1834 年,东印度公司解散,由此中英茶叶贸易发生了巨大的变化。鸦片战争后,中国茶叶贸易迅猛发展,对英国的出口进一步增长。自 19 世纪 40 年代起,随着全球各国对茶叶的需求猛增,茶叶仍然是各类出口商品的最大项。1848 至 1850 年,中国茶叶每年的出口约为 35 万担,1866 年增长至 119 万担,茶叶贸易进入了全盛时期。据海关统计,1886 年茶叶贸易总出口达 238.7 万担,创下 19 世纪的历史最高纪录。

---

① 上海社会科学院经济研究所、上海市国际贸易学会学术委员会编.《上海对外贸易(1840—1949)》(上册),上海社会科学院出版社,1989,第 49 页。

除了英国外,俄国和美国也是中国出口茶叶的重要市场。尤其是俄国,其在19世纪末成了进口中国茶叶的最大市场,从早期的陆路运输,再到海运,俄商的踪迹遍布全中国。当英国消费茶叶势头过去后,俄国开始兴旺起来。1890年,往俄国出口销售的茶叶占总出口茶叶的38.44%,超过了当时的英国的25.9%,俄国市场开始成为主要的市场。

尽管美国是较晚参与茶叶贸易的国家,但其引入的"自由竞争"思想,加剧了茶叶市场的竞争。政府给予美国商人在华贸易适当的补贴,茶叶关税上给予优惠,尤其在其他商品都提高关税的条件下,对茶叶征收的税率都一直维持在相对低的位置,由此,美国茶商成了英国茶商的有力竞争者。同时,美国进口的中国茶叶不仅满足本国需求,也可以转运到欧洲其他国家进行获利,这样也对英国的茶叶贸易形成了直接的冲击。具体来看,进入19世纪后,输美茶叶持续增长,1833年超过10万担;1836年最高,达到22万余担。在此后的几十年,输美茶叶数量继续增长,茶叶一直占中国出口美国货物的60%以上,最高达80%。

表2-1 中国茶叶出口国别的比重变化表(1868—1936)　　　　单位:%

年份	英国	美国	俄国(苏联)	北非	其他
1868	70.3	13.47	0.92	—	15.25
1874	62.6	11.67	11.03	—	14.69
1886	39.8	12.75	32.22	—	15.26
1894	15.9	20.79	43.01	—	20.32
1913	6.03	11.74	50.59	—	31.64
1920	13	28.16	4.48	—	54.37
1931	10.6	9.98	26.19	30.93	22.28
1936	10.3	3.77	9.23	45.71	25.96

资料来源:上海社会科学院经济研究所编,《上海对外贸易》,上海社会科学院出版社,1989年,第51、248页。

总体上来看,19世纪30年代,中国茶叶外销量占据着世界茶叶出口的全部市场;19世纪60年代,中国茶叶外销量仍占据着世界茶叶出口的90%以上。此后,中国出口的茶叶受到了其他国家的竞争,比如印度茶、锡兰茶、日本茶、荷属东印度茶,中国茶叶的国际市场占有率不断收缩,到19世纪末占有率只有30%多一点。①

从港口发展来看,鸦片战争之后,茶叶贸易的重要港口发生了变化,打破了原来广州作为唯一出口口岸的格局,上海、福州和汉口迅速发展起来。茶叶出口也带动着这些城市的经济发展。其中,上海取代广州成为最大的出口口岸。1855年从上海出口的茶叶超过8 000万磅,广州出口数量不及2 000万磅,上海是广州的4倍多;同时,也是1844年出口量的69倍。随后,上海一直把持着茶叶出口的龙头地位,到20世纪初期,从中国销往国外的茶叶有70%以上都从上海出口。

三、其他重点商品

(一) 鸦片

鸦片最早的输入国是葡萄牙,之后的英国和美国分别于18世纪20年代和19世纪初开始对华输入鸦片,开展罪恶的鸦片贸易。在广州作为唯一通商口岸时期,英国对中国的鸦片输入占全部鸦片贸易的90%以上,葡萄牙和美国只占不到10%。

鸦片战争后,清政府最具代表性的对外贸易变化在于完全失去了查禁外商走私鸦片的权利,基本上承认了鸦片贸易的合法化。此阶段,鸦片成为主要进出口商品,鸦片走私进口激增,1840年为15 619箱,1850年为42 925箱,1859年增至62 822箱,20年间增加了3倍,累计进口鸦片达95万箱,占这一时期中国进口贸易总额的60%以上,并一直保持在进出口商品的首位。由于走私并不包括在此之内,海关统计的数据并不能反映鸦片的真实情况。1858年,鸦片被冠以"洋药"的名义进口,成为合法商品并赋予一定的关税,尽管如此,走私的数量仍然继续保持在一定数额。

鸦片进口主要是从香港周转后输入,虽然1887年之后设立海关,走私鸦片活动有所减少,但未能根除,常年活动于灰色地带。据不完全统计和估算,1843至1894年间,鸦片进口的总量约为381.5万担。关于鸦片进口的货值问题,即使不包括走私数量在内,除1891年略低于棉织品(不包括棉纱等)外,长期占全国进口贸易总值的第一位(1867年占46.15%)。随后,被棉纺织品等进口货值

---

① 袁欣.《1868—1936年中国茶叶贸易衰弱的数量分析》,《中国社会经济史研究》,2005,第1期。

超越,鸦片进口的比重逐渐降低,但仍然保持在高位,1894年仍占进口总值的26.2%(不包括走私)。历年的进口货值,据海关统计,1881年达到峰值3 759万关两;1868年最低,为2 354万关两。1894年进口64 701担(包括走私),每担528关两,共值3 416.2万关两,比战前1838年的39 050担、1 481.1万关两增加25 651担、1 354.4万关两。按货值计,增加91.4%。在1843至1894年的52年中,鸦片进口的累计金额(包括走私进口数),粗略估计约达18.88亿关两之巨。此数,如按1894年米价每担1.51关两换算,大约相当于12.5亿担的米价,可供4亿人口1年粮食之用。①

1850年,上海开埠后在中国进出口中的地位迅速攀升。随着上海成为中国最大的贸易中心,鸦片的进口量也迅猛增加,上海成为世界上进口鸦片的最大口岸(表2-2)。

表2-2 上海鸦片进出口数量和价值(1847—1860年)

年份	进口量/箱	进口值/元
1847	16 500	8 349 440
1848	16 960	11 801 295
1849	22 891	13 404 230
1853	24 200	14 400 000
1857	31 907	13 082 000
1858	33 069	
1859	33 786	
1860	28 438	

资料来源:仲伟民,《茶叶与鸦片:十九世纪经济全球化中的中国》,生活·读书·新知三联书店,2010,第126页。

1847年,通过上海进口的鸦片已经占全国进口量的49.6%。尤其值得注意的是,1854年7月至1855年6月的一年里,上海进口的货物总值为1 262万两,

---

① 上海社会科学院经济研究所、上海市国际贸易学会学术委员会编.《上海对外贸易(1840—1949)》(上册),上海社会科学院出版社,1989,第42—43页。

其中鸦片货值竟有 911 万两,占到了 72%。当然,上海进口的鸦片相当一部分(半数以上)是转口到其他口岸的,即便如此,上海鸦片的净进口量和消费量也居各口岸之首。①

(二) 生丝

中国的陆路贸易"丝绸之路"闻名于世界,有着千年的悠久历史。中国生丝贸易也曾在国际市场上处于领先和主宰的地位。在鸦片战争之前,生丝也至少有 500 年以上的海上贸易历史,对象包括东南亚、日本乃至美洲和西欧。中日之间的生丝贸易,在 15 世纪和 16 世纪之交,就已经相当频繁。17 世纪以后,生丝贸易量每年维持在 2 000 担的水平,最高可达 3 000 担。西班牙商人将中国生丝运往美洲,墨西哥一处从事中国生丝为原料的生产的工人达到 14 000 多人,可见 17 世纪中国生丝国际贸易的繁荣。在 1679 至 1833 年的 155 年中,生丝出口量从微不足道的 8 担上升到 9 920 担。鸦片战争以后,中国生丝在海外的市场有进一步的扩大。19 世纪 40 年代中期起,出口经常在万担以上;随后十年,就从 1850 年起上升到 5 万担以上。19 世纪 90 年代初第一次突破 10 万担大关,到了 20 世纪 20 年代末一度到过 19 万担,达到旧时代中国生丝出口的最高峰。②

上海开埠后,由于运费的下降,从上海口岸出口的生丝逐渐增多,上海也逐渐成了中国生丝贸易的中心。1846 年,从中国出口英国的生丝有 20 000 包,其中上海占 16 000 包。由表 2-3 可知,1843—1848 年,中国生丝的出口呈现明显的上升趋势,随后受西方国家经济危机的影响,生丝价格也出现了暴跌,出现出口量增加,总价值却下降的情形,这也进一步说明了生丝已经成了当时国际贸易的重要商品。哪怕在太平天国运动时期(1853—1863 年),生丝出口也保持着良好的上涨势头,出口量未出现很大波动。直到 1863 年,生丝产地受到战争的破坏,造成了新丝产量的骤降。这一时期,上海、浙江等地的产区也受损严重。1864 年,生丝出口继续下降,至 25 075 关担,总量连前年的一半都不到,上海生丝贸易极度萎缩。此时,一部分洋商开始从广东收购,以此弥补上海生丝输出的

---

① 仲伟民.《茶叶与鸦片:十九世纪经济全球化中的中国》.生活·读书·新知三联书店,2010,第 125—126 页。
② 以上数据转自著名中国经济史学家汪敬虞在《从中国生丝对外贸易的变迁看缫丝业中资本主义的产生和发展》一文中的引用和描述。

不足。1872年之后,生丝出口情况变得错综复杂。总体上看,土丝出口开始停滞下降,厂丝出口开始发展。中国出口生丝的价格由国际市场支配,本地生丝生产者没有定价权。因此,在此阶段,生丝价格剧烈波动。①

表2-3 1843—1863年中国生丝出口统计

年份	数量		价值/千元	占出口总额/%
	包	担（按每包80斤折算）		
1843	1 787	1 429.60		
1844	5 087	4 069.60	4 200	17
1845	12 935	10 348.00	6 300	19
1846	18 746	14 996.80	5 900	21
1847	18 487	14 789.60	6 900	24
1848	22 376	17 900.80	3 900	22
1849	17 363	—13 890.40	5 400	19
1850	16 293	13 034.40	6 100	28
1851	21 548	17 238.40	7 500	23
1852	24 200	19 360.00	8 500	31
1853	32 600	26 080	11 500	36
1854	61 984	49 587	18 500	45
1855	53 965	43 172	15 000	38
1856	57 463	45 970	16 500	36
1857	92 164	73 731	23 200	44
1858	67 391	53 913	18 000	38
1859	85 970	68 776	26 000	50

① 中国科学院经济研究所编.《中国资本主义工商业史料丛刊：中国近代缫丝工业史》,科学出版社,2008,第61—68页。

(续 表)

年份	数量		价值/千元	占出口总额/%
	包	担（按每包80斤折算）		
1860	67 874	54 299	22 000	45
1861	83 000	66 400	25 000	48
1862	75 000	60 000	24 000	37
1863	37 731	30 185	12 000	21

资料来源：中国科学院经济研究所编，《中国资本主义工商业史料丛刊：中国近代缫丝工业史》，科学出版社，2008，第62、64页。

生丝最早主要由英国进口，运至英国伦敦后，再运往欧洲其他国家，由此也促进了英国丝织业的发展，增加了英国丝织品的出口。依靠廉价的生丝供应，英国生丝贸易逐步繁荣，其纺织工业遥遥领先于欧洲其他国家。但是，到19世纪60—70年代，在世界航运业和电信交通的发展背景下，这种局面被打破。法国和意大利等国开始直接从中国进口生丝，摆脱从中分转的英国，英国逐渐丧失了其在中国生丝贸易中的独占地位。1867年，从上海出口到英国的生丝比重还占74.4%，但是到1894年则下降到只占3.8%。19世纪60年代，法国邮船公司开辟欧亚航线，主要目的是为了装运中国生丝。自此以后，法国逐步取代英国成为华丝的主要市场。1877年上海生丝输法曾达1.62万担，占上海生丝出口总量的38.5%。1894年增加到3.68万担，占53.6%。具体如表2-4所示。[1]

表2-4 上海口岸生丝出口国别的数量比重变化表　　　单位：千关担

年份	英国		法国		美国		中国香港		其他		总计	
	数量	占比/%	数量	占比/%	数量	占比/%	数量	占比/%	数量	占比/%	数量	占比/%
1846	12.15	100									12.15	100
1868	29.44	74.42	8.51	21.51	0.67	1.69	0.44	1.11	0.50	1.27	39.56	100

[1] 中国科学院经济研究所编.《中国资本主义工商业史料丛刊：上海对外贸易(1840—1949)》(上册)，科学出版社，2008，第48页。

(续 表)

年份	英国		法国		美国		中国香港		其他		总计	
	数量	占比/%	数量	占比/%	数量	占比/%	数量	占比/%	数量	占比/%	数量	占比/%
1877	18.20	43.32	16.17	38.49	3.68	8.76	0.35	0.83	3.61	8.60	42.01	100
1887	6.47	12.96	32.28	64.64	4.58	9.17	0.13	0.26	6.48	12.97	49.94	100
1894	2.58	3.76	36.8	53.61	10.42	15.18	0.45	0.66	18.39	26.79	68.64	100

资料来源：中国科学院经济研究所编,《中国资本主义工商业史料丛刊：上海对外贸易(1840—1949)》(上册),科学出版社,2008,第49页。

第二节 重点商品贸易与上海城市发展

自19世纪中叶以来,上海逐渐成为中国最大的茶叶出口港口,也逐渐发展成为中国最大的鸦片进口港口。鸦片战争后,鸦片贸易规模开始飙升,并在全国范围内迅速蔓延,上海成为当时鸦片贸易交易中心,同时,大批的洋行开始进驻上海开展鸦片贸易。19世纪末,鸦片成了上海一种重要的通货和商品,鸦片开始铺满上海城市的各个角落,鸦片贸易成了西方侵略者掠夺中国的重要手段之一,也对上海城市的发展产生了深远的影响。

一、茶叶贸易对近代中国经济社会的影响

作为中国最早的全球化商品——茶叶,其贸易发展的顶峰出现在19世纪。英国一直是中国出口茶叶最主要的国家之一,也是全欧洲最大的茶叶消费市场,尽管如此,最早从中国向欧洲输入茶叶的国家却是荷兰。当时的茶叶贸易由国外市场需求所驱动,并非中国商人的主动开拓。

饮茶是中国最古老的传统文化之一,老少皆宜,各地区从城市到乡村,从富裕之地到贫瘠之处,从南方到北方,饮茶遍地可见。尤其是在城镇和南方,饮茶之风甚是昌盛。因此,一直以来茶叶的国内需求巨大,甚至在茶叶出口贸易鼎盛时期,都会发现大批进口茶叶的踪迹。茶叶的产地集中于安徽、浙江、湖南、四川、福建和云南等地方。茶叶在全国的销售市场早已经形成,近代出现了中国七

大茶埠:广州、上海、汉口、福州、九江、厦门和淡水。

在整个19世纪,茶叶贸易迅速兴起,但随后又逐渐衰落,这也是当时中国社会危机的一个缩影。茶叶贸易的大发展未能驱动中国经济的强劲增长,与当时政府无能、官员腐败以及市场混乱等内部因素有关。比如,各级官员可以随意征收茶叶税款,税率之高令人咋舌,有些税收占了茶叶原始成本的50%以上,当地官员将这些款项中饱私囊,并未上交国库。国内茶叶贸易还存在许多违背经济规律的反常现象,其原因就是各地官员对经过他们所辖地区的茶叶强征任意的和税目不定的税款,使茶叶成本提高,市场混乱。①

然而,不可否认,茶叶贸易在中国整体经济社会的发展历程中起到了一些积极作用。仲伟民(2008)认为,19世纪茶叶贸易大发展的直接原因表现为:一是欧美市场的需求量增加,中外茶叶市场之间的竞争,促进了中国茶叶市场的发展。二是通商口岸增多,中外贸易额激增,1860年《北京条约》签订后,西方列强采取的"合作"外交,给中外商业关系带来了稳定期,国内经济形势逐渐稳定且迎来好转,为茶叶贸易的繁荣提供了良好的社会制度条件。茶叶贸易对经济发展的积极影响,突出表现在茶叶种植面积增加和茶叶从业人口数众多等方面。茶叶生产、贸易和茶叶制造业带动了地区经济发展,扩大了就业。19世纪茶叶贸易的繁荣推动了商品经济的发展,改善了国内经济结构。②

中国茶叶贸易的没落开始于19世纪末,主要表现为出口数量和价值的大幅下跌,茶叶贸易额占商品贸易总额的比例大幅下滑,整个茶叶市场及产业陷入萧条。据海关统计,1889年,出口量首次跌到200万担以下;1917年,出口量仍有100余万担,随后一年跌至40余万担;1919年,外销量有所回升,旋即跌落至30余万担,倒退到鸦片战争前的水平。仅仅35年时间,中国茶叶外销量净减178 687担,指数下降80.59,这是近代中国茶叶外销衰落最直接最鲜明的体现。③

---

① 仲伟明.《茶叶与鸦片:十九世纪经济全球化中的中国》,生活·读书·新知三联书店,2010,第277页。
② 仲伟明.《茶叶、鸦片贸易对19世纪中国经济的影响》,《南京大学学报》(哲学人文学科),2008,第2期。
③ 陶德臣.近代中国茶叶对外贸易衰落的社会影响》,《北京科技大学学报》(社会科学版),2017,第2期。

茶叶贸易衰败的主要原因有[①]：首先，茶叶生产和管理方式落后。中国传统的小农生产模式和经营方式无法与印度、锡兰等产茶国从欧洲引入的先进科学管理方法相比较，这些国家的种植产量高且品质优良。面对残酷的市场竞争，中国茶业不堪一击，全球茶叶贸易份额的占比急剧下滑，逐渐被更具有优势和竞争力的国外茶叶所代替，比如日本绿茶、阿萨姆茶等。其次，茶叶自身的质量不稳定。为保障茶叶的品质，茶叶从采摘到销售都需要精细的流程和严格的把关，而中国作坊式的小茶园并不具备此类要求，时间也不统一，老嫩茶叶不分，等级标准混乱。有些奸商更是进行掺假和以次充好的操作，茶叶质量不断下滑，其信誉度受到严重损害。而印度茶叶贸易兴起的主要原因在于印度茶叶一直保持了高质量且稳定的特征，因此，原来饮用中国茶的外国人纷纷转向印度茶或其他品质优良的茶叶。最后，茶叶的后期加工水平低下。中国传统茶叶历来都是纯手工制造，当国外的茶叶加工机器投入生产后，机械化生产和加工大大提高了茶叶加工水平和效率，成本和价格也大大降低，质量却大幅提升，这给中国传统茶叶带来了极大的冲击，拥有机械化生产和加工的印度、锡兰等产地的茶叶极大地压缩了中国茶叶在世界茶叶贸易的份额。

此时，中国茶商在与外国商人的较量中也处于很大的劣势。外国商人利用资金优势及各种特权，压低进口的中国茶叶价格，采取卑劣的手段欺诈中国商人，导致一大批中国茶商亏损甚至破产。之所以如此，其主要原因在于中国商人分散经营，其资本数量和规模远不及以洋行做支撑的外国洋商的实力。外国商人通过联合行动，控制茶叶价格，甚至不同国家的茶商联合在一起，打压中国茶叶出口价格，从中获取暴利。再则，茶叶贸易的衰败也跟金融的萎靡有关，中国茶商无法摆脱融资困境，生产流通、采摘加工等环节都经常出现资金短缺的问题，自然在激烈的市场竞争中败下阵来。另外，中国未能适应交通和通信方式变革所带来的全球茶叶贸易格局的转变，中国从唯一的茶叶供应国，到茶叶价格由伦敦市场支配，其过程离不开海上交通和通信系统的便捷，当然，也离不开国外茶叶（比如印度和锡兰茶叶）的竞争对中国茶叶市场地位的冲击。

---

① 仲伟明.《茶叶与鸦片：十九世纪经济全球化中的中国》，生活·读书·新知三联书店，2010，第77—84页。

茶叶贸易的衰败存在着诸多的客观因素，但归根结底离不开当时的制度和社会环境的影响，茶叶贸易的危机也只是19世纪中国经济社会动荡不安、岌岌可危的一个缩影。

二、其他类商品贸易对近代中国经济社会的影响

回顾历史，鸦片贸易给中国经济社会带来过毁灭性打击，使得整个中华民族的近代史蒙上了"东亚病夫"的阴影，四万万中国人都深受其影响，鸦片的毒害也深入社会的每个角落。鸦片贸易的泛滥让中国人民开始遭受帝国主义的惨烈掠夺。西方列强之所以向中国输入鸦片，其原因之一在于历史上的中西贸易一直都是中国具有优势，西方各国处于劣势。中国出口的茶丝历来深受西方各国所青睐，但是，西方商人发现并没有什么商品可以出售到中国。后来，他们发现了鸦片，这种最初作为药物，但后来作用于人大脑的毒性很强的毒品。鸦片的毒害不仅危及每个吸食毒品的个人和整个家庭，也给经济社会带来严重的影响，引发诸多社会问题。

首先，大量烟民和瘾君子的出现，必然引发很多犯罪事件。为了满足烟瘾，在无法支付烟款的情况下，偷窃、抢劫等犯罪行为明显增加。鸦片的泛滥让整个社会风气大变，且让大量的社会财富蒸发于鸦片的烟雾之中。国人每年消耗于烟毒方面的财富，虽然没有确定的数字，但肯定是一个异常庞大的数字，在此可作一个较低的估算，假定20世纪20年代至30年代初，中国有瘾民1 000万人，平均每人每天吸食烟毒0.1元，则一年便消耗约3.7亿元。[1]

其次，鸦片贸易的深入让其他商品贸易受阻，社会经济状况持续恶化。鸦片作为商品的大量进口产生了强大的挤出效应，阻碍了其他商品贸易的发展，贸易赤字逐年扩大。鸦片的原材料——罂粟的大量种植也给其他农产品的种植和生产带来了破坏性打击，国内生产力和劳动率进一步下降。

最后，鸦片贸易让中国的白银和黄金大量外流，中国经济秩序混乱，中国社会经济停滞发展。中国历来都是白银的输入国，据外国学者的估计，从16世纪中期到17世纪中期，美洲生产了白银30 000吨，日本大约生产了8 000吨，总计38 000吨。如果减去留在美洲以及在转运中流失了的难以确定的一部分，最终流入中国的7 000吨到10 000吨的确是一个很可观的数字。也就是说，即使按

---

[1] 朱庆葆.《鸦片与近代中国》，江苏教育出版社，1995，第216页。

照相关学者的保守估算,中国也占有了世界白银产量的 1/4 到 1/3。^① 然而,鸦片贸易让中国从白银净进口国变为净流出国,尤其是大量支付鸦片款以及鸦片战争以后,白银外流日益增多。随后,当黄金成为世界主要通货后,从中国流出的黄金也逐日增多,中国的财富被西方列强无情掠夺,给中国经济社会带来了沉重的打击。

其实,当局政府也意识到鸦片的危害,禁烟一直伴随在鸦片贸易的发展历史之中。1821 到 1858 年,禁烟进入了严禁时期,当时的清政府就颁发了一系列禁令,虽有些成效,但还是无法阻挡其失败的结局。其中,最有影响力的 1839 年林则徐发动的"虎门销烟",使得禁烟活动达到高潮,迫使以英国商人为主的外国商人交出了 2 万余箱的鸦片,给鸦片走私予以沉重的打击。然而,一年后,英国以保护英国商人为名,向当时的中国发动第一次鸦片战争,中国战败后,签署了不平等的《南京条约》。之后,尽管清政府拒绝鸦片贸易的合法化,但是战后的鸦片走私和输入国内的速度仍然急剧上升,清政府的禁烟成效甚微。第二次鸦片战争后,鸦片贸易合法化正式成立,鸦片贸易随后达到顶峰。鸦片贸易相关的时间脉络与事件见表 2-5。

表 2-5 鸦片贸易相关的时间脉络与事件

年 份	具 体 事 件
1842	中国在第一次鸦片战争中失败,与英国签订了中国近代史上的第一个不平等条约《南京条约》,根据这个条约,中国政府支付"洋银六百万元"以赔偿那些被林则徐没收销毁的鸦片
1858	第二次鸦片战争中,中国与列强签订《通商章程善后条约》,根据这一条约,对华鸦片贸易合法化
1909	在美国政府的倡导下,中美英法等 13 国代表在上海召开鸦片问题国际会议,中国严重的鸦片问题国际化
1911	辛亥革命爆发,清朝统治结束
1912	孙中山就任中华民国临时大总统;同年 3 月,向全国颁布禁烟令
1935	国民政府开始进行为期六年的禁烟运动

---

① [德]弗兰克.《白银资本:重视经济全球化中的东方》,刘北成译,中央编译出版社,2000,第 210 页。

(续 表)

年 份	具 体 事 件
1949	中华人民共和国成立
1950	中央人民政府政务院向全国下达"关于严禁鸦片烟毒的通令",此后,新中国以无毒之国而傲立于世界

资料来源:龚缨晏,《鸦片的传播与对华鸦片贸易》,东方出版社,1999,第331—330页。

三、近代重点商品贸易、纺织工业与上海城市的发展

鸦片战争之前,上海的贸易活动主要集中在棉花、土布、百货以及米谷等贸易,这些贸易活动促成了上海与长江三角洲地区之间的贸易往来,其间的经济关系不断加强,上海逐渐成为长江三角洲地区的中心城市。在传统的贸易时代,上海不仅是长三角洲地区的重要口岸,也是联系长江三角洲地区与全国其他地区的一个重要经济枢纽。

鸦片战争让近代中国被迫开启了巨变之旅。"五口通商"打开了中国对外贸易之门,其意义在于完全改变了自唐代以来的市舶贸易传统和中外封贡贸易关系,开启了近代西式海关贸易规制和特许性港埠都市的发展之旅,就近代商务而言,五口通商的开启确是中国史上划时代的转折点。[①]

1843年上海开埠后,凭借着前期国内贸易基础以及独特的地理位置,上海一举取代了广州的地位,成为全国最重要的对外贸易城市,并逐渐发展成为全国的贸易中心。

(一) 鸦片贸易与上海城市的发展

鸦片战争之前,鸦片的进口基本上来自香港;在上海通商后,上海就迅速成为鸦片进口的重要口岸。1847年,上海的鸦片进口占全国的近一半,估计为16 500箱,全国鸦片进口总量(除去走私)约为33 250箱,上海超过当时的广州排在首位。随后十几年,从上海进口的鸦片数量占全国鸦片总量的43%上下,广州为30%左右。19世纪60年代后,上海在全国进口鸦片总量中的比例进一步上升,1871年占71%,1881年占68%,之后虽有下降,但1894年仍占57%。在上海进口的鸦片中,

---

① 王尔敏.《五口通商变局》,广西师范大学出版社,2006,第300页。

有相当数量是转口到其他口岸的。减去这些转口数量后,上海本口岸的进口量仍然很大。因此,上海是全国最大的鸦片进口口岸、转运口岸和消费口岸。①

表 2-6　上海口岸在全国鸦片进口贸易中的地位　　　　单位:担

年　份	全国进口量（不包括走私）	上海进口量	进口量占比	上海转口到国内其他各口岸数量	上海净进口量	净进口占比
1871	59 530	41 984	71%	30 004	11 980	20%
1881	79 074	54 002	68%	35 269	18 733	24%
1894	63 051	35 804	57%	18 603	17 201	27%

鸦片贸易最主要的经营单位当属西方列强国家的洋行,比如,怡和、宝顺、旗昌三个最大的洋行最主要的经营项目就是鸦片。上海开埠后,大量的外国洋行纷纷涌入,以三大洋行为例,1851 年,进入上海运输鸦片的船只达 58 艘,其中 43 艘归属于三大洋行,进口值占总鸦片贸易值的 74%,由三大洋行进口的鸦片货值即达上海进口商品总值的 55%。因此可以看出,鸦片贸易是外国洋商扭转贸易劣势的武器,而强行运销大量毒害中国人民的鸦片,用以掠夺中国的金银和丝茶,这就是早期以怡和、宝顺、旗昌三大洋行为代表的洋行贸易的基本内容。②

19 世纪末的上海,鸦片不仅是重要的通货和商品,它还成了城市现代形象的缩影。上海被看成是重要的商业中心、迷人的休闲中心和各种危险的渊薮之地。然而,鸦片贸易的繁荣在一定程度上也给上海城市发展带来了深远的影响。尽管鸦片的毒害遍布整个经济社会的每个角落,但在一段时期内其成了硬通货,起到了促进经济和商业发展的作用。林达·库克·约翰逊(Linda Cooke Johnson)指出:"尽管鸦片对整个经济来说是有害的,但鸦片销售实际上推动了本地经济,在上海银行业的发展中发挥了重要作用。本地银行向短期借贷的鸦片商人收取高额利息,反过来又利用鸦片借贷发行银行货币,以便在银两短缺时期取代硬通货,这为港口的货币流通做出了贡献,没有这些纸币的话,整个地区的贸易和经济都会陷入停滞的局面。"③上海近代经济飞速发展和城市建设在一

---

① 朱庆葆等著.《鸦片与近代中国》,江苏教育出版社,1995,第 92 页。
② 上海社会科学院经济研究所、上海市国际贸易学会学术委员会.《上海对外贸易(1840—1949)》(上册),上海社会科学院出版社,1989,第 78—80 页。
③ [加]卜正明、若林正.《鸦片政权:中国、英国和日本,1839—1952 年》,弘侠译,黄山书社,2009,第 187 页。

定程度上来自鸦片贸易带来的收入,就像整座城市也犯上了烟瘾,那段时期怎么也离不开它。由于19世纪全球化进程的加速,鸦片贸易在一定程度上还可以扮演维持稳定汇率环境的角色,而上海作为中国新兴的贸易、金融与工业中心,鸦片贸易起到了一定的促进作用。①

(二) 纺织业与上海城市的发展

纺织轻工业在上海城市发展过程中有着悠久且辉煌的历史,更被誉为上海的"母亲工业"。从清末到民国,纺织工业一直是上海规模最大、经济实力最强的一个产业部门,也是全国最大的近代纺织工业基地。可以说,纺织工业的兴衰也影响和见证了上海商业文化和经济社会的变迁。

19世纪70年代末,上海纺织业迅速崛起。1889年,中国第一家机器棉纺织工厂——上海机器织布制造局正式成立,开启了以机器织布为标志的近代纺织史。棉纺织业的大发展,也带动了当时各个加工工业,包括印染、针织、毛巾被单、制线织带以及毛纺织印染和丝织业的发展。同时,中国机器纺织时代的来临,也吸引了更多的资本注入上海纺织业。1889年,由英、美、日、德四国商人投资,日商三井物产株式会社经理设立的上海机器轧花局正式开工;同年12月,上海机器织布制造局建成开工,有纺锭3.5万枚,织机530台。1907年,第一家中外合资纺纱厂——中英合资的振华纱厂开工,有纺锭1.16万枚。1908年,郑孝胥等人开始筹设上海第一家毛纺织厂——日辉织呢商厂,占地85亩,拥有粗纺锭1750枚、毛织机44台和全套染整设备,翌年正式开工。产品统称"华呢",月产量1万余码。② 具体如表2-7所示。

表2-7 近代上海纺织工业大事记

年 份	具 体 事 件
1861	英商怡和洋行在沪开设的纺丝局建成开工,有缫丝机100部,为外商在华开设的第一家动力机器缫丝厂
1876	丝类贸易上海出口达59 350担,价值关平银26 713千两,为自1871年以来出口生丝数量最高的一年。当新丝上市之际,每包价银从350~420两涨至690~840两

① 仲伟民.《鸦片战争后茶叶和鸦片贸易与上海城市的发展》,《复旦学报》(社会科学版),2012,第5期。
② 汪时维主编.《上海纺织工业一百五十年(1861—2010年大事记)》,中国纺织出版社,2014,第29页。

(续 表)

年 份	具 体 事 件
1881	丝商黄佐卿在苏州河北岸创建上海第一家华商缫丝厂——公和永缫丝厂,有缫丝机100部,次年开工
1889	12月28日,上海机器织布局几经周折建成开工,开创了中国近代棉纺织工业的新纪元
1891	丝类输出,在上海出口贸易总额中名列第一,超过茶叶
1894	白厂丝首次在海关关册上列载,出口4 344关担。同年,上海已成为棉布进口的最大口岸。全国进口1 379万匹洋布,货值2 968万关两。其中1 300万匹是从上海进口的
1896	吴季英创办中国第一家针织厂——云章袜衫厂,资本5万银两
1902	日商三井物产株式会社上海支店收买华资兴泰纱厂(原裕晋纱厂),改组为上海纺织有限公司。这是日商首次进入中国纺织办实业。同年,英商怡和洋行在杨树浦开设中国第一家绢纺厂——怡和绢丝厂,有纺锭2 100枚
1905	上海集成纱厂(原华盛纺织总厂)4 000多名工人举行罢工。这是20世纪初期,上海纺织工人罢工人数最多的一次
1907	第一家中外合资纺纱厂——振华纱厂开工。不久,由华资接办
1908	郑孝胥等人在上海日晖港筹设上海第一家毛纺织厂——"日辉织呢商厂";同年,日商上海、三泰两厂合并,成立上海纺织株式会社,上海纱厂为一厂,三泰纱厂为二厂。这是日商在上海的第一个棉纺织集团
1911	日商内外棉株式会社在沪开办的第一家棉纺厂——内外棉第三厂开工(一、二厂在日本国内),设纺锭2.15万枚。为日商在沪建设新厂之始
1912	叶鸿英、苏筠尚、顾馨一等人创办上海第一家色织厂——荣大染织厂
1915	荣宗敬、荣德生创办的上海申新纺织第一厂开工投产,有纺锭1.3万枚。同年,绸商沈华卿在新闸路斯文里创设上海第一家电机织绸厂——肇新绸厂①
1916	日商绵实业株式会社暨日清纺织株式会社创办东亚制麻株式会社,这是上海第一家外资黄麻纺织厂。同年,谢梓南创办上海中华第一针织厂,有织袜机210台,是当时上海最大的针织厂。商标菊花牌

---

① 据不完全统计,截至1933年,申新系统共有纺织厂9家,生产能力占全国民族纺织业的24%,成为全国的"棉纱大王"。

(续 表)

年 份	具 体 事 件
1917	上海三友实业社总厂设在上海引翔港,是国内第一家自纺、自织、自销毛巾被单的专业厂
1919	孙中山先生请上海亨利服装店将一套军服改成便服。改制时吸取中、西装的优点,简便大方,很快流行,称为"中山装"
1922	侨商郭乐、郭顺兄弟集资组建的永安纺织股份有限公司第一厂开工,设纺锭3.07万枚
1923	中国维一毛绒纺织公司开始在沪生产蝴蝶牌素色骆驼绒,成为中国第一家骆驼绒生产厂。同年,法商在浦东白莲泾创建中法印染厂。此是外商在沪建立的第一家印染厂
1932	日商内外棉纺织株式会社第二加工厂(后上海第一印染厂)开工投产,漂、染、印、整设备完善,日产印染棉布1万匹,有印染业"远东第一"之称
1934	上海第一家围巾专业工厂——荣记染织厂开工。翌年梭织国产围巾首产成功
1939	上海"孤岛"时期,国内棉花供应中断,纺织工业更加依赖进口棉花,占进口总值的26.65%,列第1位。其中印度棉花约占总进口量的一半;次之为美国棉和巴西棉,各占20%

资料来源:汪时维主编,《上海纺织工业一百五十年(1861—2010年大事记)》,中国纺织出版社,2014,第22—51页。

回顾历史,上海纺织工业可以说是上海工业史上的一颗璀璨的明珠,上海作为中国纺织工业的发祥地,不仅引领中国纺织进入近代动力机器纺织时代,也成为当时引领时尚、定义潮流的服装制作中心。比如,上海的西服业就曾引领风潮,从长袍马褂到西服礼帽,已经成了当时的一种时尚。在繁华的十里洋场,没有西装的装扮,显然会失了几分体面。1930年,美亚绸厂在上海大华饭店举办了中国首届国货表演展,这也是中国历史上第一次真正意义上的时装表演。在此阶段,被称为"东方巴黎"的上海,其经济实力、配套条件、人文环境为建设新的国际时尚之都构造了深厚的底蕴。

第三节 上海洋行发展历程及其影响

晚清时,外国商人被称为"洋商"。上海开埠以后,由于洋商在相关条约下享

第二章　近代商品贸易、上海洋行与城市发展

有许多特权,同时,洋商发现上海具有良好的经商环境,以及独有的海派商业文化,并善待西方商人,因而,以英国商人为代表的洋商,开始在上海开设洋行从事进出口贸易,同时,也吸纳了内地移民的大量涌入,促成了上海城市的繁荣。这段时期,洋行的开设和发展给上海这座世界之城带来了深远的影响。

一、上海洋行发展的历程

1843年,第一批来上海开设洋行的是英国商人,其中最具代表性的是怡和、宝顺、仁记、义记、广源等5家洋行,随后美、法、德等国家的商人陆续进驻上海开设自家的洋行。截至1859年,洋商先后在上海开设了近74家洋行。具体如表2-8所示。

表2-8　1843—1859年上海早期洋行情况一览表

洋行名称	国别	开设年份	歇业年份	附注
怡和洋行 Jardine Matheson & Co.	英	1843		第一任大班达拉斯(A. G. Dallas),1851年回国,由波斯乌(Alex. Perceval)接替。波斯乌系丹麦领事
宝顺洋行 Dent, Beale & Co.	英	1843		第一任大班比尔(T. C. Beale)是葡萄牙和荷兰领事,1857年逝世。由该行职员韦伯(Edw. Webb)接替,韦伯并任葡萄牙领事。行名改为Dent & Co.
仁记洋行 Gibb Livingston & Co.	英	1843		
义记洋行 Holliday Wise & Co.	英	1843		
广源洋行 J. Mackrill Smith	英	1843	1858	原是独资户。1850年美国人金氏(D. O. King)参加入伙,组成J. M. Smith & Co.,1851年1月1日改组为Smith King & Co.,1853年又改为King & Co.,金氏为暹罗(现泰国)驻沪领事,1854年任上海第一届工部局董事。此行大约在1858年歇业
沙逊洋行 D. Sassoon Sons & Co.	英	1845		
祥泰洋行 Rathbone Worthington & Co.	英	1845		1853年1月1日原合伙人拆伙。改组为Birley Worthington & Co.

051

(续 表)

洋行名称	国别	开设年份	歇业年份	附 注
旗昌洋行 Russell & Co.	美	1846		第一任大班华尔考(Henry G. Wolcott)是美国驻上海领事。接任的金能亨(Edw. Cunningham)是美国代理领事兼瑞典和挪威领事,并任上海第一届工部局董事,于1858年退出,由福士(P. S. Forbes)任瑞典、挪威领事,后由该行行员卢瑞欧(P. J. S. Loureiro)接替,卢并任西班牙领事
利名洋行 D. Remi	法	1848		1855年1月1日改组为Remi Schmit & Cie.,该行职员爱棠1851年转业为法领事馆秘书,后为法国驻沪领事
泰和洋行 Reiss & Co.	英	1849		
和记洋行 Blenkin Rawson & Co.	英	1850年前	1859	该行大班克鲁姆(A. F. Croom)于1850年前后为上海商会主席,另一大班开氏(W. Kay)为1854年上海第一届工部局董事。该行于1859年1月1日歇业
广隆洋行 Lindsay & Co.	英	1850年前		第一任大班浩格(Wm. Hogg)是汉堡(Hamburg)、房伯克(Lubeck)、不来梅(Bremen)领事,其弟詹姆士·浩格(James Hogg)原为该行行员,后升大班,任上述各国副领事
公易洋行 Mac. Vicar & Co.	英	1850年前		1851年解散改组为Smith Kennedy & Co.。大班H. C. B. Macduff是上海英商会的副主席
华记洋行 Tumer & Co.	英	1850年前		
太平洋行 Gilman Bowman & Co.	英	1850年前		1856年9月改组为Gilman & Co.。1858年底该行职员查卫(Robert Jarvie)入伙
客利地洋行 Hargreave & Co.	英	1850年前		1856年解散,该行职员Geo. Thorburn接手经营,后改组为Wm. Hargreave & Co.
公平洋行 Sykes Schwabe & Co.	英	1850年前		1853年12月解散,改组为G. C. Schwabe & Co.。到1858年又解散,改组为Bower Hanbury & Co.

(续 表)

洋 行 名 称	国别	开设年份	歇业年份	附 注
琼记洋行 Augustine Heard & Co.	美	1850年前		该行大班斐伦(C. A. Fearon)为1854年上海第一届工部局董事
哗地玛洋行 Wetmore & Co.	美	1850年前		1857年5月与William & Co.合并改组为Wetmore. William & Co.
丰茂洋行 Watson & Co.	英	1850年前		
浩昌洋行 Sillar Bros.	英	1850年前		
名利洋行 Mackenzie Bros & Co.	英	1850年前		
森和洋行 Wolcott Bate & Co.	美	1850年前	1852	大班华尔考原为旗昌洋行首任大班和美国驻上海领事。1850年前与巴地(E. W. Bate)合伙组成本行。1852年华尔考逝世，洋行清理歇业
李百里洋行 Thos. Repley & Co.	英	1850年前		1851年改组为Shaw. Bland & Co.
同珍洋行 Bull. Nye & Co.	美	1850年前		1856年底该行职员派克(Pyke Thos.)入伙,改组为Isaac M. Bull & Co.
裕记洋行 Dirom Gray & Co.	英	1850年前	1856	此行在1856年以后已不见其营业
顺章洋行 Pestonjee Framjee Cama & Co.	英属帕栖	1850年前		
复源洋行 F. S. & N. M. Langrane	英属帕栖	1850年前	1852	1851年底该行所有吴淞趸船和租界房屋地产大部为架记洋行收买,业务停顿
天长洋行 W. R. Adamson	英	1850年前		原系独资,1857年客利地洋行职员麦克廉(J. L. MacLean)加入,改组为W. R. Adamson & Co.,是天祥洋行的前身
得利洋行 James McDonald	英	1850年前		原系独资,1858年4月改组为James. MacDonald & Co.,1859年再改组为Alex. Cushuy & Co.

(续 表)

洋行名称	国别	开设年份	歇业年份	附注
泰昌洋行 Dimier Bros. & Co.	英	1851		
火柏洋行 Jame Hooper	英	1851		大班Jame Hooper 1850年前原为广源洋行职员,1851年自己独资经营,1853年一度参加英领事馆工作,时歇时开,很不正常
祥记洋行 Amroodeen Jofferbhoy	英属帕栖	1851		
广昌洋行 Cowasjee Pallanjee & Co.	英属帕栖	1851		大班Cowasjee 1851年到上海,与原在上海的保曼其合伙组成
架记洋行 Cassumbhoy Mathabhoy & Co.	英属帕栖	1851		
广孚洋行 Eduljee Framjee sons & Co.	英属帕栖	1851		
广兴洋行 Dhurmsey Poojobhoy	英属帕栖	1851		
宝文洋行 James Bowman	英	1852		原系独资,1853年7月改组为James Bowman & Co.,1859年再改组为Johnson & Co.
咸亨洋行 Khan Mohammed Aladinbhoy	英属帕栖	1852		
利兴洋行 Thos. Platt & Co.	英	1852	1859	
裕泰洋行 Dallas & Co.	英	1852		1859年左右该行职员Barnes入伙改组为Dallas & Co.
指望洋行 Moncreff Grove & Co.	英	1853		大班蒙克里夫原系祥泰洋行合伙人。退出祥泰后组成本行
华盛洋行 Hanbury & Co.	英	1853	1857	1855年旗昌洋行职员克莱姆顿(J. Crampton)入伙,改组为Crampton Hanbury & Co.,1857年9月解散

（续 表）

洋 行 名 称	国别	开设年份	歇业年份	附 注
惇信洋行 Geo. Barnet & Co.	英	1854		
鲁麟洋行 Wm. Pustau & Co.	德	1855		
惠兴洋行 Bohstedt & Co.		1855	1859	
喳洋行（音译） Juah & Co.		1856	1858	
泰昌洋行 Buissonnet Engene		1856		
名利洋行 Aspinal W. G	英	1856	1859	原为独资，1854年复和洋行职员Mackenzie参加，改组为Aspinal Mackenzic & Co.，1859年结束
播威洋行 Bovet Bros. & Co.	英	1856		
顺泰洋行 Framjee Byramjee Mats & Co.	英属帕栖	1856		
意掌兰洋行 Hubibbhoy Edrabein Sons & Co.	英属帕栖	1856		
柯化威洋行 Overweg & Co.	英	1856		
Kessonjee Sewjee & Co.	英属帕栖	1856		1859年改组为Chellabhoy Sewjee & Co.
广南洋行 P. & D. N. Camajce & Co	英属帕栖	1856		
威廉洋行（音译） William & Co.	美	1856	1857	大班William原为森和洋行职员

055

(续 表)

洋行名称	国别	开设年份	歇业年份	附 注
禅臣洋行 Siemssen & Co.	德	1856		
升泰洋行 Ullett & Co.	英	1856		大班尤里(RB Ullett)原为仁记洋行职员
A. Connolly	英	1856		大班康脑雷(A. Connolly)原系丰茂洋行职员,在上海兼营拍卖、仓栈等行业
Trantman & Co.	英	1856	1857	大班 J. F. H. Trantman 原系公平洋行职员。1857年歇业,与惇裕洋行合并
慎生洋行 R. H. Cama & Co.	英属帕栖	1856		大班 Munchujee R. 原系顺章洋行职员
元芳洋行 Throne Bros. & Co.	英	1857		
裕隆洋行 A. R. Tibly	英	1857		大班 A. R. Tibly 原系仁记洋行职员。该行兼营拍卖、仓栈等
泰源洋行 Besley Oppert & Co.	英	1857		1858年1月改组为 Oppert & Co.
裕盛洋行 Gco. Thorburn	英	1857		大班原为华记洋行合伙人,拆伙后开设本行
吷礼查洋行 Fletcher & Co.		1857		
隆茂洋行 McKenzie & Co.	英	1857		大班原系隆泰(P. F. Richard)拍卖行职员
鲁意师洋行 J. W. Lewis	英	1857		
惇裕洋行 Harkort & Co.	英	1857		与 Trantman & Co. 合并组成
富硕洋行 Voucher Freres	法	1857		
广顺洋行 Ebrahim Soomar	英属帕栖	1858		

(续　表)

洋 行 名 称	国别	开设年份	歇业年份	附　注
李阁郎洋行 Legrand Freres & Co.		1858		
同孚洋行 Olyphant & Co.	美	1858		与 Nott & Co. 合并
信和洋行 Alfred Wilkinson & Co.	英	1859		

资料来源：王垂芳，《洋商史——上海：1843—1956》，上海社会科学院出版社，2007，第 65—69 页。

尽管早期的洋行已经集贸易、航运、金融、保险为一体，并实行一揽子贩运的贸易模式，但是"走私"仍然是早期上海洋行开展最频繁和最猖狂的非法贸易活动。当时，欧美洋行用鸦片"换取"中国金银和丝茶成了其主要掠夺财富的手段，其中最具代表性的洋行包括怡和、旗昌和宝顺等3家洋行。

开埠初期，"物物交换"是洋行开展贸易的主要方式，洋行也基本上掌握全部的汇兑业务，进出口贸易中的金融周转仍然在洋行的操控范围之内。在日常金融业务中，保险业务逐渐发展起来，自营或代理保险业务成为当时各大洋行赚取高额利润的主要业务之一，主要险种包括水险、火险和人寿险等。

第二次鸦片战争到甲午战争时期，上海洋行依靠航运业大发展下新航线的不断开辟和缩短，商业信息传递更加便利和及时。洋行早期一揽子贩运的贸易模式逐渐解体，独立的航运、保险、金融等行业开始慢慢形成，专业银行的出现取代了洋行兼营的汇兑业务。各大洋行也纷纷改变经营方式和理念，洋行在该时期的主要变化：首先，信息的迅速传递使贸易空间大大地缩小，拉近了国内外和供求关系方面的间距。此时，代理行改变为佣金行，各厂商已经不需要委托在沪洋行代理相关业务，利用函电即可与在沪洋行建立贸易关系。其次，中小洋行不断涌现，竞争日益激烈，在变革的大背景下，洋行兴衰成败不定。再次，洋行纷纷投资于中国的航运、金融、保险和工业等领域，同时也投资于上海的码头、房地产、打包厂以及船坞等为进出口贸易配套服务的企业。最后，销售和收购方式发生了新的改变，主要是进口商品买卖从贩运贸易向抛售期货、卖路货、订货、拍卖、新小商品现货推销等方式转变。①

1895年,《马关条约》签订之后,由国际垄断资本主导的大型贸易商纷纷进入上海,迅速向各行各业进行投资,开办工厂,由此,进一步直接取代在华洋行的中介和代理,建立起自己的销售机构和生产机构。经过一段时间发展,在上海进出口贸易商行中涌现出了一批由国际垄断资本控制的洋行或公司,其实力也超出了一批在上海经营多年的老牌洋行。

国际垄断资本的经营方式发生了一些变化,主要是提高了专注度和分工效率,特别是在销售模式方面进行了全新的改变,即从包罗万象什么都经营,改变为同有关制造业者建立固定的产销关系,包销定牌产品,外国制造业者同洋行分担风险。这种国外厂商在沪设立自家的销售洋行或贸易公司,在沪洋行向工业投资设厂以及一般洋行包销定牌产品等经营方式的出现,标志着在沪洋行进入了一个全新的发展阶段

第一次世界大战爆发后,英、法、德等国的洋行受战争的影响,纷纷减少了对华贸易,这给美、日等国的洋行资本带来机遇,并开始进行扩张。随后,到1936年,上海的外商洋行进入了高速增长阶段,此时,上海共有29个国家的洋行675家,其中英商的洋行占上海洋行总数的30.3%,居各国洋行的首位;随后为美国、德国、法国、瑞士,分别占上海洋行总数的25.00%、13.73%、6.79%、3.92%(表2-9)。

表2-9　1936年在上海的外商洋行分国别统计表

国　别	家　数	占上海外商洋行的比重/%	占该国在华洋行的比重/%
英　国	170	30.30	59.86
美　国	140	25.00	59.32
德　国	77	13.73	47.24
法　国	38	6.79	76.00
瑞　士	22	3.92	78.57

---

① 王垂芳.《洋商史——上海:1843—1956》,上海社会科学院出版社,2007,第73—74页。

（续　表）

国　别	家数	占上海外商洋行的比重/%	占该国在华洋行的比重/%
意大利	14	2.50	93.33
荷　兰	10	1.78	58.82
苏　联	9	1.60	37.50
希　腊	8	1.43	100.00
奥地利	8	1.43	100.00
波　兰	8	1.43	66.67
丹　麦	7	1.25	63.64
比利时	5	0.89	71.43
捷　克	5	0.89	100.00
挪　威	4	0.71	100.00
伊　朗	4	0.71	100.00
加拿大	3	0.53	60.00
瑞　典	3	0.53	100.00
匈牙利	3	0.53	75.00
西班牙	2	0.36	66.67
葡萄牙	2	0.36	66.67
芬　兰	2	0.36	100.00
拉脱维亚	2	0.36	100.00
埃　及	2	0.36	100.00
印　度	2	0.36	50.00
罗马尼亚	1	0.18	100.00
亚美尼亚	1	0.18	100.00

(续 表)

国 别	家 数	占上海外商洋行的比重/%	占该国在华洋行的比重/%
叙利亚	1	0.18	100.00
其 他	8	1.43	—
合 计	561	100.00	

资料来源：王垂芳，《洋商史——上海：1843—1956》，上海社会科学院出版社，2007，第76—77页。

1937年8月日军向上海进军，随后，公共租界和法租界进入"孤岛"时期，此时海上贸易仍然维持在畅通的状态。同时，相对稳定的政治局势和经济环境，吸引了大量的海内外资本的注入，一些行业也进入了相对繁荣时期，但是其中暗含的泡沫成分和投机性氛围较浓，有点虚假繁荣的味道。而日军占领的区域则完全沦为殖民地，日军可以随意调用各类资源，日本的商人可以在各方面都凌驾于其他商人之上。

进入1941年12月之后，太平洋战争全面爆发，上海完全沦陷，日军开始侵占租界，"孤岛"模式被打破，没来得及撤离的英、美等国洋商被俘虏，企业被抢夺，海上进出口贸易处于瘫痪状态。同时，上海的各类经济行业都被纳入为日本侵略战争服务的范畴，上海经济社会各方面都失去了联系，经济运行的基本条件得不到保证，上海工业生产力遭到严重破坏，产量急剧下降，整个社会经济发展处于停滞的状态。

1945年8月日本投降，上海的进出口贸易开始逐渐复苏，其中美国洋行开始占领上海市场，在上海进出口商品中，有一半以上的货物都来自美国。1946年，经上海海关进口的前八位商品，绝大部分是消费品、奢侈品，还有军用品和剩余农产品，总值2.9亿美元，占全国进口总值的44.5%，其中美国货物占上海进口总值的54.7%。美国商品占比最重的包括：烟叶占98%，汽车占97.7%，药品占80.5%，洋杂货（包括化妆品、尼龙、塑料制品）占62.8%。[①] 随后，国民政府的管理混乱和政策变化多端，尤其是通货膨胀让经济损失惨重，上海外商洋行开始退出上海，使得上海口岸的对外贸易逐日萧条，最终陷入全面停顿阶段。

① 王垂芳.《洋商史——上海：1843—1956》，上海社会科学院出版社，2007，第79页。

二、洋行的类型和经营方式

开埠初期,上海洋行以经营鸦片和纺织品为主,其规模较小,户数较多。1860年之后,各类洋行涌现,其中大多数洋行都以经营各类商品为主,比如怡和洋行、三井洋行等,同时,也存着规模较大、实力雄厚且以专营某类行业为主的洋行,比如旗昌、太古洋行主营轮船航运,沙逊洋行主营房地产,卡内门洋行主营化学和药品,信孚洋行主营生丝,等等。一半以上的洋行都兼营进出口贸易,其次是专营出口贸易的洋行,占比30%左右,剩下的洋行则是以专营进口贸易为主。在众多洋行中,充斥着各类大小的多种洋行,其中有拥有庞大资产的洋行,也有无资本小洋行。资产庞大的洋行除了经营主业外,还输出资本,投资金融、航运、房地产及工业;操纵垄断某些商品和某些行业,获利甚丰。

开埠之后至19世纪90年代,洋行以贩卖、代理以及经销等经营方式进入上海,其中贩卖鸦片成为各大洋行掠夺暴利的主营业务,在此基础上,衍生出集贸易、金融、航运、保险行业于一体的洋行。

1895年中日在甲午战争之后签订《马关条约》,在获得特权之后,以集团型为代表的一大批洋行开始在中国境内大行其道。其中,在上海的洋行的业务也早已遍布各行各业,逐渐发展成为超大型、集团型公司,并开始向上海的各社会经济部门进行渗透,掠取暴利,其中代表洋行有怡和、沙逊、太古、卡内门、慎昌、永兴、礼和、三井、三菱等。

20世纪以后,西方垄断资本集团开始以跨国公司为载体向着世界其他国家进军,由此牟取暴利。在上海主要采取两种方式,一种是跨国公司与上海部分洋行建立独家代理、定牌包销的新型关系,另一种是跨国公司在沪设立自家的销售洋行或贸易公司。

早期,洋行的具体经营方式和商业可谓是无所不包、种类繁多,主要包括:商人代理、贸易、航运、保险、金融汇兑。洋行的经营手段也多种多样,包括以下几种:首先,洋行通常采用贩卖、以货易货、试销、现货推销、订货、抛售期货、卖路货(运输途中货)、拍卖等手段进行交易。其次,外商来沪,人生地疏,不熟商情,故洋行大都聘请买办。再次,洋行还使用逃税、套汇、行贿、欺诈、收买兼并、盗窃情报及假公谋私等各种手段牟取暴利。[①] 进入上海的洋行被称为"商人和

---

① 王垂芳.《洋商史——上海:1843—1956》,上海社会科学院出版社,2007,第57—58页。

佣金代理商",洋行不仅是代理行也可以是自营的商人,通过自营或是代理都能获得巨额利润。

同时,在当时的历史环境和条件下,交易成本决定了居间的洋行可以利用自身的优势操控和垄断市场。以茶叶为例,中国作为茶叶唯一的供货地,伦敦市场的茶叶不得不受制于中国市场的供给,比如,在伦敦的商人无法快捷地在新一季茶叶上市前获知相应的信息,且受制于在中国的洋商,后者可以通过抢先进入伦敦市场,获得非常好的价格及可观的收益。

可以看出,各行业的贸易受到洋行操纵之后,在经营中可以利用各种花样进行牟利。在供需两端(即生产市场和消费市场)双向操纵,压低国外的货物价格,然后运到中国后直接提价;在代理过程中,收取高额佣金,又利用他人的商品高价销售出去。这样各式的垄断经营,给各大洋行带来了巨额收益。

在洋行垄断贸易和当时经济情况下,走私成了司空见惯的事情,但航运业务也牢牢掌控在洋行商人的手里。随着交通运输以及航运的发展,保险业务也日益繁荣。英、美各大保险公司纷纷委托在华洋行代理保险业务。上海的保险公司如雨后春笋般开设起来。保险范围不仅限于水险,并且扩大到火险和人寿险等。1863年,怡和洋行除自己开设广州保险公司外,还充当外国4家保险公司在上海的代理。宝顺洋行除了自己开设广州联合保险社以外,是外国6家保险公司在上海的代理。其他如仁记、广隆、华记、旗昌、琼记等洋行都分别代理外国保险公司经营保险业务。在金融行业,尤其是资金的周转和融通,洋行商人也占据显著优势,其中金融汇兑业务是洋行的主要业务,而洋行在上海设立的分行主要目的是经营外商在贸易往来中产生的汇兑业务,既不招揽存款,也不经营票据贴现和抵押放款。

洋行之王:英国怡和洋行(Jardine Matheson & Co.)

1832年,怡和洋行成立于广州,是一家延续到现代的外资企业,也是太平洋战争以前规模最大的中国外资企业集团。1843年上海开埠之后,它是最早进入上海的洋行之一。19世纪80年代前后,怡和洋行在世界上享有"洋行之王"的美称。

成立之初,怡和洋行又被称为麦克尼洋行,是世界上最大的鸦片商,1839年,林则徐缴获的两万多箱鸦片中,超过三分之一的鸦片出自怡和洋行。随后,怡和呼吁和参与了英国对中国发起的鸦片战争,并在第一次鸦片战争和《南京条约》签订后,开启了快速扩张的阶段,怡和"鸦片帝国"也从广州、澳门时期,走向了香港、上海时代。1843年,怡和洋行分行进驻上海。1844年3月,怡和洋行将总部正式迁到香港,其分支机构遍及远东。怡和洋行进入上海初期,其核心收入仍然来源于鸦片贸易,上海成了当时主要的鸦片集散中心之一,开始以上海吴淞口为中心向长江流域或内地其他地方进行辐射。

怡和洋行经营范围广、业务种类多,主要包括丝、茶、农产品、机器五金和日常用品,以及轮船代理、航空代理、投资保险、啤酒厂、纱厂等企业。其经营方式表现为:当一种业务达到一定规模后,便将此业务分离出来单独成立相应的公司,以便于扩张业务和利用股票进行融资,由此所得资金可继续循环发展其他业务。

怡和洋行的一个鲜明特征,是与政治紧密关联,在其发展的一百多年历史中这一特性若隐若现,时强时弱。怡和洋行见证了还处在农业社会的清朝政府的日益衰败,以及工业革命后英国作为世界第一强国的强大。在很长一段时间里,怡和洋行既是大英帝国海外扩张的实践者,也是扩张主义的维多利亚女王政府海外利益的享有者。[①]

三、上海洋行对上海对外贸易的影响

在"三千年未有之大变局"的形势下,清朝开始从一个专制集权的古老帝国向现代社会痛苦转型。在这个过程中,西方列强对中国的侵入,最主要的是对其自然资源、人力资源等方面的全面掠夺。上海开埠后,在不平等条约的签署下,进出口贸易是洋行掠取高额利润的主要阵地,在长达一个多世纪里,洋行在上海经历了兴盛到衰落的过程。但进出口贸易一直是洋商们经久不衰的主要业务,商品经济的发展使资本家们展现了趋利而行的本性,商品门类包罗万象,从初级的大宗商品到高级的工业品,从鸦片、棉布以及丝茶等,到金属、机器以及化工产品等。

作为中国国际贸易中心的上海,发挥着中国进出口贸易的绝对核心功能,上海一直是洋商们争夺利益的主战场。其中,不同的历史时期,以英、美等国商人为代表的洋行占据着统治地位,对上海对外贸易进行操控。从表2-10可以看出,从开埠以来到第一次世界大战,英国洋行始终居于首位,操纵着上海的进出

---

① 刘诗平.《洋行之王——怡和与它的商业帝国》,中信出版社,2010,第106页。

口贸易,一直到1919之后,才慢慢退居二线。美国洋行则在20世纪初慢慢崛起,随后在20世纪20年代开始雄踞霸主之位,并在很长的时间内对其他洋商保持着绝对优势,其贸易占比远远高于其他国家的洋行。相比于英国和美国,以德、法为代表的其他国家洋商一直在中下游位置交替出现。总体上来看,上海对贸易的控制权一直在英、美、德、法等国洋行的手中。

表2-10 1894—1936年部分年份主要国家(地区)在沪进出口贸易中所占比重演变情况表   比重:%

年份	国别(地区)比重排序						
	第一位	第二位	第三位	第四位	第五位	第六位	第七位
1894	英国 24.3	德国 15.6	印度 14.5	美国 13.0	中国香港 11.3	俄国 1.2	法国 —
1913	英国 21.8	美国 13.5	印度 10.9	法国 9.3	德国 6.0	中国香港 5.4	俄国 2.9
1919	美国 27.5	英国 18.2	法国 6.6	印度 5.4	中国香港 2.5	俄国 1.0	德国 —
1921	美国 26.9	英国 23.0	印度 5.6	法国 4.7	中国香港 3.4	德国 2.5	俄国 0.2
1929	美国 23.4	英国 12.4	法国 6.7	德国 5.8	印度 5.7	中国香港 3.0	苏联 1.6
1931	美国 29.2	英国 10.3	印度 7.5	德国 6.1	法国 3.9	中国香港 2.4	苏联 1.4
1936	美国 27.8	德国 14.1	英国 11.5	法国 3.4	印度 2.9	中国香港 0.8	苏联 0.8

资料来源:王垂芳,《洋商史——上海:1843—1956》,上海社会科学院出版社,2007,第84—85页。

开埠之后的近20年里,在上海的进口贸易中,鸦片一直霸占着进口商品第一的位置,其次为洋布,其他大宗商品包括进口木材、糖、棉花、酒以及金属制品等。1864年,上海进口贸易总值占中国进口总值近60%,达到3 062.89万关两,居中国各口岸的首位;到1894年,该数据翻了两倍多,进口总值达到了9 325.61万关两,主要进口货物包括纺织品、鸦片、食品、机械设备、石油化工等。同时,进口商品来源地依次为英国、中国香港、印度、美国、日本、欧洲大陆、新加坡、菲律宾、暹罗(泰国旧称)和俄国,此时英国货占比在30%以上。①

进入20世纪后,随着上海对外贸易的进一步发展以及多次不平等条约的签订,为了更好地掠夺中国的资源,帝国主义国家的各类洋商开始直接在中国内地开设企业,而在上海口岸主要进口的商品也从原来的鸦片、纺织品以及日常用品等商品变为以机械、生产资料等为主的商品。在此过程中,洋行一直把持着上海进口贸易的90%以上的份额,其中英国、美国、德国、印度、比利时、加拿大等6国洋商占比最多。1936年,上海12大类主要进口商品货值共计银2.49亿关两,占上海年进口总值的70%。其中,美、英、德等6国洋商进口值合计为1.69亿关两,占上海12大类进口值的67.58%。其中,美商占25.7%,德商占20.14%,英商占13.7%。

进入"孤岛"时期后,上海大部分大宗商品的进口贸易完全由洋行垄断,其中以基本的生活物资为主,主要包括粮食、棉花、燃油、烟草等。抗战胜利之后,进入国民政府统治时期,尽管此时的洋行户数大为减少,而华商的进出口行户数大大增加,且经营进口商品的门类和数量较前也有所拓展,但是,除橡胶原料、钢铁五金、化学产品等华商经营的比重上升外,其他大宗进口商品贸易仍然为洋商垄断。比如,棉花1946—1948年上海共进口256.94万包(每包500磅),洋商经营214.28万包,占总量的83.4%。进口棉花中,美棉157.97万包,占棉花进口总量的73.72%,几乎全被洋商特别是美商包揽。同期,上海进口的煤油、汽油、柴油,仍为美商美孚、德士古和英商亚细亚三大油公司垄断,进口量占总量的80%以上;进口烟叶和电影片,几乎100%由美商经营;汽车进口几乎为美国独占。②

---

① 王垂芳.《洋商史——上海:1843—1956》,上海社会科学院出版社,2007,第85页。
② 同上,第88—89页。

第三章　上海城市功能的变迁

回顾新中国成立以来上海的发展历程，从国家发展战略出发，上海先后经历了从"重要工业基础和财政支柱"到"社会主义现代化的中心城市"，从"国际大都市"到"社会主义现代化国际大都市"，向"具有世界影响力的社会主义现代化国际大都市"的演进。对应各个时期的上海的城市功能，上海经历了从消费城市到生产城市，从"一个龙头、四个中心"向"五个中心"和"四大功能"的转变。

新中国成立之初，百废俱兴，把消费的城市转变为生产的城市，是新中国成立初期中国共产党人领导下的城市工作的中心环节，为上海改造和发展指明了方向，成为新上海发展的核心内容。改革开放之初，上海仍然延续以工业发展为重心的战略政策，工业中心的功能仍然处于领导地位。进入90年代后，浦东开发开放开启了全面推进上海城市各大功能建设的宏伟篇章。2001年2月，上海基本确立由"三个中心"向"四个中心"发展，即将上海发展成为国际经济中心、金融中心、贸易中心和航运中心之一。党的十八大以来，上海开始向着全球城市逐步迈进，尤其确立了"五个中心"的建设和强化"四大功能"，即强化全球资源配置功能、科技创新策源功能、高端产业引领功能、开放枢纽门户功能"四大功能"的总布局。

第一节　新中国成立初期上海城市功能的转型

上海是近代中国的工业中心，在新中国成立之前，一直是中国最发达的工业城市,其生产能力和产品产量一直占据全国的半壁江山。据统计,1933年的上海工业生产总值就几乎占当时全国总产值的一半,达到11.18亿元,上海工厂的数目和工人人数占据全国工人总人口的一半以上。同时,上海各行业都呈现出良好的发展态势,尽管上海工业内部结构发展不平衡,产业结构也不是很合理,但是其行业种类相对其他城市比较齐全,大约有88个行业。随着产业的进一步发展,上海也拥有着闻名中外的企业和品牌,其工业产品质量良好,品牌效应明显,其工业产品也畅销全国各地乃至全球其他国家或地区。战后的上海面对极大的创伤,各行各业都受到了毁灭性的打击,经济秩序十分混乱,市场萎靡,大批企业倒闭和停产。此时开始,上海城市功能从之前多功能的经济中心向着为国内生产与为中国人民服务的生产型城市艰难转型。

一、新中国成立初期上海城市功能的变化

(一) 新中国成立初期上海城市建设的指导思想

上海解放前夕,毛泽东就明确指出:"如果把上海接管好,上海和全国人民永远不会忘记你们。全国和全国人民甚至我们的敌人都将以上海工作的好坏来考验我们党有无管理大城市及全国的能力。"因此,为了防止国民党大搞焦土政策,毁灭上海的重要建筑设施以及来不及搬运走的重要物资等,人民解放军秉持着毛泽东关于解放上海需要"慎重、缓进"的指导思想,只有保全了上海,解放上海才算是大胜、全胜。最终,在解放军战士不畏牺牲的激烈战争中,避免了使用重武器和炸药等,成功地保全了上海,也实现了毛泽东有关"完整保全上海"的战略意图。

上海解放后,毛泽东指出:"上海是中国最大的经济中心,上海的解放表示中国人民无论在军事上、政治上和经济上都已经打倒了自己的敌人国民党反动派……上海是帝国主义侵略中国的主要基础。这两种情况,使得上海的解放在中国人民解放事业中具有特殊的意义……上海是一个世界性的城市,所以上海的解放,不但是中国人民的胜利,而且是国际和平民主阵营的世界性的胜利……上海是一个生产的城市和革命的城市,在反革命统治被捣毁以后,这个特征将要显出伟大威力。"[1]当时,以毛泽东为核心的第一代中央领导集体清楚地认识到上海作为全中国乃至亚洲最大的城市,中国最重要的工商业中心,未来也必将成

---

① 唐莲英.《"一个龙头""四个中心"的奠基者——试论解放后毛泽东对上海城市战略定位的历史贡献》,《毛泽东思想永放光芒——纪念毛泽东诞辰110周年论文集》,2003年12月。

为全中国乃至全球经济中心。因此,将上海建设成为全国经济中心城市的指导思想已然确立。

(二) 从消费的城市到生产的城市

新中国成立初期,上海能否迅速恢复、医治好战后的种种"创伤",保持稳定的社会秩序,恢复正常的生产和群众生活,成了上海城市建设的重点。根据工作都是围绕着生产建设这一中心工作并为这个中心工作服务的指示精神,以维持、恢复为主规划发展路径,着力于为国内建设和人民群众的需要服务,始终坚持把发展生产放在首位,推动旧上海的改造,建立健全而又繁荣的新上海。经过新中国成立初期的几年改变和发展,上海迅速从战后的创伤中恢复过来,经济得到迅速恢复和发展,逐渐成为当时社会秩序良好、人民生活安定的新城市。

从城市功能的转变上来看,把消费的城市转变为生产的城市,是新中国成立初期中国共产党人领导下的城市工作的中心环节,为上海改造和发展指明了方向,成了新上海发展的核心内容。上海曾经是远东闻名的多功能的经济中心,现在需要为了支援全国经济和社会发展而服务,甚至做出相应的牺牲,因此,在当时的历史条件下,上海需要转型成为以工业为主的单一功能性城市。这是一个自上而下、由中央政府统筹规划,并以服务于全国其他城市发展为主要任务的转型过程。

1949年3月,党的七届二中全会宣布现阶段党的工作重点由乡村转移到城市,要恢复和发展城市的生产事业,将消费的城市变成生产的城市;城市的工作都是围绕着生产建设这一中心而展开。新中国成立之初,中国还是一个落后的农业国,工业发展十分落后,且都集中在东部沿海地区,其中又以上海、天津和广州等少数大城市为主,因此,推动工业发展的任务就集中在这些城市之中。只有将消费的城市转换为生产的城市,才能带动全国城市的工业发展,推动我国工业化的进程,从而完成我国从农业国向工业国的转变。与此同时,由于国民党军队在沿海进行的军事封锁和以美国为首的资本主义国家实行的经济封锁,外部国际环境极其恶劣,消费型的城市发展根本行不通,工业化转型成了各大城市的必然选择,尤其是上海作为新中国工业基础最好的城市更是如此。

由于西方国家全面封锁和禁运,对外贸易规模的下滑给上海的经济带来了严重的影响,也使得上海在全国的对外贸易、文化交流、先进技术以及国际资金流通等方面的中心地位逐渐下滑;而统制贸易政策以及高度集中统一、以行政办法管理为主的金融体制建立起来,各大金融机构总部纷纷转移至北京,上海的金融中心地位也被弱化。此时的上海只有走生产型城市的发展道路,才能继续取得新的成就。"一五"计划时期,上海提出的基本任务之一就是在全国供产销平衡的基础之上,继续发挥原有工业基地的作用,同时,按部就班地调整上海工商业,降低消费性行业过剩率,积极开展主要行业的社会主义改造,以促进生产组织、技术设备和经营管理等方面的改革,为把上海改造成为适合国家建设需要的生产城市建立初步基础。

二、新中国成立后上海城市功能转型的全面推进

为推动上海从消费的城市转变为生产的城市,经历了1949至1952年三年的恢复后,上海工业进入了社会主义改造时期,社会主义经济占主导地位,并全力推进城市功能的转型,调整工业结构,建立以重工业为发展核心的产业结构,同时,对商业行业进一步改组,完成为人民群众服务的首要任务。

在1949至1952年的三年调整期间,上海解放初被破坏的工业生产力得到了有效恢复,工业生产总值增长迅速,生产技术水平和劳动生产率也有了明显的提高。据统计,1952年上海市完成工业总产值68.06亿元,比1949年增长94.2%,平均每年递增24.8%。主要工业产品产量与1949年前的最高水平相比也有明显增长,如发电量增长3.1%,钢增长9倍多,钢材增长17倍,水泥增长16.1%,汽车外胎增长32.8%,棉纱增长9.2%。在此期间,工业结构由轻纺工业转向加速重工业的建设,重工业的生产总值以平均每年超过50%的增长率增长,超过了轻工业总产值的增长速度,重工业的生产总值比重由1949年的11.8%增长为1952年的20.9%。[1]

1953年开始,国民经济第一个五年计划确定了以重工业为重心实现工业化的目标,上海应此要求进行优先发展重工业的产业结构调整,进而支援国家的建设。随着生产技术的进一步提高,工业新品层出不穷。到"一五"计划完成时,首先,上海产业结构有了明显变化。在此之前,上海工业结构主要是以生产消费资料的轻纺工业为主,属于加工类型工业,而第一个五年计划期间,重工业由

---

[1] 周振华等著.《上海:城市嬗变及展望》(上卷),《中心城市的上海:1949—1978》,上海人民出版社,2010,第74—75页。

20.9%增长到29.8%,轻工业基本持平,纺织工业则由48%降至38.4%。其次,上海已经成为服务全国的综合性工业基地,为国家提供人力、物力、财力支援,提供各种配套设备、轻纺工业品以及大批建设人才,并上缴大量的财政收入。再次,上海工业实现了社会主义改造和第一次工业改组。通过对私营工业的社会主义改造以及工业改组,进一步增强了上海工业生产的集聚效应,企业规模也得以扩大,企业之间相互补充、相互促进,使劳动生产率得到明显的提高,1956年上海新公私合营企业的产值比1955年增长42.6%。[①]

优先发展重工业的经济政策一直伴随着整个计划经济时代,出于政治的需要,上海更是承担起优先发展重工业的任务,为国家尽快实现工业化贡献力量。1956年4月,根据毛泽东在《论十大关系》中关于"好好地利用和发展沿海工业"的重要讲话精神,上海制定了"充分地利用上海工业潜力,合理地发展上海工业生产"的工业建设方针。1960年1月,聂荣臻对上海的科技工作提出要求:"上海的工业发展一定要建筑在高度科学技术水平上……向高、精、尖进军……要把上海建设成为世界上重要的科学技术中心之一。"1963年底,中共上海第三届代表大会确立将上海建设成为先进工业和科学技术基地,以此提高上海工业生产水平。在此战略方针的指导下,上海的工业体系得到进一步完善,工业技术装备和生产技术水平得到明显提高,生产门类逐步齐全。到1965年,上海除采伐工业外,已经拥有我国全部工业生产门类,有70多项产品赶上和接近当时世界先进水平。与1957年相比,上海重工业产值增长2.2倍,轻工业产值增长69.8%。在全国的经济比重中,上海工业占1/2,贸易占1/4,财政占1/6。在不到30年的时间内,上海初步建设成为我国的一个生产门类比较齐全、协作配套能力比较强、科学技术水平比较高的综合性工业基地和科学技术基地。[②]

总的来看,从1949至1966年,上海在从消费的城市向着生产的城市转型过程中,中央赋予上海的功能定位——上海就是全国的上海。上海要从全国的角度考虑自身的发展,最初是"全国支援上海,上海支援全国",随后发展成为"全国一盘棋"的总规划,上海成了支援内地的工业基地,这里面的支援包括了人才、企业、机器、产品等方面。在国民经济第一个五年计划期间,上海对全国的经济建

---

① 周振华等著.《上海:城市嬗变及展望》(上卷),《中心城市的上海:1949—1978》,格致出版社,2010,第76—78页。
② 邹荣庚、杜捷.《试论解放后上海城市功能定位的变化及其原因》,《上海党史与党建》,2001,第12期。

设起到了极大的促进作用,其生产性城市功能效果显著,随后,上海被定位为全国工业中心。正如前文所说,作为工业中心,上海的生产门类齐全,1965 年,上海的钢产量占全国的五分之一,钢材、机床、棉纱均占四分之一,缝纫机占三分之二,手表占十分之九。

第二节　从单纯"生产城市"到"一个龙头、四个中心"

改革开放之初,上海城市建设仍然面临着诸多挑战,城市功能开启新的转型之路。由于长期的"重工业、轻生活",上海完成消费的城市到生产的城市转型,其工业得到迅速发展,成了服务全国的综合性工业生产基地,但是也让上海成了功能单一的生产城市。随着国际形势的改变,国内政策呈现出的新气象,如何让上海适应新形势的发展需要,重新成为国际国内的经济、金融以及贸易中心,恢复和发挥其多功能的城市效能的议题,被纳入国家的规划之中。

一、上海城市功能转变的实质

侯学钢(1998)在《上海城市功能转变和生产服务业的软化》一文中指出,城市的基本功能可以概况为集散、生产、管理、服务和创新五大功能:以集散功能为先导,推动上海成为国际金融和贸易中心;以生产和管理功能为基础,促进上海实现超越发展,增强经济实力;以服务功能为条件,沟通与世界的联系,并保证城市有效运转;以创新功能为动力,增强城市生机和活力。上海要服务全国,面向世界,在国内外经济活动中真正起到资金流、商品流、技术流、人才流和信息流的集散和枢纽功能,以强大的辐射力带动和影响周边地区经济发展,关键在于其目标的实现和城市功能的逐步转变。而上海城市功能的转变,实质上就是实现城市现代化、城市国际化和城市持续发展的三个过程。[①]

具体来看,经济的繁荣与发展支撑着现代化城市功能的不断升级,城市现代化进程需要充足的财力支撑,而这正是经济的繁荣和发展所带来的。现代化城市进程中包含了城市经济社会发展现代化以及城市基础设施的不断升级,以此

---

① 侯学钢.《上海城市功能转变和生产服务业的软化》,《上海经济研究》,1998,第 8 期。

来促进现代化进程的深入和实现。上海城市功能的升级离不开城市现代化的支撑。现代化城市功能的升级必然促进城市向着全球化功能延伸，促进城市经济、社会、文化以及服务与全球社会的深入融合。上海国际化大都市的建立正是城市全球化功能的体现，也是全球经济一体化的要求。城市功能的不断升级，需要可持续发展理念的指引，以人为本，人与自然和谐发展，对经济社会各方面进行服务，成为城市功能转变和升级的最终目标。

二、改革开放后上海城市功能转变的战略决策

改革开放之初，让上海迅速恢复到原来的经济、贸易、金融和航运等中心城市的地位，有点不切实际。整个20世纪80年代，上海仍然延续以工业发展为重心的战略政策，工业中心的功能仍然处于领导地位，城市改造以进一步改善居住条件和整治城市环境为主，工业用地也未被大面积置换。但是，随着全国经济改革的进一步推进，中央、国务院对上海的经济发展做出了重要指示。1982年12月，国务院批准成立上海经济区，并规定上海作为整个经济区的中心。随后，明确指出上海作为全国的经济中心，是其他城市不可替代的。上海作为全国最大的综合型工业基地，拥有最大的港口，最大的国际国内贸易中心、科技中心和金融中心。1985年2月，国务院在正式批准《上海经济战略的汇报提纲》时指出，在新的历史条件下，上海的发展要走改造、振兴的新路子，充分发挥中心城市的多功能作用，使上海成为全国四个"现代化"建设的开路先锋。要充分利用对内对外开放的有利条件，发挥优势，引进和采用先进技术，改造传统工业，开拓新兴工业，发展第三产业，逐步改善基础设施和投资环境，尽快走上良性循环的轨道，力争到20世纪末把上海建设成为开放型、多功能、产业结构合理、科学技术先进，并且有高度文明的社会主义现代化城市。[①] 此时，对第三产业的发展的重视，使上海经济重新焕发出新的活力，促进其更好地发挥经济中心功能，并能运用综合功能为全国经济建设服务。同时，《上海经济战略的汇报提纲》还指出，上海应当成为利用外资、引进外国技术的主要门户，以及消化吸收后向内地转移先进技术和管理方法的桥梁；成为全国的商品集散地和最重要的外贸口岸，成为全国最重要的金融市场和经济技术信息中心；成为面向全国培训技术人员、经营管理人员、高级技工的培训中心。由此，为上海从单功能的生产型城市向多功能城

---

① 邹荣庚、杜捷.《试论解放后上海城市功能定位的变化及其原因》,《上海党史与党建》,2001,第12期。

市发展指明了方向。

进入20世纪90年代后,根据国内外形势的变化和发展,中央对上海的功能定位有了更新的指示和要求。党的十四大报告中明确指出:"以浦东开发开放为龙头,进一步开放长江沿岸城市,尽快把上海建成国际经济、金融、贸易中心之一,带动长江三角洲和整个长江流域地区经济发展。"全新的功能定位进一步明确了上海经济建设的主攻方向,应当落实为金融和贸易,由此发展成为多功能的国际大都市。

随后,上海对外贸易进入高速发展时期,港口吞吐量不断增长,随着世界集装箱运输的迅猛发展,2001年2月,上海基本确立由"三个中心"向"四个中心"发展,即将上海发展成为国际经济中心、金融中心、贸易中心和航运中心之一。2001年5月,国务院再次提出,要把上海建设成为"经济繁荣、社会文明、环境优美的国际大都市,国际经济、金融、贸易、航运中心之一";同时,在产业政策方面,需要"全面推进产业结构优化、升级,重点发展以金融保险业为代表的服务业和以信息产业为代表的高新技术产业,不断增强城市功能"。自从上海产业发展顺序从原来的"二、三、一"调整为"三、二、一"后,上海经济的发展开始以服务业作为主要产业支撑。如表3-1所示,从20世纪90年代开始,第三产业占比达到44%,年均产值突破1 000亿元人民币。进入21世纪后,上海第三产业高速发展,2000到2010年间,年均产值是20世纪90年代的近4倍,占比达到64.3%。

表3-1 上海各产业在不同年代的结构变化

年代		产业					
		第一产业		第二产业		第三产业	
		年均产值/亿元	占比/%	年均产值/亿元	占比/%	年均产值/亿元	占比/%
20世纪	50年代	2.82	4.08	42.82	61.84	23.61	34.08
	60年代	6.07	5.28	84.11	73.12	24.85	21.60
	70年代	9.03	4.34	159.78	77.06	38.60	18.60
	80年代	18.26	3.95	271.95	68.03	119.50	28.02
	90年代	53.68	2.60	1 237.71	53.40	1 021.75	44.00

(续 表)

年 代		产 业					
		第一产业		第二产业		第三产业	
		年均产值/亿元	占比/%	年均产值/亿元	占比/%	年均产值/亿元	占比/%
21世纪	00年代	78.66	1.40	1 878.73	30.30	3 990.20	64.30
	10年代	118.22	0.40	9 071.74	31.03	20 045.62	68.57

资料来源：根据上海市统计局及相关资料整理所得。

三、《迈向21世纪的上海——1996—2000年上海经济发展战略》研究报告

根据党的十四大报告对上海提出的要求，上海开始重新审视和探索新的发展道路。由全市600多名专家和工作部门的同志组成的课题组，经过一年多的研讨，并在各方的努力下，最终形成《迈向21世纪的上海——1996—2000年上海经济发展战略》研究报告。

研究报告指出，面向21世纪，世界经济增长重心正向亚太地区转移，在此背景下，建立国际经济中心城市是中国经济把握世界经济重心转移，并争得经济发展主动权的关键，上海被推到了时代前沿，应当把握好再度成为国际经济中心城市的重大历史机遇。作为长三角城市群的中心城市，上海积极参与长三角以及全国各地的分工合作，一直以来也是全国最大的经济中心城市，而随着世界新格局的形成，中国此时正成为世界经济的新增长极，上海完全可以成为又一个国际经济中心城市。同时，面临的竞争环境也发生了改变，国际经济各领域之间的竞争更多地表现为国际经济中心城市之间的竞争，中国需要上海作为国际经济中心城市参与竞争，并能够在国际分工中拿到主动权，使资源得到更好的配置，促进经济的持续发展。

研究报告还指出，沿海经济发展带和长江流域经济发展带为中国经济增长提供巨大支撑的同时，也为上海创造国际经济中心提供了坚实的基础，尤其是整个长江流域在中国经济发展格局中的重要地位。具体原因有三点：首先，进入90年代，中国改革开放的战略重点转移至长江流域，使得其成为中国经济发展的主要支撑点之一；其次，开发开放浦东和开发建设长江三峡工程带来了巨额的

投资,大大加快了长江流域基础设施现代化建设,推动长江流域乃至全国经济的新飞跃;再次,在浦东开发开放的带动下,长江流域的城市都得到相应的发展,有些城市都超出了沿海地区的范围,比如,作为区域性经济中心城市的武汉、重庆等城市。上海之所以有如此大的辐射能力,主要原因在于:一方面,上海可以通过东南沿海和长江流域两条经济带发挥对全国的集聚和扩散效应,使上海的经济腹地扩展到全国,促使上海成为全国资金流、商品流、技术流、人才流和信息流集聚和扩散的中心,发挥中心城市的综合功能;另一方面,沿海和沿江两大经济发展带具有动态比较利益高和潜在市场容量大的优势,使上海能够与两大经济发展带共同实现资源禀赋、产业调整、资金融通、技术援助、信息服务等方面的优势互补,从整体上提高上海和两大经济发展带的产业结构层次和经济综合实力,并促进上海重塑城市功能,为两大经济发展带提供更好的服务。[①]

研究报告也明确提出,上海到 2010 年经济社会发展的战略目标为:基本建成国际经济、金融、贸易中心之一,浦东基本建成具有世界一流水平的外向型、多功能、现代化的新区,上海实现崛起成为又一国际经济中心城市。具体有六个方面的要求:(1) 基本形成世界大都市的经济规模和综合实力。(2) 基本形成具有世界一流水平的现代化城市格局,形成由主城—辅城—二级市—中心城镇组成的"多心、多层、组团式"城市空间布局,并与长江三角洲地区各城市共同构成全国最大的城市群。主城按其功能分四个层次,即以金融、贸易、信息、管理及中介服务为主体功能的中央商务区,以商业、服务、娱乐、办公为主体的中心商业区,以批发贸易、仓储、无污染城市型工业和居住区为主体的中心城区,以高度化工业加工区、物流配送和储运中心、大型居住区为主体的外环区。(3) 基本形成国内外经济联系广泛的全方位开放格局,全面参加国际分工,全面参与国际经济循环,并成为国内市场与国际市场的接轨点,国内经济循环与国际经济循环的融合点,从而成为全球经济一体化网络中的重要空间节点。(4) 基本形成符合国际惯例的市场经济运行机制,建成能沟通国内外资金流、商品流、技术流、人才流和信息流的现代大市场体系。(5) 基本形成现代化国际城市基础设施的构架,建成以浦东国际机场为主体的国际航空港,以上海港为中心、以集装箱运输为基础的巨型组合港,以多媒体技术为标志的国际信息港,以轨道交通和高等级道路为骨干的综合性、立体化、网络型的城市交通体系等。(6) 基本形成以人的全面

[①] 上海市"迈向 21 世纪的上海"课题领导小组编.《迈向 21 世纪的上海——1996—2010 年上海经济、社会发展战略研究》,上海人民出版社,1995,第 56—57 页。

发展为中心的社会发展体系和人与自然高度和谐的生态环境,实现经济效益、社会效益和环境效益在可持续发展基础上的协调统一,实现精神文明和物质文明的高度统一。[①]

研究报告也制定了上海经济社会发展的总体战略——抓住难得机遇,主动接受转移,实行东西联动,实现梯度起飞。其核心内容包括:(1)极化、扩散与创新相结合的转移战略;(2)沿海、沿江共同发展的推进战略;(3)对内对外全方位开放的接轨战略;(4)高起点、跳跃式发展的跨越战略。报告提出了相应的实施政策:(1)加速培育服务全国、面向世界的城市功能;(2)支持和促进长江流域经济共同繁荣;(3)加快城市空间布局和产业结构调整;(4)围绕建立现代企业制度,率先建立社会主义市场经济运行机制;(5)拓展资金筹措新路子;(6)加强人力资源投资和开发。[②]

《迈向21世纪的上海——1996—2000年上海经济发展战略》研究报告给当时的上海明确了建设国际大都市的目标,同时,也详细诠释了上海的城市功能,为上海进入新世纪的发展和建设发挥了重要的作用。

四、浦东开发开放与上海城市功能

1990年4月,党中央、国务院正式提出开发开放浦东的重大战略决策,要把浦东建成有国际一流水平的外向型、多功能、现代化的新城区,并以上海浦东开发开放为龙头,尽快把上海建成国际经济、金融、贸易中心之一。由此,浦东开发开放开启了全面推进上海城市各大功能建设的宏伟篇章。

进入21世纪,浦东的开发开放进一步加速了上海改革开发的进程,以及推动上海"四个中心"建设,并在此阶段重点开放了以下五大功能:一是开发陆家嘴金融贸易开发区,强化金融服务业功能,聚集国内外金融机构,使陆家嘴金融贸易开发区成为东方"华尔街";二是开放要素市场,建设证券、期货、产权、黄金等生产要素市场,增强配置国内外要素和资源的能力;三是开发高新技术产业,依托张江、金桥等开发区,发展高科技产业,提升科技创新能力;四是开发现代物流业,依托空港、海港和外高桥港区联动,提升现代物流业能级,增强国际贸易和国内贸易协调发展和紧密结合的功能;五是开展会展业,依托世博会的筹办、举

[①] 上海市《迈向21世纪的上海》课题领导小组编.《迈向21世纪的上海——1996—2010年上海经济、社会发展战略研究》,上海人民出版社,1995,第68—74页。

[②] 同上,第75—96页。

办和世博场馆后续利用以及其他会展资源,提升会展服务功能。①

浦东的深化改革和开放为上海城市功能的完善和更新打下了坚实的基础。首先,浦东对内对外全方位的开放为上海吸引外资创造了良好的条件,各类资本可以集聚到浦东的开发过程中,加快了外资的流入速度,让各类要素市场得以形成和发展。其次,浦东的开发开放提升了上海对外贸易发展速度和质量,带来了上海对外贸易的大发展,促使上海能够更好地利用国内国际两个市场和资源,更好地衔接国内国际市场,启动带领长三角区域经济发展的龙头作用。再次,浦东的开发开放在全国的改革试点中起到了良好的示范作用,也让上海更加明确自身城市功能的目标,通过全力建设成为国际经济、贸易、金融和航运中心城市,为全国经济发展贡献应有的力量的同时,更应当积极参与国际竞争,构建成为功能齐全的全球城市。

浦东的开发开放具有其历史必然性,顺应了时代的发展,抓住了经济全球化的历史机遇,并通过各方力量的努力,立足于全球视野,积极融入国际竞争之中,不断完善自身的产业结构,成为上海"四大中心"建设的"核心区"。具体来看,21世纪以来,全球化的步伐进一步加快,全球资本的流动转换进一步提速,绝大多数跨国集团在全球范围内寻求新的资本投入地的欲望日趋强烈,浦东作为上海衔接世界的新窗口,凭借着市场潜力巨大、生产成本低廉以及优惠的政策成功地吸引了全球各国跨国集团的注意。2001年12月,中国加入WTO之后,上海凭借着浦东的前期实践和发展而积累的经验,更好地融入全球资源配置的过程之中。

随着浦东开发开放的进一步深化,上海城市功能得到了不断的提升,基本完成从单一的"生产型"城市向综合多功能型、从以重工业为主的工业城市向以服务业为主的国际化大都市的转变。

第三节 "五个中心"与"四大功能"的提出

2014年,习近平总书记在上海考察时提出"向具有全球影响力的科技创新中心进军"的要求,此后"上海建设具有全球影响力的科技创新中心"上升为国家

---

① 李正图.《浦东开发开放研究》,上海社会科学院出版社,2015,第34页。

战略。2017年12月15日,《上海市城市总体规划(2017—2035年)》(简称《上海2035》)获得国务院批复原则同意。这是从"1946年大上海都市计划"至2018年,上海的第六轮城市总体规划。明确上海打造"卓越全球城市"和"社会主义国际大都市"的方向。自此,上海开始从"四个中心"向"五个中心"的建设奋力前行,并不断深化其城市核心功能。同时,面向"十四五",上海要强化"四大功能"——强化全球资源配置功能、科技创新策源功能、高端产业引领功能、开放枢纽门户功能的布局。

一、新时代上海城市的定位

2018年1月4日,《上海2035》正式发布。《上海2035》以习近平新时代中国特色社会主义思想为指导,全面贯彻党的十九大精神,全面对接"两个阶段"战略安排,全面落实创新、协调、绿色、开放、共享的新发展理念,明确了上海至2035年并远景展望至2050年的总体目标、发展模式、空间格局、发展任务和主要举措,为上海未来发展描绘了美好蓝图。

规划明确了新时代上海的城市定位——上海作为中国的直辖市之一,是长江三角洲世界级城市圈的核心城市,是国际经济、金融、贸易、航运、科技创新中心和文化大都市,国家历史文化名城,并将建设成为卓越的全球城市、具有世界影响力的社会主义现代化国际大都市。

在城市功能建设方面,规划提出,要建设更具活力的繁荣创新之城。聚焦国际经济、金融、贸易、航运、科技创新中心和文化大都市建设,提升全球城市核心功能,增强城市综合竞争力。着力提高国际金融功能影响力和国际贸易服务辐射能级,提升对全球经济辐射能力,深化中国(上海)自由贸易试验区改革创新,探索建设自由贸易港。以上海张江综合性国家科学中心为核心,向具有全球影响力的科技创新中心进军。建设浦东枢纽、虹桥枢纽和洋山深水港区国际级枢纽,打造更开放的国际枢纽门户。优化营商环境,提升城市发展软实力和核心竞争力。在优化城市空间格局方面,上海要主动服务"一带一路"建设、长江经济带发展战略,主动融入长三角区域协同发展,推动上海与周边城市协同发展,构建上海大都市圈,助力打造具有全球影响力的世界级城市群。

二、"四大功能"的内涵和联系

上海要强化全球资源配置、科技创新策源、高端产业引领、开放枢纽门户四大功能,其中强化全球资源配置功能排在"四大功能"的首位。而上海"五个中心"建设,也需要围绕四大功能进一步提升城市能级,尤其是不断壮大全球资源配置、科技创新策源功能,同时在高端产业的引领下,继续全方位对外开放,代表国家参与全球化和国际经济竞争,进一步提升要素市场国际化水平和参与全球竞争的能力。

(一) 全球资源配置功能

强化全球资源配置功能是"四大功能"的重要条件,是提高上海城市综合实力和国际地位的核心要素。全球资源配置能力就是一种能够在全球范围内吸纳、集聚和配置各类资源和生产要素以此实现经济社会持续发展的能力。比如,上海拥有一种能够不断优化资本、人才、技术以及产业等资源配置来实现城市高质量发展的能力。随着全球化和信息技术的推进和发展,上海全球资源配置和控制能力得到一定的提升,但仍然达不到发达国家水平。以商品定价权为例,很多资源和要素的定价权还掌握在以英美为代表的资本主义国家手中,这给上海全球资源配置功能的提升带来了不小的挑战。

以金融中心为例,金融是上海高效发挥全球资源配置功能的核心功能,上海需要对标伦敦、纽约、东京等其他全球金融中心城市,不断完善产业结构,实现金融服务业的高质量发展。作为全球城市的核心功能,金融中心是上海建设成为现代意义上的全球城市的关键一环,而金融服务业作为全球城市的重要推动元素,在聚集国际资源、推动要素流动、释放国际影响力等方面发挥着重要作用。

(二) 科技创新策源功能

强化科技创新策源功能是"四大功能"的根本动力。创新策源作为新兴概念,主要可以从创新策源地、创新策源引擎以及创新策源能力等几个方面来理解。创新策源地就是指城市创新中心或原创创新组织;而创新策源引擎一般认为是创新核心动力与引领者;创新策源能力从"源"来讲,就是一种创新的原创力,创新成果的影响力之源,突出其核心竞争力,需要对创新人才进行集聚和培育。如果将"策"和"源"相结合,从概念层面理解,"策源"指的是学术新思想、科学新发现、技术新发明、产业新方向的"从无到有";从行动逻辑上理解,"策源"可以分解为"策"与"源"两个具体的行动方向,共同构成创新策源能力建设的一体两面。"源"主要指向条件建设,指的是通过合理的政策设计和制度安排,吸引和集聚人才、机构、技术、金融资本、社会资本、管理等各方面的创新资源,按照一定逻辑,构建科技创新的基础条件和框架体系。创新之"源"包括"硬"和"软"两个方面,前者包括重要的科研基础设施、卓越的教育和研究机构、充沛的创新空间和产业载体、丰富的科技创新要素资源等;后者包括成熟的科技创新服务体系、高效便捷的营商环境、宽容的社会文化氛围、较高的公民科学素养、健康且富有活力的创新生态等。"策"更多强调行动,即通过策划、组织和开展各种活动,将"源"所蕴藏的能量释放出来。在宏观上,指的是瞄准世界科技发展前沿和国家重大战略需求,发现和把握科技创新机会、培育战略性科技力量,发起大科学计划和大科学工程,催生重大科学发现和技术发明,孵化战略性新兴产业和未来产业。在中观和微观层面,则是指依托创新之"源"的基础性条件,策划和组织各类科研和创新活动、促进多元创新主体互动和合作网络形成、推动基础技术开发及工程化、开展新产品或服务架构设计等具体举措。①

科技创新是上海实现高质量发展的核心驱动力,是上海参与全球市场竞争的核心力量。如今,创新作为核心生产要素纳入经济高质量发展之中,创新驱动发展战略成为当前新旧动能转换的关键,再不断完善创新驱动发展经济体系,由此全面提高经济效率,注入新的经济发展动能,以达到更高质量、更加公平和更有效率的可持续发展。然而,我国科技创新根基并不牢固,创新能力不足,很多关键领域的核心技术掌握在别的发达国家手中,出现了很多"卡脖子"事件。因此,自主创新成了科技技术创新的必经之路,原始创新能力的培育、下一代教育启蒙和方式的改变、科学创新精神的宣扬、人才资源的驱动成了关键。尤其是在关系国计民生和国家安全的领域,需要集中各方力量,逐一攻关,实现跨越式发展。

就上海建设全球科创中心而言,强化科技中心创新策源功能需要以创新为核心,吸引和集聚全球各类创新资源,实现人才、资本、设施、信息以及机构等的集聚、流通和优化配置,在全球范围内不断提升资源流动和利用的效率,力争全球创新资源配置的主导权。同时,突出上海科技创新成果的影响力,实现高水平科技成果在国内外的产出和扩散,并支撑和引领城市经济、社会、文化等各方面的发展,不断提升经济社会发展能级。

---

① 陈强.《智库观点:增强创新策源能力,应"源""策"并举》,2019 年 7 月,https://www.shobserver.com/zaker/html/165856.html。

(三) 高端产业引领功能

强化高端产业引领功能是上海实现创新驱动、高质量发展的"重要抓手"。所谓高端产业代表的是产业基础高级化、产业创新引领性、产业结构现代化以及产业组织先进性。而引领功能体现为高端产业辐射、示范、带动效应,给社会经济发展带来全方位和多层次的引领作用。

2021年9月,上海市政府发表《上海市先进制造业发展"十四五"规划》(以下简称《规划》)。在总体目标上,《规划》明确指出:以强化高端产业引领功能、加快产业数字化转型、全力打响"上海制造"品牌为主线,到2025年,产业基础能力和自主创新能力显著增强,高端产业重点领域从国际"跟跑"向"并跑""领跑"迈进,协同长三角建设世界级产业集群,为打造成为联动长三角服务全国的高端制造业增长极和全球卓越制造基地打下坚实基础。《规划》还提出构建"3+6"的新型产业体系:一是发挥三大先导产业引领作用,集成电路、生物医药、人工智能三大先导产业是中央交给上海的战略任务,要加快落实三个"上海方案",协同长三角建设世界级产业集群,到2025年,力争三大先导产业实现规模倍增。二是着力打造六大高端产业集群,发展电子信息、生命健康、汽车、高端装备、先进材料、时尚消费品六大重点产业,推动制造向服务延伸,加强产业细分领域布局,促进产业集群化、生态化发展。

(四) 开放枢纽门户功能

强化开放枢纽门户功能是"四大功能"的重要载体。上海城市功能逐渐完成从资源集中的中心功能向网络枢纽节点功能的转变,作为全球投资贸易网络的节点,承接国际国内双循环的战略链接。以高水平的对外开放指导,从枢纽、门户、窗口三个层次来看,强化开放枢纽门户功能的内涵表现为:一是全球投资贸易网络的枢纽节点。作为国际贸易中心,上海需要明确占据在国际贸易网络中的商品流、技术流、价值流等流量要素中的枢纽节点位置,尤其增强价值链中作为高端枢纽的管控力,在跨国投资、商品贸易、服务贸易以及离岸贸易中凸显其战略链接作用。二是上海依托中国国际进口博览会和上海自贸试验区临港新片区等平台,成为全国高端要素资源进出口中国的门户,主要包括先进资本、技术、人才、数据、高端服务等要素资源。其中,数字经济的发展给上海作为门户赋予了新的含义,数字贸易的兴起带来的新型贸易模式的快速发展,给上海门户功能提出了更高的要求,数字产品和高端服务的门户作用将更加凸显。三是作为全国高水平对外开放形象的窗口,上海需要发挥示范引领作用,凸显全球开放的风向标功能。同时,支持浦东新区先行先试、积极探索、创造经验,深化构建与国际通行规则相衔接的制度体系,加快建设更具国际市场影响力和竞争力的特殊经济功能区,在若干重点领域率先实现突破,更好地发挥"自贸区"和"临港新片区"试验田作用,成为深度融入经济全球化的重要载体。

三、上海"五个中心"发展概况

(一) 上海国际经济中心

上海市是全国最大的经济城市,尽管土地面积只有全国的0.06%,但其生产总值占全国的3.9%,对外贸易进出口商品总额占全国的20%左右。如今,上海作为全国经济中心有了新的发展内涵:以建成综合经济实力雄厚、产业能级高、集聚辐射能力强的国际中心为目标,大力转变经济发展方式,充分发挥经济中心城市的辐射带动作用,全面提升产业能级和服务功能,迈向更优的经济结构和更高的发展水平。

上海经济持续增长。党的十八大以来,上海经济综合实力得到进一步提升,2012年地区生产总值(GDP)超过2万亿元,2017年突破3万亿元,2020年达到38 700.58亿元(表3-2)。2020年,尽管遭遇全球新冠肺炎疫情大流行的影响,上海市仍然着力于提升城市能级和核心竞争力,全市经济继续保持良好的增长态势,GDP同比增长6.0%。

表3-2 上海市生产总值变化情况(1978—2020年)　　单位:亿元

年 份	上海市生产总值	第一产业	第二产业	第三产业	工 业
1978	272.81	11.00	211.05	50.76	207.47
1979	286.43	11.39	221.21	53.83	216.62
1980	311.89	10.10	236.10	65.69	230.87
1981	324.76	10.58	244.34	69.84	237.12
1982	337.07	13.31	249.32	74.44	240.75
1983	351.81	13.52	255.32	82.97	246.26
1984	390.85	17.26	275.37	98.22	263.19

(续 表)

年 份	上海市生产总值	第一产业	第二产业	第三产业	工 业
1985	466.75	19.53	325.63	121.59	311.12
1986	490.83	19.69	336.02	135.12	318.89
1987	545.46	21.60	364.38	159.48	336.54
1988	648.30	27.36	433.05	187.89	399.53
1989	696.54	29.63	466.18	200.73	432.92
1990	781.66	34.24	505.60	241.82	469.83
1991	893.77	34.06	550.64	309.07	514.79
1992	1 114.32	34.16	677.39	402.77	636.68
1993	1 519.23	36.87	895.61	586.75	846.71
1994	1 990.86	46.42	1 139.86	804.58	1 074.37
1995	2 518.08	58.32	1 419.92	1 039.84	1 318.93
1996	2 980.75	67.00	1 598.74	1 315.01	1 466.12
1997	3 465.28	70.23	1 776.81	1 618.24	1 614.13
1998	3 831.00	71.99	1 876.13	1 882.88	1 687.39
1999	4 222.30	72.63	1 990.09	2 159.58	1 807.29
2000	4 812.15	74.76	2 215.75	2 521.64	2 022.53
2001	5 257.66	76.05	2 413.83	2 767.78	2 194.09
2002	5 795.02	77.69	2 635.28	3 082.05	2 399.07
2003	6 804.04	78.99	3 239.62	3 485.43	3 001.58
2004	8 101.55	81.39	3 872.16	4 148.00	3 621.82
2005	9 197.13	88.06	4 314.90	4 794.17	4 038.67
2006	10 598.86	91.55	4 929.16	5 578.15	4 621.17

(续 表)

年 份	上海市生产总值	第一产业	第二产业	第三产业	工 业
2007	12 878.68	99.39	5 677.51	7 101.78	5 357.89
2008	14 536.90	109.37	6 215.45	8 212.08	5 831.99
2009	15 742.44	112.37	6 184.79	9 445.28	5 740.79
2010	17 915.41	114.45	7 434.89	10 366.07	6 943.93
2011	20 009.68	126.44	8 169.34	11 713.90	7 673.28
2012	21 305.59	129.33	8 174.13	13 002.13	7 661.28
2013	23 204.12	131.63	8 286.53	14 785.96	7 765.32
2014	25 269.75	131.96	8 633.25	16 504.54	8 099.89
2015	26 887.02	125.53	8 408.65	18 352.84	7 888.59
2016	29 887.02	114.34	8 570.24	21 202.44	8 045.54
2017	32 925.01	110.78	9 525.89	23 288.34	8 977.41
2018	36 011.82	104.78	10 360.78	25 546.26	9 763.48
2019	38 155.32	103.88	10 299.16	27 752.28	9 670.68
2020	38 700.58	103.57	10 289.47	28 307.54	9 656.51

资料来源：根据上海统计局发布的统计年鉴整理所得。

根据中国人民银行上海总部 2021 年 6 月发布的《上海市金融运行报告(2021)》，2020 年上海的经济稳定恢复显韧性，动力活力彰显蕴新机。一是供给侧加快恢复，经济发展新动能持续释放。二、三产业同步恢复，全力促进工业稳增长调结构，制定产业基础再造上海方案，发布"工赋上海"三年行动计划，推动产业链供应链"补链固链强链"，全面实施集成电路、生物医药、人工智能三大"上海方案"。工业战略性新兴产业总产值全年同比增长 8.9%，占全市规模以上工业总产值比重提高到 40%，高新技术企业达到 1.7 万家。实施在线新经济"23条"，出台在线新文旅发展行动方案，数字经济、流量经济、无人经济等在线新经济蓬勃兴起。全年第三产业增加值同比增长 1.8%，占全市生产总值比重达到

73.1%,同比提高 0.2 个百分点。二是内外需求持续回升,投资消费表现较好。全年固定资产投资同比增长 10.3%,自 2008 年以来首次达到年度两位数增长。高端芯片、新能源汽车等重点领域制造业投资力度加大,制造业投资同比增长 20.6%,连续 12 个季度保持两位数增长。实现外贸进出口正增长,全年货物进出口总额 34 828.47 亿元,同比增长 2.3%;全年外商直接投资实际到位金额为 202.33 亿美元,同比增长 6.2%。出台"促进消费 12 条",制定实施促进汽车消费政策,创新举办"五五购物节""六六夜生活节"等重大活动,首创全球新品首发季等,消费市场加快复苏。全年社会消费品零售总额为 1.59 万亿元,同比增长 0.5%;网上零售额 2 606.39 亿元,同比增长 10.2%,占社会消费品零售总额的比重达 16.4%,比上年提高 2.3 个百分点。三是财政收入降幅收窄,居民生活进一步改善。上海持续深化财税改革攻坚,"加力提效"实施积极财政政策,不折不扣地落实更大规模"减税降费"政策,新增减税降费超过 2 300 亿元,全市一般公共预算收入 7 046.30 亿元,同比下降 1.7%,降幅逐季收窄。就业形势保持稳定,全年新增就业岗位 57.04 万个,连续 17 年新增就业岗位 50 万个以上,城镇调查失业率稳定在 4.4% 以内。居民收入增长持续快于经济增长,全市居民人均可支配收入同比增长 4%。[①]

(二)上海国际金融中心

1992 年,上海国际金融中心建设正式上升为国家战略,2009 年国务院进一步提出将上海建成与我国经济实力及人民币国际地位相适应的国际金融中心。如今,上海的金融市场体系不断完善,具有全国最齐全和发达的金融要素市场,集聚了股票、债券、保险、外汇、货币、期货、黄金等各类金融要素市场。2020 年上海金融市场交易总额达到 2 274.8 万亿元、增长 17.6%,新增跨国公司地区总部 51 家、外资研发中心 20 家,国家实验室、期智研究院等一批高水平科研机构落户。

1. 上海的金融要素市场简介

上海早就成为国际金融市场体系中最为完备、最为集中的城市之一。

第一,外汇交易中心。1988 年,全国首家外汇调剂公开交易市场在沪成立,正式启动了我国金融业改革开放的先河。1994 年 4 月,作为中国人民银行直属

---

① 中国人民银行上海总部货币政策分析小组.《上海市金融运行报告(2021)》,2021 年 6 月,http://shanghai.pbc.gov.cn/fzhshanghai/113589/4264346/2021060814432871976.pdf。

事业单位的中国外汇交易中心暨全国银行间同业拆借中心(以下简称"交易中心")正式成立。如今,交易中心已经成为中国境内人民币及相关产品交易主平台和定价中心。交易产品不断扩展,已从较为单一的利率、汇率产品发展出各类信用产品,从货币、外汇等现货扩大至远期、期货、期权等基础衍生品,形成了利率、汇率、信用等三大类共二十多个产品系列。在此基础上,计算和发布25大类、400多个品种构成的市场基准系列,为2万多家境内外机构投资者提供交易前中后各类服务。从全球外汇市场的交易情况来看,英国的日均交易额是3.58万亿美元,仍然是全球范围内日均交易额最大的国家。美国的日均交易额是1.37万亿美元,次之。新加坡以6 330亿美元的日均交易额在全球范围内排名第三。中国香港以6 320亿美元的日均交易额位居第四。而日本的日均交易额为3 760亿美元,比中国香港少了近3 000亿美元。值得关注的是,中国上海地区以1 360亿美元的日均交易量成为全球第八大外汇交易中心。

第二,上海证券交易所。1990年11月,上海证券交易所正式成立,由中国证监会直接管理,是国际证监会组织、亚洲暨大洋洲交易所联合会、世界交易所联合会的成员。随着经济的不断发展,上海证券市场已经成长为中国内地首屈一指的交易市场,上海证券交易所正对标全球四大证券交易所——东京证券交易所、伦敦证券交易所、纽约证券交易所和纳斯达克股票证券交易所,为建设成全球一流交易所而不断开拓前行。从交易量来看,2020年,上海证券交易所股票和基金总成交额94.8万亿元,同比上升54.7%,其中科创板成交6.62万亿元;债券成交金额11.45万亿元,同比提高78.7%。全年,ETF期权合约累计成交9.8亿张,同比增长57.6%,市场规模、活跃度稳步增长。上海市资本市场各类市场主体共计6 943家,其中,上市公司343家,同比增加35家,占全国的8.2%;科创板上海上市企业37家,占全国的17.2%;外资代表处37家。证券公司、基金公司、期货公司等多类主要机构的数量均居全国首位。

第三,上海期货交易所(简称"上期所")、中国金融期货交易所(简称"中金所")以及上海黄金交易所。我国期货市场建立至今尚不满30年,相比国外期货市场150多年的发展历史,虽然起步较晚但发展迅速,如今已是全球最大的期货市场之一。2018年3月,中国首个国际化期货品种原油期货在上期所上海国际能源交易中心正式上线运行,标志着上海国际金融中心建设迈出新的重要步伐。自上市以来,原油期货成交量一直稳居全球同品种前三名。2019年10月10日,中金所与工商银行签署战略合作协议。通过签署协议,中金所携手工商银行提升长三角金融期货市场服务资本市场和实体经济能力,共同促进金融期货市场发展、上海国际金融中心建设。上海黄金交易所于2002年10月正式运行。它的成立实现了中国黄金生产、消费、流通体制的市场化,是中国黄金市场开放的重要标志。2016年4月,全球首个以人民币计价的黄金基准价格"上海金"正式发布,为中国金融要素市场融入全球市场开创了新的局面。推出以来,境内外应用场景不断扩大,有效提升了我国黄金市场的定价影响力。2021年上海期货交易所总成交量为24.45亿手,成交金额达到214.57万亿元人民币,分别占全国期货市场的32.55%和36.92%。中金所总成交量为1.22亿手,成交金额达到118.16万亿元人民币,分别占全国期货市场的1.62%和20.33%。

第四,上海保险交易所。上海保险交易所于2016年6月6日注册成立,6月12日正式开业,由中国银行保险监督管理委员会直接管理。成立三年多以来,作为我国唯一的国家级保险要素市场,上海保交所从无到有,实现了一个又一个的突破,相继推出了国际再保险平台、国际航运保险平台、中国城乡居民住宅地震巨灾保险运营平台、保险资产登记交易平台、保险招投标平台、区块链底层技术平台、共保交易结算平台等平台。搭建保险要素平台,只是上海保险交易所的起点。时任上海保险交易所董事长曾于瑾表示:下一步上海保险交易所将不断完善平台功能、业务规则和优化功能属性,稳步制定实施各分项策略,助推有关配套政策的落地,不断改善保险营商环境。

2019年9月25日,具有全国创新示范意义的数字健康保险交易平台在宁波正式上线。该平台是宁波市人民政府和上海保险交易所充分发挥各自作为全国保险创新综合试验区和国家级保险要素市场的政策和资源优势,合作共建的数字健康保险交易示范性平台,也是浙江省推进长三角一体化发展的重要合作项目之一。该平台的建设充分体现上海保交所坚持数字化发展战略,通过深度集成大数据、云计算、人工智能、区块链等科技,推动商业保险、医疗卫生服务、健康医疗大数据等资源的对接整合,相关技术已得到了工信部的认可。

截至2020年末,上海市共有57家法人保险机构,较上年持平。其中,财产险公司20家,人身险公司22家,共有108家省级保险分支机构。2020年,上海市原保险保费收入累计1 865亿元,同比上升8.4%。其中,财产险公司原保险保费收入509亿元,同比下降3%;人身险公司原保险保费收入1 356亿元,同比上升13.5%。中、外资保险公司原保险保费收入比例为79∶21,外资保险公司占比同比下降1个百分点。上海市保险业赔付支出累计631亿元,同比略降3.7%。

此外,上海票据交易所、上海股权托管交易中心、上海清算所、中国信托登记有限责任公司、跨境银行间支付清算(上海)公司、中央国债登记结算公司及上海总部、中国证券登记结算上海分公司等都是上海金融要素市场的重要组成部分。

2. 上海整体金融业运行概括

上海整体金融业的运行由《上海市金融运行报告(2021)》概括情况如下:2020年,上海金融业持续健康发展,改革开放创新力度进一步提升。一是全力推进金融支持抗疫复产,扎实落实稳企业保就业工作。充分发挥再贷款等结构性货币政策工具精准滴灌作用,惠及上海企业1.9万户。积极落实好两项直达实体货币政策工具,支持延期还本付息和信用贷款发放。推动建立市级层面金融支持稳企业保就业协调机制,统筹指导金融稳企业保就业工作,牵头出台18条具有"上海特色"的金融支持举措。充分发挥多层次资本市场直接融资优势,持续优化企业融资结构。举办多场"温暖浦江"大型线下政银企对接会,全市金融机构走访对接企业超4.52万家,上线重点支持"企业名录库管理系统",精准推动政银企对接。二是货币信贷合理增长,利率改革有序深化。截至2020年末,全市本外币贷款余额84 643亿元,同比增长6%,全年新增6 741.6亿元。信贷结构进一步优化,全市普惠小微贷款余额5 206.3亿元,同比增长30.6%;境内中长期贷款比年初增加5 797.1亿元,同比多增1 608.2亿元;制造业贷款比年初增加609.5亿元,同比多增286.3亿元。LPR转换工作走在全国前列,企业贷款利率降至近年低点。2020年,上海市辖内110余家法人金融机构顺利完成存量浮动利率贷款定价基准转换工作,货币政策传导进一步畅通。12月,上海企业贷款加权平均利率为4.26%,同比下降63个基点。银行业资产质量保持稳定,不良贷款率和不良贷款额保持低位。三是金融市场增势良好,产品创新成效显著。2020年,金融市场成交活跃,成交额超过2 200万亿元,同比增长17.6%。其中,上海证券交易所有价证券成交额同比增长29.4%,中国金融期货交易所成交额同比增长65.8%,上海期货交易所成交额同比增长35.8%;上海原保险保费收入1 865亿元,同比上升8.4%。上海地区上市公司343家,同比增加35家,占全国的8.2%;科创板上市企业37家,占全国的17.2%。外资持续加速进入中国债券市场,首单知识产权证券化产品、首单自贸试验区外币融资担保品管理业务、首批挂钩贷款市场报价利率(LPR)的利率期权产品等融资创新产品不断推出,配置全球金融资源能力持续增强。四是社会融资规模同比多增,股票融资创历史新高。2020年,上海社会融资规模增量为10 915.5亿元,同比多增2 273.5亿元,同比增长26.3%。表内融资占比提升,表外融资同比多减,直接融资明显加快。表内融资增加7 268.8亿元,占全市社会融资规模的比重为66.6%,同比上升4.4个百分点;表外融资减少1 339.6亿元,同比多减360.1亿元;直接融资为4 290.5亿元,同比多增379.1亿元,其中上海企业股票融资1 507.7亿元,同比多增1 104.5亿元。五是金融改革开放力度加大,重大国家战略扎实推进。2020年,人民银行上海总部牵头相关部门,联合建立"上海推进工作机制",贯彻落实《关于进一步加快推进上海国际金融中心建设和金融支持长三角一体化发展的意见》,积极推进临港新片区金融先行先试、在更高水平加快上海金融业对外开放和金融支持长三角一体化发展。截至2020年末,实现87项预期目标,创造性地推出28项"自选动作",全年超预期完成115项工作目标,上海作为全国金融改革开放前沿阵地的地位更加凸显。①

专栏3-1　中国人民银行上海总部精准施策"30条意见"交出亮眼成绩单

加快推进上海国际金融中心建设和长三角一体化发展,是党中央确定的重大发展战略。2020年2月14日,中国人民银行、银保监会、证监会、外汇局和上海市政府联合发布《关于进一步加快推进上海国际金融中心建设和金融支持长三角一体化发展的意见》(银发〔2020〕46号,以下简称"30条意见")。这是贯彻落实党中央、国务院关于扩大金融改革开放部署的重要举措,对于引领全国高质量发展、加快现代化经济体系建设具有重大战略意义。

中国人民银行上海总部迅速行动、担当作为,联合上海市金融工作局牵头上海银保监局、上海证监局等部门建立上海层面推进工作机制,将"30条意见"具体细化为104项预期目标,主动牵头其中近六成工作任务。截至2020年末,完成87项预期目标,并创造性地推出28项"自选动作",共超预期完成115项工作任务,取得丰硕成果。国际金融中心基本建成、金融对外开放稳步推进、长三角一体化加速发展等协同效应不断增强,改革红利加速释放,上海作为全国金融改革开放前沿阵地的作用进一步彰显。

---

① 中国人民银行上海总部货币政策分析小组.《上海市金融运行报告(2021)》,2021年6月,http://shanghai.pbc.gov.cn/fzhshanghai/113589/4264346/2021060814432871976.pdf。

坚定推动临港新片区金融先行先试。一是积极探索贸易投资自由化便利化的创新制度体系。推出优质企业跨境人民币结算便利化，开展境内贸易融资资产跨境转让、取消外商直接投资人民币资本金专用账户、自贸区高新技术企业外债便利化额度和本外币合一跨境资金池试点，联合发布《全面推进中国（上海）自由贸易试验区临港新片区金融开放与创新发展的若干措施》。二是金融支持新片区建设开放型产业体系。实施新片区重点企业贷款贴息办法，为39家企业提供贴息4250万元，五大国有银行金融资产投资公司获批在沪开展股权投资业务，支持13家商业银行设立新片区分（支）行。

金融支持长三角一体化发展。一是金融服务科技创新不断强化。截至2020年末，长三角科创板已上市104家，占全国的48%。全年支持G60科创走廊发行5644亿元公司债，推动长三角申报国家级科创金融改革试验区，联合发布《金融支持长三角G60科创走廊先进制造业高质量发展综合服务方案》。二是金融支持绿色发展扎实推进，初步完成长三角绿色金融信息管理系统建设和互联互通，建立长三角绿色项目库。三是长三角生态绿色一体化发展示范区建设先行。联合发布《关于在长三角生态绿色示范区深化落实金融支持政策推进先行先试的若干举措》。四是跨区域金融政策协调和金融合作持续深化。普惠性再贷款再贴现政策支持长三角异地企业取得突破性进展，长三角地区法人银行跨行账户信息验证服务落地，数字政务、医疗健康等公共领域移动支付互联互通稳步推进，成立长三角征信机构联盟，探索运用区块链技术推进信用信息互联互通，中国人民银行建立长三角金融消费纠纷非诉解决、征信机构协同监管、金融科技和反洗钱合作、经济金融和金融稳定信息共享、普惠金融指标体系等机制。

上海国际金融中心基本建成目标顺利实现。一是金融创新持续深入推进。推出国内首批挂钩市场报价利率（LPR）的利率期权产品，低硫燃料油期货、国际铜期货正式挂牌交易，提升我国大宗商品全球定价竞争力，债券作为期货保证金业务在境内期货市场全面实施，自由贸易账户体系实现银、证、保全覆盖。二是新一轮金融业扩大开放成效显著。多个全国"首家"彰显"上海速度"，全国31家外商独资私募证券投资基金管理人中，有28家落户上海。三是金融市场国际化稳步提升。进一步便利境外投资者投资债券市场,延长现券买卖交易时段,截至2020年末,境外机构主体持有银行间债券市场债券3.3万亿,占银行间债券市场总托管量的3.2%。四是金融科技发展势头良好。上海金融科技创新监管试点正式启动,首批8个试点项目正式向用户提供服务,第二批5个试点项目已对外公示,推动成立金融科技产业联盟、智能投研技术联盟等。五是金融营商环境持续优化。市场准入更加便利,自贸区内保险分支机构市场准入由审批改备案,发布首个基金行业外商投资指南。金融法治环境不断优化,上海高院发布《服务保障进一步扩大金融业对外开放若干意见》,上海金融法院在全国率先印发《关于证券纠纷代表人诉讼机制实施的具体规定》。

资料来源:《上海市金融运行报告(2021)》。

(三) 上海国际贸易中心

1992年,"上海国际贸易中心建设"成为国家战略,2001年国务院明确了战略定位。近年来,上海紧紧围绕转变贸易结构、培育竞争新优势,抓住上海自由贸易区建设机遇,创新监管模式,拓展贸易功能,推动外贸业务向价值链高端延伸,贸易中心能级持续提升。

2020年,上海口岸贸易总额占全球3.2%以上,继续保持全球城市首位,社会消费品零售总额、电子商务交易额、服务贸易额均位列全国城市首位。全年实现批发和零售业增加值4 869.89亿元,比上年下降3.3%。全年实现商品销售总额13.98万亿元,批发销售额12.51万亿元。全年实现社会消费品零售总额15 932.50亿元,比上年增长0.5%(表3-3)。其中,无店铺零售额3 041.75亿元,增长4.5%。网上商店零售额2 606.39亿元,增长10.2%,占社会消费品零售总额的比重为16.4%。全年完成电子商务交易额29 417.4亿元,比上年下降11.4%。其中,B2B交易额17 697.3亿元,下降11.5%,占电子商务交易额的比重为60.2%;网络购物交易额(含商品类、服务类交易)11 720.1亿元,下降11.1%,占电子商务交易额的比重为39.8%。全年上海口岸货物进出口总额87 463.10亿元,比上年增长3.8%,继续保持世界城市首位。其中,进口37 648.80亿元,增长6.2%;出口49 814.30亿元,增长2.1%。全年上海关区货物进出口总额64 604.64亿元,比上年增长1.8%。其中,进口27 024.82亿元,增长3.1%;出口

37 579.82 亿元,增长 0.9%。[①]

表 3-3 2020 年上海社会消费品零售总额及其增长速度

指　　标	绝对值/亿元	比上年增长/%
社会消费品零售总额	15 932.50	0.5
按行业分类		
批发和零售业	14 754.23	2.6
住宿和餐饮业	1 178.28	−19.6
按经济类型分类		
国有	61.50	−6.9
私营	3 328.52	−6.4
其他分类		
股份有限公司	445.31	−11.2
港澳台商投资	3 750.48	15.9
外商投资	3 861.56	3.6
无店铺零售额	3 041.75	4.5
网上商店零售额	2 606.39	10.2

注:"指标"一栏中"社会消费品零售总额"的绝对值并非以下各项相加。
数据来源:根据上海市统计局发布的统计年鉴整理所得。

(四) 上海国际航运中心

20 世纪 90 年代,上海就开始进行国际航空航运中心的建设。1996 年,以上海深水港为主体,浙江、江苏的江海港口为两翼的上海国际航运中心正式启动。2001 年 5 月,国务院明确了上海国际航运中心的战略定位。随后,2009 年 4 月,国务院正式颁布了《关于推进上海加快发展现代服务业和先进制造业建设国际金融中心和国际航运中心的意见》,进一步明确了上海国际航运中心发展的战略目标和任务。

[①] 上海市统计局.《2020 年上海市国民经济和社会发展统计公报》,2021-03-19,http://tjj.sh.gov.cn/tjgb/20210317/234a1637a3974c3db0cc47a37a3c324f.html。

2021年7月,上海市人民政府正式印发《上海国际航运中心建设"十四五"规划》(以下简称《规划》)。《规划》指出,"十三五"时期,上海已基本建成航运资源要素集聚、航运服务功能完善、航运市场环境优良、航运物流服务高效的国际航运中心,初步具备全球航运资源配置能力。尽管如此,上海枢纽港建设仍然需要突破资源瓶颈,提升服务水平。与成熟的国际航运服务要素市场相比,上海在航运发展软环境方面尚有差距,这在一定程度上制约了航运要素集聚和服务水平提升。现代航运服务业仍存在市场主体规模小、分散度高的情况,国际市场辐射能力相对较弱,航运创新生态尚待培育形成。

《规划》指出上海国际航运中心建设发展的总体目标为:全力支撑上海打造国内大循环的中心节点、国内国际双循环的战略链接,形成枢纽门户服务升级、引领辐射能力增强、科技创新驱动有力、资源配置能级提升的上海国际航运中心发展新格局。预计至2025年,基本建成便捷高效、功能完备、开放融合、绿色智慧、保障有力的世界一流国际航运中心。具体目标包括:枢纽服务品质世界领先、物流集疏运体系协同高效、航运服务品牌效应凸显、邮轮经济产业链基本形成、绿色创新能力全面提升、航运治理体系开放融合。

2021年7月,《2021新华·波罗的海国际航运中心发展指数报告》显示(表3-4),2021年全球航运中心城市综合实力前10位分别为新加坡、伦敦、上海、中国香港、迪拜、鹿特丹、汉堡、雅典-比雷埃夫斯、纽约-新泽西、宁波-舟山,上海国际航运中心全球排名第3位,国际影响力稳步提升。

表3-4 新华·波罗的海国际航运中心发展指数排名TOP10(2014—2021年)

排名	2014年	2015年	2016年	2017年	2018年	2019年	2020年	2021年
1	新加坡	新加坡	新加坡	新加坡	新加坡	新加坡	新加坡	新加坡
2	伦敦	伦敦	伦敦	伦敦	中国香港	中国香港	伦敦	伦敦
3	中国香港	中国香港	中国香港	中国香港	伦敦	伦敦	上海	上海
4	鹿特丹	鹿特丹	汉堡	汉堡	上海	上海	中国香港	中国香港
5	汉堡	汉堡	鹿特丹	上海	迪拜	迪拜	迪拜	迪拜
6	迪拜	上海	上海	迪拜	鹿特丹	鹿特丹	鹿特丹	鹿特丹
7	上海	迪拜	纽约-新泽西	纽约-新泽西	汉堡	汉堡	汉堡	汉堡

(续 表)

排名	2014年	2015年	2016年	2017年	2018年	2019年	2020年	2021年
8	东京	纽约-新泽西	迪拜	鹿特丹	纽约-新泽西	纽约-新泽西	雅典-比雷埃夫斯	雅典-比雷埃夫斯
9	纽约-新泽西	釜山	东京	东京	东京	休斯敦	纽约-新泽西	纽约-新泽西
10	釜山	雅典-比雷埃夫斯	雅典-比雷埃夫斯	雅典-比雷埃夫斯	釜山	雅典-比雷埃夫斯	东京	宁波-舟山

资料来源：http://zjnews.china.com.cn/yuanchuan/2021-07-12/290250.html。

改革开放以来，上海港稳步发展，以吞吐量为例（表3-5），上海港的吞吐量一路飙升，从1990年的446万吨上涨至2019年的42 314万吨，翻了近十倍。这也说明了上海港建设规模取得了优异的成绩，同时按照集装箱的吞吐量来看，也直接说明上海港在国际网络中的地位有着显著的上升。

表3-5 主要年份上海国际集装箱吞吐量（按进出港分）

年 份	吞吐重量/万吨	吞吐量/万TEU[①]	进港/万TEU	出港/万TEU
1990	446	45.6	22.4	23.2
1995	1 389	152.6	69.3	83.3
1996	1 785	197.1	92.4	104.7
1997	2 304	252.8	114.7	138.1
1998	2 766	306.6	141.1	165.5
1999	3 949	421.6	196.7	224.9
2000	5 170	561.2	266.1	295.1
2005	16 250	1 808.4	887.2	921.3
2006	19 595	2 171.9	1 064.4	1 107.5

① TEU是"折合20英尺标准箱"英文缩写语。

(续 表)

年 份	吞吐重量/万吨	吞吐量/万 TEU	进港/万 TEU	出港/万 TEU
2007	23 850	2 615.2	1 276.3	1 338.9
2008	25 992	2 800.6	1 397.8	1 402.8
2009	24 619	2 500.2	1 222.9	1 277.3
2010	27 992	2 906.9	1 436.1	1 470.8
2011	31 220	3 173.9	1 555.1	1 618.9
2012	32 480	3 252.9	1 605.1	1 647.9
2013	34 243	3 361.7	1 652.2	1 709.5
2014	35 335	3 528.5	1 732.3	1 796.5
2015	35 850	3 653.7	1 818.7	1 835.0
2016	36 736	3 713.3	1 825.2	1 888.1
2017	39 759	4 023.3	1 980.3	2 043.0
2018	41 126	4 201.0	2 064.6	2 136.4
2019	42 314	4 330.3	2 149.1	2 181.1

数据来源：《上海统计年鉴 2020》。

专栏 3-2 上海航运交易所简介

上海航运交易所是经国务院批准、由交通运输部和上海市人民政府共同组建，于1996年11月28日成立的我国唯一一家国家级航运交易所，是我国政府为了培育和发展中国航运市场，配合上海国际航运中心建设所采取的重大举措。

航交所遵循"公开、公平、公正"原则，围绕"维护航运市场公平、规范航运交易行为、沟通航运动态信息"三大基本功能，现已成为国际班轮运价备案受理中心、国际航运信息中心、航运运价交易中心、船舶交易信息平台和鉴证中心、航运业资信评估中心和上海口岸航运服务中心，产生了广泛的社会效益和经济效益。美国联邦海事委员会称赞航交所是"世界海运大国市场监管的风向标",国际权威航运媒体《劳氏日报》也称其为"中国航运信息的源头"。

由部市共同揭牌的"上海国际航运信息中心"已经形成了"三·三"特色的全时段系列信息产品,包括《中国航运发展报告》(航运白皮书、年报)、《航运交易公报》(周刊)、《航运动态信息》(旬报)等三本书;"中华航运网""中华航运物流人才网"和"中华船舶交易网"等三个网站;集装箱运价指数、散货运价指数、船价指数等三类指数。此外,作为政府交通主管部门的决策顾问,航交所积极组织科研项目及航运政策研究,先后承接部、市研究课题70余项,取得了一批具有应用价值的研究成果,部分成果已直接为国务院制定政策所运用。此外,还完成多项政府招标工作。

根据《国际海运条例》规定,受交通运输部指定,航交所作为运价备案受理机构,接受中国境内所有经营班轮运输的国内外班轮公司与无船承运人的运价备案,范围涵盖国际、海峡两岸和国内集装箱运输航线,规范了我国国际和国内集装箱运输市场价格行为,保障了运输各方当事人的合法权益,并促进了海运市场健康发展。

航交所控股的上海航运运价交易有限公司于2011年推出上海至欧洲、美西两条航线集装箱运价指数衍生品,为航运企业集装箱运输提供保值避险、价格发现的交易平台。同年底发布全新的中国沿海煤炭运价指数,并推出中国南北航线沿海煤炭航线的运价指数衍生品。近期又推出运力交易产品,丰富了航运交易衍生品序列,为航运企业控制船运风险提供了多重选择,服务了实体经济。

航交所致力于为会员和业界提供有关船舶交易方面的相关服务,包括发布船舶供需信息、办理船舶交易鉴证、代理船舶竞价、船舶价值评估、代收代付船款等全程交易业务。由交通运输部指定的"中国船舶交易信息平台"接受全国各船舶交易市场的成交信息报送,并进行重点船舶交易的公示。旗下的上海船舶保险公估有限责任公司,主要从事船舶的检验、估价及风险评估,保险船舶出险后的查勘、检验、估损理算和残值处理,风险管理咨询等,是目前国内专业、权威、合法的价格公估机构。

航交所于2002年启动航运及其辅助业资质信誉评估工作。十多年来,共有4000余家/次在上海口岸从事航运及其辅助业经营活动的企业参加资信评估,并建立了资信档案,在上海地区基本实现全覆盖。此外,航交所还积极服务于交通运输部主管部门,推进全国船舶交易市场诚信评估体系工作。

在促进航运人才要素集聚和流动方面,航交所发布的《航运薪酬福利报告》为航运企业的用工成本和航运人才的薪资水准提供准确的定位参考,并通过航运人才网平台促进航运人力资源的优化流动。

资料来源:https://www.sse.net.cn/about#msg1。

(五)上海国际科创中心

2014年5月,习近平总书记在上海考察调研期间提出,希望上海努力在推进科技创新、实施创新驱动发展战略方面走在全国前头,走到世界前列,加快向具有全球影响力的科技创新中心进军。近年来,上海全面推进科创中心建设,强化顶层设计和制度供给,形成集成电路、人工智能、生物医药"上海方案",制定实施智慧城市、数字经济等政策措施,研发与转化功能型平台建设加快,重大专项和关键核心技术攻关力度加大。经过搭框架、打基础,上海科创中心建设取得了一系列实质性突破,重大成果不断涌现。

2017年宣布的中国6项重大科技成果——"蛟龙"号载人潜水器、"天宫二号"空间实验室、北斗卫星导航系统、天眼工程(500米口径球面射电望远镜)、"墨子"号量子科学实验卫星和国产大飞机C919,上海都做出了重要贡献。在世界科技前沿方面,全球规模最大、种类最全、功能最强的光子大科学设施集群在上海全面建设。2017年,超强超短激光装置实现10拍瓦激光放大输出,脉冲峰值功率创世界纪录。2018年,上海诞生国际首个体细胞克隆猴、国际首次人工创建单条染色体的真核细胞。2019年,300毫米硅片完成15万片/月产能建设并实现规模化销售。在经济社会方面,国产大飞机C919首飞成功,集成电路先进封装刻蚀机等产品销往海外,高端医疗影像设备填补国内空白,产业创新影响力越来越大。2020年,上海全力推进张江国家科学中心建设,争取张江国家实验室早日获批;进一步完善"科创板"为引领的科技金融体系,推进科技成果转移转化;加快提升张江科学城集中度和显示度,推动长三角区域科技创新协同发展;优化完善上海科创中心建设体制机制保障。①

如表3-6所示,上海市研究与试验发展R&D经费投入增长显著提高。2010年上海R&D经费内部支出不足500亿元,但到2019年经费支出突破了1 500亿元,是2010年的3倍多,占当年GDP的4%左右。其中,落实高新技术企业减免所得税额167.24亿元,享受企业数3 339家;落实技术先进性企业减免所得税额6.60亿元,享受企业数169家。截至2019年末,上海专利申请数量超过了17万件,专利授权数量突破10万件。

表3-6 上海市研究与试验发展R&D活动情况(2010—2019年)

年 份	科研机构/个	高等院校/个	企业/个	R&D人员数/万人	R&D经费内部支出/亿元	专利申请数/件	专利授权数/件
2010	113	68	1 453	17.75	481.70	71 196	48 215
2011	109	68	1 746	19.87	597.71	80 215	47 960
2012	112	68	1 826	20.88	679.46	82 682	51 508
2013	111	68	1 977	22.68	776.78	86 450	48 680
2014	112	68	2 156	23.68	861.95	81 664	50 488
2015	111	114	2 188	24.27	936.14	100 006	60 623
2016	111	114	2 344	25.48	1 049.32	119 937	64 230
2017	111	117	2 441	26.23	1 205.21	131 746	72 806
2018	106	123	2 556	27.12	1 359.20	150 233	92 460
2019	110	124	3 261	29.33	1 524.55	173 586	100 587

资料来源:根据上海市统计局发布的上海统计年鉴整理所得。

上海统计局发布的《2020年上海市国民经济和社会发展统计公报》显示:2020年,上海市全年专利申请量21.46万件,比上年增长23.6%。其中,发明专利8.28万件,增长16.0%;实用新型专利10.70万件,增长32.8%;外观设计专利

---

① 《上海概览2020》,https://tjj.sh.gov.cn/html/shanghaigailan.pdf。

2.47万件,增长14.6%。全年专利授权量为13.98万件,比上年增长39.0%。其中,发明专利2.42万件,增长6.5%;实用新型专利9.22万件,增长49.7%;外观设计专利2.33万件,增长43.9%。全年PCT国际专利申请量为3 558件,比上年增长29.9%。至2020年末,全市有效专利达54.25万件,比上年增长22.3%。其中,发明专利14.56万件,增长12.2%;实用新型专利32.03万件,增长26.9%;外观设计专利7.67万件,增长24.8%。每万人口发明专利拥有量达60.2件,增长12.5%。深入推进科创板注册制试点,至2020年末累计上市企业215家,共募集资金3 061.62亿元。科创板上海上市企业37家,居全国第2位;融资额1 099.66亿元,总市值8 756.94亿元,均居全国首位。①

2022年12月,上海科学技术情报研究所发布了《2022国际大都市科技创新能力评价》报告,对全球主要国际大都市在内的50座科创城进行了研究。据统计,2022年美国、中国与欧洲上榜的城市数量分别为12座、11座和14座。在顶尖的科创城市版图中,中国和美国是最主要的竞争对手。从创新质量来看,中国的优势在于"量",美国的优势在于"质"。然而,在复杂的国际环境下,近几年来,北京、深圳和上海三座城市与国际研发合作力度明显减弱(表3-7)。

表3-7　国际大都市科技创新能力评价综合排名前15的城市(2018—2021年)

综合排名	2018年	2019年	2020年	2021年	2022年
1	北京	北京	北京	北京	北京
2	波士顿	波士顿	东京	剑桥	剑桥
3	东京	东京	深圳	东京	深圳
4	纽约	纽约	波士顿	深圳	东京
5	西雅图	西雅图	纽约	波士顿	波士顿
6	伦敦	深圳	伦敦	纽约	**上海**
7	深圳	伦敦	**上海**	**上海**	伦敦
8	巴黎	巴黎	亚特兰大	伦敦	纽约

---

① 上海市统计局.《2020年上海市国民经济和社会发展统计公报》,2021-03-19。

(续　表)

综合排名	2018年	2019年	2020年	2021年	2022年
9	旧金山	洛杉矶	西雅图	武　汉	新加坡
10	洛杉矶	新加坡	香　港	香　港	南　京
11	新加坡	悉　尼	旧金山	南　京	西雅图
12	芝加哥	多伦多	新加坡	巴　黎	杭　州
13	多伦多	**上　海**	巴　黎	亚特兰大	首　尔
14	悉　尼	芝加哥	首　尔	新加坡	巴　黎
15	**上　海**	休斯敦	悉　尼	首　尔	香　港

资料来源：根据近几年《国际大都市科技创新能力评价》报告整理而得。

如上表所示，自2018年以来，上海科技创新能力有了明显的提高，从2018年的第15位，跃升至2022年的第6位。上海在技术研发与学术研究的创新产出数量上，长期保持良好的增长态势。目前，上海的学术创新产出已稳居排行榜第2位，PCT专利产出也稳定在前10位，表明困扰上海多年的学术研究与技术研发剪刀差现象已基本弥合，双轮驱动的创新态势已显现。然而，在双轮驱动的态势下，上海在创新质量上的短板仍未有效填补。而且，上海的国际合作研发力度低于北京和深圳，仅是北京的29%，深圳的82%。从开展合作的主体来看，三座城市基本都是在跨国企业内部展开，上海主要是宝马、欧莱雅、夏普等传统领域的海外跨国企业，而北京和深圳则是字节跳动、华为等新兴领域的中国跨国企业。最后，上海在新兴技术领域的高质量研发成果较少，落后于世界领先水平。上海在十大新兴技术领域(包括人工智能、区块链、石墨烯、自动驾驶、基因编辑、精准医疗、量子技术、沉浸式体验、氢能、mRNA技术)公开的PCT专利为4 147件，在全球十大科创城市中排名第5位，但距离领先城市有明显差距，不足首位城市深圳的二成。如表3-8所示，2021年上海十大新兴技术领域在全部PCT专利中的占比为12.8%，这个占比位列全球十大科创城市的第8位，落后首位城市美国剑桥近20个百分点，与国内城市(深圳、北京、南京)相比同样处于落后地位。[①]

[①] 顾震宇、黄吉.《上海科学技术情报研究所第8次发布〈国际大都市科技创新能力评价〉》,《竞争情报》,2023,第19卷,第1期。

表 3-8　全球十大科创城市在新兴技术领域的 PCT 专利比较

综合排名	城　市	十大新兴技术 PCT 专利/件	十大新兴技术在全部 PCT 专利中的占比/%
1	北　京	10 099	15.5
2	美国剑桥	6 760	31.2
3	深　圳	30 566	18.8
4	东　京	28 426	7.4
5	波士顿	3 829	23.3
6	上　海	4 147	12.8
7	伦　敦	3 659	11.2
8	纽　约	3 993	16.5
9	新加坡	2 362	14.5
10	南　京	1 142	13.4

数据来源：转自顾震宇、黄吉，《上海科学技术情报研究所第 8 次发布〈国际大都市科技创新能力评价〉》，《竞争情报》，2023，第 19 卷第 1 期。

专栏 3-3　上海国际科创中心建设　再添"引擎""大零号湾"新目标：成为世界级"科创湾区"

强化科技创新策源功能是上海国际科创中心建设的主线。2 月 27 日[①]，上海发布《推进"大零号湾"科技创新策源功能区建设方案》(下称《方案》)，定位世界级"科创湾区"，打造上海科创中心重要策源地和区域经济社会发展增长极。

上海证券报记者从当日举行的新闻发布会上获悉，目前，"大零号湾"已建成投用高能级科创载体 18 个，入驻硬科技企业 3 000 余家，一大批创新中心和成果项目相继落地，开放式科创街区初具规模。《方案》拟定了"大零号湾"的三阶段目标：至 2023 年底，高新技术企业达 600 家以上，估值亿元以上企业 70 家以上；至 2025 年，"大零号湾"基本建成，高新技术企

---

① 指 2023 年 2 月 27 日。——编者注

业达1000家以上,区域产值规模达千亿元级;至2035年,产出一批具备全球前瞻性、引领性原创成果,形成万亿市值的高技术企业集群,成为世界级"科创湾区"之一。

据悉,2015年"零号湾"在紧邻上海交通大学的西北角启动建设,经过不断发展,最初的"零号湾"实现"从0到1"的跨越,连同闵行区"环上海交大、华东师大"核心区域约17平方公里拓展为"大零号湾"。

"接下来'大零号湾'还将着力提升原始创新能力、成果转化效率、产业发展能级,加速集聚'硬科技'上市企业,形成千亿产值规模、万亿市值,打造具有全球影响力的产业创新高地。"上海市副市长刘多在会上表示。

为将"施工图"尽快转化为"实景画","大零号湾"将落实创新策源功能强基行动、科技成果转化加速行动、前沿新兴产业引领行动、创新创业人才集聚行动、科创载体能级提升行动等五项重点任务。

其中,创新策源功能强基行动聚焦提升基础研究和原创突破能力,将强化战略科技力量,建设一批功能型平台和新型研发机构,发挥好龙头企业的创新主体带动作用。

科技成果转化加速行动将深化科技成果转化体系和大学科技园核心功能建设,引导高校院所开放共享创新资源,完善科技金融服务体系,打造全生命周期转化孵化服务链。

前沿新兴产业引领行动瞄准生物医药、人工智能、高端装备三大主导产业和数字经济、绿色低碳、元宇宙等未来产业"新赛道",在"大零号湾"培育形成多个高能级产业集群。

作为"大零号湾"建设的主阵地,上海市闵行区将发起"大零号湾"金融联盟,集聚规模达300亿元的基金,推动"科技—产业—金融"良性循环。同时,闵行区拟设立15亿元"大零号湾"专项资金,重点支持创新策源、金融服务、环境优化等方面,并引入社会资金进行存量地块改造和成片开发,争取在"大零号湾"投入千亿元资金。此外,为全方位提升功能品质,未来3年闵行区将新增人才公寓5000套以上。

上海市科技工作党委书记徐枫表示,为更好推动"大零号湾"科技创新策源作用,上海还将从以下三个方面予以重点支持:一是聚焦创新引领力,布局一批重大科研设施和机构,围绕人工智能、医疗机器人等领域建设一批高标准高水平的新型研发机构等;二是聚焦创新竞争力,实施基础研究特区计划等一批重大科研计划项目;三是聚焦创新驱动力,推动更多科技成果转化和孵化。

资料来源:中国服务贸易指南网。

第四章　国际贸易中心城市的发展历程：以中国香港、日本东京为例

根据世界贸易组织（WTO）发布的《世界贸易评估2021》①发现：由于新冠疫情大流行严重冲击全球经济，2020年世界商品贸易量下降了5.3%。在此之前的一年，由于主要国家之间的贸易局势依然很紧张，贸易量仅增长了0.2%。以名义美元衡量，2020年商品贸易的降幅更大，出口额下降近8%，至17.58万亿美元。以美元计的商业服务出口下降得更多，下降了20%，至4.91万亿美元。服务贸易的大幅下降主要是由于旅行限制和封锁，这阻止了需要就近提供的服务。一些未用于服务的收入可能被转移到商品上，支持商品进口。2020年商品贸易量下降5.3%，同时世界实际GDP（按市场汇率计算）收缩3.6%。因此，贸易降幅是产出降幅的1.5倍。这低于2009年全球金融危机爆发后的水平，当时贸易量下降了12.6%，是GDP下滑2.0%的6倍。

尽管如此，2020年商品贸易量的收缩始于第一季度，并在第二季度加速。随后在第三和第四季度的反弹势头强劲，足以使商品贸易在年底前恢复到大流行前的水平。具体来看，2020年第一季度，世界商品贸易量同比下降2.0%，第二季度进一步下降12.5%。截至第二季度末，商品贸易较2019年同期下降了15.5%。2020年第三季度，商品贸易量较前一季度增长了11.4%，而在第四季度进一步增长了4.4%，从而使贸易量恢复到2019年第四季度的水平。相比之下，金融危机之后，商品贸易花了两年多的时间才恢复到危机前的水平。自2020年

---

① 世界贸易组织数据库．https://www.wto.org/english/res_e/statis_e/wts2021_e/wts21_toc_e.htm．

第二季度贸易触底以来,所有地区的商品出口和进口都有不同程度的复苏。2021年第一季度,亚洲(同比增长21.0%)和欧洲(1.9%)的商品出口量都有所增长。南美和中美洲(下降0.1%)以及北美(下降2.2%)的失业率略有下降。非洲(−4.6%)、中东(−8.4%)和独立国家联合体(−13.9%)的降幅也更大。2020年第二季度,全球各地区的商品贸易进口量同比大幅萎缩,包括中东地区(−20.1%)、欧洲(−19.0%)、南美和中美洲(−18.6%)、北美(17.8%)、非洲(−16.0%)、独立国家联合体(−11.1%)和亚洲(−7.0%)。2021年第一季度,除非洲(−0.9%)和中东(−2.7%)外,所有地区的商品进口量均同比增长。总体而言,贸易复苏似乎在亚洲最为强劲,而在依赖自然资源出口的地区最为疲弱。

第一节　国际贸易中心城市的特征

符合国际贸易中心的城市一般具有以下特征:(1)城市经济总量巨大;(2)贸易总体规模庞大;(3)港口货物吞吐量位于世界前列;(4)现代服务业发达;(5)金融高度对外开放。具有代表性的国际贸易中心城市主要有:纽约、东京、中国香港和新加坡等。它们不仅经济发达,而且服务贸易和转口贸易都处于世界领先地位,在高度开放的经济制度下,经济运行体制也与国际经济体制高度接轨,引领全球各大城市的经济发展,在全球贸易中发挥着十分重要的作用。

第一,从经济总量来看,它们的经济总量都处在全球所有城市的前列,人均GDP更是在中等发达国家水平以上。据GCCTII(全球城市创意和科技创新指数,Global City Creative and Technology Innovation Index)统计的数据显示,2020年,美国纽约的GDP值为65 341.7亿元,居全球20强城市GDP之首;日本东京的GDP值为60 274.5亿元,居全球20强城市GDP第2位;中国香港的GDP值为24 106.4亿元,居第18位;新加坡的GDP值为23 464.7亿元,居第19位。从人均GDP来看,纽约、东京、中国香港和新加坡都达到了中上等发达国家的水平。具体如图4-1所示。

第二,贸易总体规模庞大。以香港为例,作为一个外向型的经济体,根据香港特区政府统计处的数据,在2020年,香港的商品整体出口货值达39 275亿元,而商品进口货值为42 698亿元。商品整体出口货值相对香港本地生产总值的比率为1.5,而商品进口货值相对本地生产总值的比率为1.6。

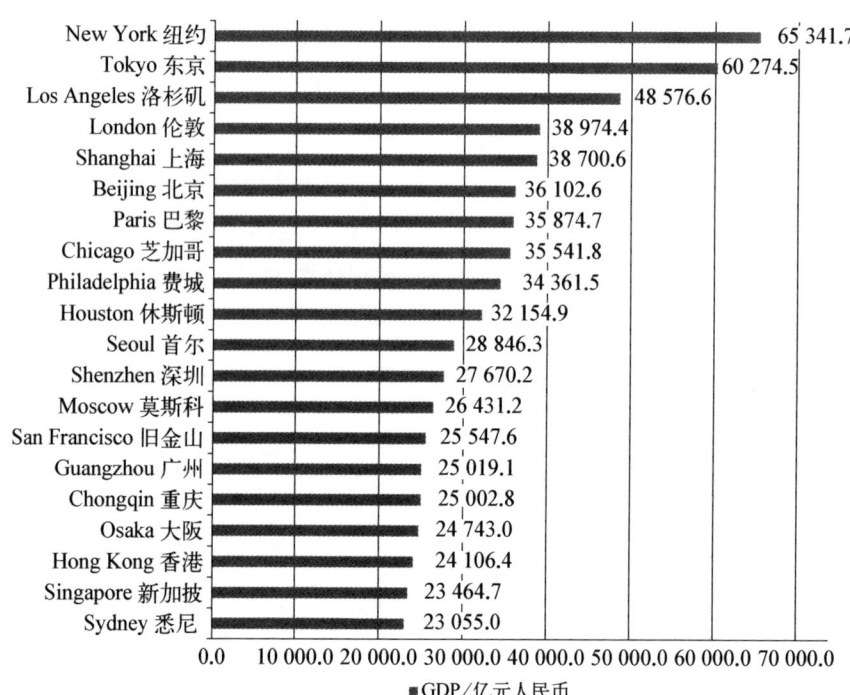

图 4-1　2020 年全球城市 GDP 排名前 20

资料来源:根据相关资料整理所得。

第三,就港口货物吞吐量而言,国际贸易中心城市一般也是国际航运中心,二者相互支撑,共同推动贸易的深入融合和发展。航运肩负着绝大多数国与国、地区与地区之间商品货运的任务,一个国际贸易中心的港口吞吐量在全球都有着重要的地位。香港、新加坡、纽约和东京的发展就充分说明这一点。根据航运情报提供商 Alphaliner 2021 年 9 月统计的数据,洛杉矶-长滩复合式港区超越香港,在全球集装箱港口排名中跃居第 9 位,在 2021 年上半年的总吞吐量为 1 018 万 TEU。北美东海岸最繁忙的纽约-新泽西港,2020 年排第 20 位,2021 年在 1—6 月期间以 440 万 TEU 的吞吐量超过了德国汉堡港和泰国林查班港,排在世界第 18 位。上海在全球排名中保持第 1 位,在 2021 年上半年处理了 2 295 万 TEU,新加坡以 1 873 万 TEU 居第 2 位。紧随其后的是四个中国港口:宁波-舟山港、深圳港、广州港和青岛港。具体如表 4-1 所示。

表 4-1 2020年全球港口集装箱吞吐量TOP20　　　　单位：万TEU

排名	港口	2020年	同比增速	2019年	同比增速
1	上海港	4 350	0.4%	4 331	3.1%
2	新加坡港	3 687	−0.9%	3 720	1.6%
3	宁波-舟山港	2 872	4.3%	2 753	4.5%
4	深圳港	2 655	3.0%	2 577	0.1%
5	广州港	2 317	1.5%	2 283	5.7%
6	青岛港	2 201	4.7%	2 101	8.8%
7	釜山港	2 181	−0.8%	2 191	1.1%
8	天津港	1 835	6.1%	1 730	8.1%
9	香港港	1 796	−1.9%	1 836	−6.3%
10	鹿特丹	1 434	−3.2%	1 481	2.1%
11	迪拜港	1 349	−4.4%	1 411	−5.6%
12	巴生港	1 324	−2.5%	1 358	10.3%
13	安特卫普	1 202	1.4%	1 186	6.8%
14	厦门港	1 141	2.5%	1 112	3.9%
15	丹戎帕拉帕斯	980	8.0%	908	1.3%
16	高雄港	962	−7.7%	1 043	−0.2%
17	洛杉矶港	921	−1.3%	934	−1.3%
18	汉堡港	850	−7.9%	926	6.1%
19	洛杉矶-长滩港	811	6.3%	763	5.7%
20	纽约-新泽西港	759	1.5%	747	4.1%

资料来源：https://www.sohu.com/a/493287320_175033。

第四，现代服务业的高度发达。国际贸易中心城市都具备现代化的服务体系，具有高质量的服务行业作为支撑，服务业占GDP总量都超出了50%，服务业发达和成熟是香港、新加坡、纽约和东京等城市的标志。众所周知，香港的经济结构完全以服务业为主,2019年香港服务业产值达到2 559 558百万港元,占比超过93.4%。

第五,高度开放的金融市场。纽约、东京、中国香港和新加坡也是著名的国际金融中心,都是十分有竞争力的金融市场,市场高度发达和开放,资金流动十分自由,融资相当便利,国际金融机构都汇聚于此。2021年3月第29期全球金融中心指数(GFCI29)公布,纽约排名金融中心竞争力全球第1位,香港排名第4位,新加坡紧随其后排名第5位,东京排名第7位。以新加坡为例,得益于独特的地理位置和完善的金融体制,新加坡的金融市场迅速发展,2013年取代日本成了亚洲第一大外汇市场,世界第三大外汇交易市场,2019年日平均交易量约为6 330亿美元,全球外汇交易量占比7.7%,继续稳居亚洲第1位。而中国香港外汇市场规模早已超过日本,成为亚洲第二大外汇市场,仅次于新加坡。根据国际结算银行(BIS)公布的数据显示,香港外汇交易的平均每日成交金额由2016年4月的4 366亿美元,增长44.8%至2019年4月的6 320亿美元。

第二节 中国香港国际贸易中心发展研究

香港国际贸易中心的演变经历以下几个过程:在20世纪50年代以前,香港定位为国际贸易转运地,以传统转口贸易为主导,发挥港口区位优势;在20世纪50—70年代,香港定位为加工贸易中心,以本港制造产品出口为主导,发挥生产成本优势;20世纪80—90年代,香港定位为转口贸易中心,以外发内地加工贸易转口为主导,发挥贸易中间商功能;21世纪以来,香港定位为全球贸易营运中心,离岸贸易和转口贸易并举,发挥全球贸易网络优势。①

一、香港国际贸易中心的形成与发展

对外贸易是香港经济发展的火车头,在其经济发展历史中有着举足轻重的作用,可以说香港经济的发展史大部分也是对外贸易的发展史。香港对外贸易的发展历史,可以分为以下几个阶段。

第一,1841至1951年以单纯的转口贸易为主的远东转口港阶段。

---

① 沈克华、彭羽.《离岸贸易与香港国际贸易中心地位的演变——兼论对上海国际贸易中心建设的启示》,《亚太经济》,2013,第3期。

第四章　国际贸易中心城市的发展历程：以中国香港、日本东京为例

1841年，香港彻底成为自由港，在英国人的统治下开始大兴基础设施建设，为方便开展对外贸易打下基础。同时，各国洋行开始在香港开展业务，尤其是英国商人开始以香港为总部进行转口贸易。货物流通自由和便利，以及税率低下等原因，使香港转口贸易额持续上涨，以和中国内地、英国本土以及印度的三角贸易为主。中国内地向香港出口粮食和建筑材料，并经香港向英国及英国统治下的印度转口茶叶、丝、棉花、大米、豆类等中国内地的土产；印度经香港向中国内地出口棉花、鸦片；英国经香港向中国内地出口工业品。具体数据显示，自1864到1904年英国占领香港的40多年间，香港从印度和英国进口的货值由5 100万两（白银，下同）增加到34 500万两，增长了576.47%。同样，从中国内地进口的丝、茶、棉花和豆类等土产品的货值也从1864年的5 100万两增加到1904年的24 000万两，增长了370.59%。其中，蚕丝增长了550%，棉花增长了300%，茶叶则一直保持着巨大的进口量。① 此时，香港与内地相互依存度不断上升，香港成了中国进出口商品的集散地以及各口岸的转运中心。到19世纪末，香港的国际化程度也得到进一步发展，并成了远东地区著名的转口贸易港。进入20世纪，香港对外贸易发展进入繁荣发展时期，作为中国内地贸易的中转站，转口贸易额进一步放大，香港港口码头的船只和吨位的飙升也从另一个侧面反映了这一点。1901到1910年的10年间，进出香港港口码头的船只数量从90 520艘增加到547 164艘，增长了504.47%，船只的吨位也增长了89.09%；从1911到1914年第一次世界大战爆发前，从事进出口贸易的船只数由44 978艘增加到51 214艘，吨位由23 063 391吨增加到25 279 624吨。②

随着中国内地各港口的开放和发展，以及其他资本主义国家，比如美国、日本等在中国内地的竞争力增强，被英国控制的香港对于中国内地贸易的优势略有下降，香港在内地的对外贸易额占比也出现大幅下降。但是，香港开始在国际市场找寻出路，对美国、日本以及东南地区的贸易份额持续上升，香港国际化程度进一步加强。1929年，英美等西方国家爆发的经济危机所导致的大萧条，也给香港经济贸易带来致命打击，一直到1935年香港的贸易才有所恢复，随后爆发的日本对中国的侵略战争让中国内地的港口相继沦陷，香港成了与内地贸易相联系的唯一纽带，香港此时的贸易出现繁忙景象，同时，为抗战物资的供应和粉碎日本侵略者的经济封锁，发挥了重要的作用。第二次世界大战后，英国重新

---

① 毛艳华.《香港对外贸易发展研究》，北京大学出版社，2009，第52页。
② 同上，第55页。

主导香港事务,香港对外贸易重获新生,但是由于香港的工业基础薄弱,此时仍然以转口贸易为主,这种模式一直持续至1951年。

第二,1952至1984年以港产品出口为主的国际贸易中心阶段。

1950年朝鲜战争爆发,随后以美国为首的西方国家对中国内地实行贸易封锁,这也给当时依赖中国内地转口贸易的香港带来了致命打击。1952年,香港贸易总额相比1951年下跌了近三分之一的份额,为66.78亿港元;1954年更跌至低谷,仅为58.52亿港元,对中国内地的出口额不到4亿港元,不到1951年的25%。为了改变这一局面,除了开拓新的市场外,香港开始在自身的加工制造业方面下功夫。进入20世纪60年代后,香港的制造业开始蓬勃发展,贸易结构也因此迎来了新的局面,自产商品开始超过转口商品部分,这样香港就从单一的转口贸易结构向多元的加工出口贸易结构转变。1960年,港产品的出口值达到28.67亿港元,同期的转口贸易值只有10.70亿港元。1969年,港产品的出口值突破100亿港元大关,达到105.18亿港元,而同期转口贸易值只有26.79亿港元,仅为港产品出口值的25%。[1] 香港制造业的进一步发展给对外贸易的持续增长提供了坚实的基础,在接下来的30年时间里,香港对外贸易额保持了两位数以上的高速发展,对外贸易的绝对数值,1962年超过100亿港元,1973年超过500亿港元,1978年超过1 000亿港元,1980年超过2 000亿港元,1984年超过4 000亿港元,其间增长了40倍之多。[2] 中国内地的政策变化和经济发展与香港对外贸易的发展有着紧密的联系,1978年12月19日,中国开启改革开放和现代化建设的伟大征程,促进了香港转口贸易的复兴,转口贸易额开始飙升,总贸易额的比重也不断上升。1979年,香港转口贸易额首次突破200亿港元大关,比上年增长了51.72%。1980年转口贸易再次突破300亿港元大关,比1979年增长了50.19%。到1987年,香港的转口贸易额已高达1 827.80亿港元,占当年香港出口总额的48.35%,与70年代所占份额相比有了明显的提高。[3] 随着改革开放的深入,中国内地与香港之间的贸易往来更加密切,香港转口贸易再次引领整个香港经济,成了香港对外贸易最主要的组成部分,香港对外贸易也开启了新的发展阶段。具体如表4-2所示。

---

[1] 张涨铭等著.《走向上海国际贸易中心:从纽约、东京、新加坡、香港到上海》,上海社会科学院出版社,2011,第104页。
[2] 毛艳华.《香港对外贸易发展研究》,北京大学出版社,2009,第67页。
[3] 张涨铭等著.《走向上海国际贸易中心:从纽约、东京、新加坡、香港到上海》,上海社会科学院出版社,2011,第105页。

表 4－2 香港对外贸易进出口情况变化（1952—1984 年）

年 份	进口总额/百万港元	出口总额/百万港元	进口变化/%	出口变化/%	贸易总额/百万港元	差额/百万港元
1952	3 779	2 899	—	—	6 678	−880
1953	3 873	2 734	+2.5	−5.7	6 606	−1 139
1954	3 435	2 417	−11.3	−11.6	5 852	−1 018
1955	3 719	2 534	+8.3	+4.8	6 253	−1 185
1956	4 566	3 210	+22.8	+26.7	7 776	−1 357
1957	5 149	3 016	+12.8	−6.0	8 166	−2 133
1958	4 594	2 989	−10.8	−0.9	7 583	−1 605
1959	4 949	3 278	+7.7	+9.7	8 227	−1 672
1960	5 864	3 938	+18.5	+20.1	9 801	−1 926
1961	5 970	3 930	+1.8	−0.2	9 900	−2 040
1962	6 657	4 387	+11.5	+11.6	11 045	−2 270
1963	7 412	4 991	+11.3	+13.8	12 403	−2 421
1964	8 551	5 784	+15.4	+15.9	14 334	−2 767
1965	8 965	6 530	+4.8	+12.9	15 494	−2 435
1966	10 097	7 563	+12.6	+15.8	17 660	−2 534
1967	10 449	8 781	+3.5	+16.1	19 230	−1 668
1968	12 472	10 570	+19.4	+20.4	23 042	−1 901
1969	14 893	13 197	+19.4	+24.9	28 090	−1 696
1970	17 607	15 238	+18.2	+15.5	32 845	−2 369
1971	20 256	17 164	+15.0	+12.6	37 420	−3 092
1972	21 764	19 400	+7.4	+13.0	41 164	−2 364
1973	29 005	25 999	+33.3	+34.0	55 004	−3 005
1974	34 120	30 036	+17.6	+15.5	64 156	−4 084
1975	33 472	29 832	−1.9	−0.7	63 304	−3 640

(续 表)

年 份	进口总额/百万港元	出口总额/百万港元	进口变化/%	出口变化/%	贸易总额/百万港元	差额/百万港元
1976	43 293	41 557	+29.3	+39.3	84 849	−1 736
1977	48 701	44 833	+12.5	+7.9	93 534	−3 868
1978	63 056	53 908	+29.5	+20.2	116 964	−9 147
1979	85 837	75 934	+36.1	+40.9	161 771	−9 903
1980	111 651	98 242	+30.1	+29.4	209 893	−13 408
1981	138 375	122 163	+23.9	+24.3	260 537	−16 212
1982	142 893	127 385	+3.3	+4.3	270 277	−15 508
1983	175 442	160 699	+22.8	+26.2	336 142	−14 743
1984	223 370	221 441	+27.3	+37.8	444 811	−1 929

资料来源：香港特区政府统计处，https://www.censtatd.gov.hk/sc/web_table.html?id=55#。

第三，1985年至今香港再度回归转口贸易港阶段。

改革开放后，中国内地给予香港优惠的政策来吸引投资，同时，低廉的劳动力资源得到港商的青睐，开始将生产基地转向内地，尤其在加工贸易兴起后，香港对外贸易更加依赖于内地的经济发展。香港超过一半的投资都投向了珠江三角洲，促进了当地经济的发展，而在改革开放初期，香港以全球的航运中心、金融中心闻名于中国内地，更带来了新的潮流和生活方式，香港引领中国内地各方面的发展。香港成为内地重要的外资来源地，内地也为此制定了优惠的支持政策，并以香港为窗口，相继开展对外贸易与招商引资业务。随着香港产业转移的深入，巨大的收益也促进了香港商品贸易的进一步繁荣，推动香港经济进入了高速发展阶段。

表4-3 香港对外贸易进出口情况变化(1985—2020年)

年 份	进口总额/百万港元	出口总额/百万港元	进口变化/%	出口变化/%	贸易总额/百万港元	差额/百万港元
1985	231 420	235 152	+3.6	+6.2	466 572	3 733
1986	275 955	276 530	+19.2	+17.6	552 484	575

(续 表)

年份	进口总额/百万港元	出口总额/百万港元	进口变化/%	出口变化/%	贸易总额/百万港元	差额/百万港元
1987	377 948	378 034	+37.0	+36.7	755 982	87
1988	498 798	493 069	+32.0	+30.4	991 867	−5 729
1989	562 781	570 509	+12.8	+15.7	1 133 291	7 728
1990	642 530	639 874	+14.2	+12.2	1 282 405	−2 656
1991	778 982	765 886	+21.2	+19.7	1 544 868	−13 096
1992	955 295	924 953	+22.6	+20.8	1 880 248	−30 342
1993	1 072 597	1 046 250	+12.3	+13.1	2 118 848	−26 347
1994	1 250 709	1 170 013	+16.6	+11.8	2 420 722	−80 695
1995	1 491 121	1 344 127	+19.2	+14.9	2 835 248	−146 994
1996	1 535 582	1 397 917	+3.0	+4.0	2 933 499	−137 664
1997	1 615 090	1 455 949	+5.2	+4.2	3 071 040	−159 141
1998	1 429 092	1 347 649	−11.5	−7.4	2 776 741	−81 443
1999	1 392 718	1 349 000	−2.5	+0.1	2 741 717	−43 718
2000	1 657 962	1 572 689	+19.0	+16.6	3 230 652	−85 273
2001	1 568 194	1 480 987	−5.4	−5.8	3 049 181	−87 208
2002	1 619 419	1 560 517	+3.3	+5.4	3 179 936	−58 903
2003	1 805 770	1 742 436	+11.5	+11.7	3 548 206	−63 334
2004	2 111 123	2 019 114	+16.9	+15.9	4 130 237	−92 009
2005	2 329 469	2 250 174	+10.3	+11.4	4 579 643	−79 295
2006	2 599 804	2 461 027	+11.6	+9.4	5 060 831	−138 777
2007	2 868 011	2 687 513	+10.3	+9.2	5 555 524	−180 497
2008	3 025 288	2 824 151	+5.5	+5.1	5 849 439	−201 137
2009	2 692 356	2 469 089	−11.0	−12.6	5 161 445	−223 268
2010	3 364 840	3 031 019	+25.0	+22.8	6 395 859	−333 821

(续 表)

年份	进口总额/百万港元	出口总额/百万港元	进口变化/%	出口变化/%	贸易总额/百万港元	差额/百万港元
2011	3 764 596	3 337 253	+11.9	+10.1	7 101 849	−427 343
2012	3 912 163	3 434 346	+3.9	+2.9	7 346 509	−477 817
2013	4 060 717	3 559 686	+3.8	+3.6	7 620 404	−501 031
2014	4 219 046	3 672 751	+3.9	+3.2	7 891 798	−546 295
2015	4 046 420	3 605 279	−4.1	−1.8	7 651 699	−441 141
2016	4 008 384	3 588 247	−0.9	−0.5	7 596 631	−420 137
2017	4 357 004	3 875 898	+8.7	+8.0	8 232 902	−481 106
2018	4 721 399	4 158 106	+8.4	+7.3	8 879 505	−563 292
2019	4 415 440	3 988 685	−6.5	−4.1	8 404 126	−426 755
2020	4 269 752	3 927 517	−3.3	−1.5	8 197 270	−342 235

资料来源：香港特区政府统计处，https://www.censtatd.gov.hk/sc/web_table.html?id=55#。

二、香港国际贸易中心的特点

香港作为国际贸易中心，其最主要的特点之一在于对外贸易总额规模庞大，且一直保持着持续增长的态势。2020年相对于1985年的贸易总额增加了近20倍，1985至2020年年均保持近10%的增长，远远高于全球的平均水平。2020年，香港的对外贸易总额达到81 972.7亿港元（表4-4），此时香港GDP总额为26 277.41亿港元，对外贸易总额相当于本地生产总值的3.12倍。由此，香港对外贸易的重要程度可见一斑（表4-5）。

表4-4　总体商品贸易变化情况　　　　单位：10亿港元

贸易种类	2015年	2019年	2020年
进口总额（到岸价）	4 046.4	4 415.4	4 269.8
出口总额（离岸价）	3 605.3	3 988.7	3 927.5

(续　表)

贸 易 种 类	2015 年	2019 年	2020 年
贸易总额	7 651.7	8 404.1	8 197.3
商品贸易差额	−441.1	−426.8	−342.2

数据来源：香港特区政府统计处《香港统计数字一览》(2021 年版)。

表 4-5　香港对外贸易总额与 GDP 比率变化

年 份	香港对外贸易总额/百万港元	香港 GDP 总额/百万港元	香港对外贸易总额占 GDP 比率/%
1988	991 867	930 574	107
1989	1 133 291	951 764	119
1990	1 282 405	988 223	130
1991	1 544 868	1 044 571	148
1992	1 880 248	1 109 699	169
1993	2 118 848	1 178 512	180
1994	2 420 722	1 249 648	194
1995	2 835 248	1 279 312	222
1996	2 933 499	1 333 792	220
1997	3 071 040	1 401 811	219
1998	2 776 741	1 319 346	210
1999	2 741 717	1 352 417	203
2000	3 230 652	1 456 060	222
2001	3 049 181	1 464 225	208
2002	3 179 936	1 488 482	214
2003	3 548 206	1 533 975	231

(续 表)

年 份	香港对外贸易总额/百万港元	香港 GDP 总额/百万港元	香港对外贸易总额占GDP 比率/%
2004	4 130 237	1 667 433	248
2005	4 579 643	1 790 627	256
2006	5 060 831	1 916 554	264
2007	5 555 524	2 040 454	272
2008	5 849 439	2 083 873	281
2009	5 161 445	2 032 629	254
2010	6 395 859	2 170 189	295
2011	7 101 849	2 274 677	312
2012	7 346 509	2 313 353	318
2013	7 620 404	2 385 103	319
2014	7 891 798	2 450 989	322
2015	7 651 699	2 509 513	305
2016	7 596 631	2 564 130	296
2017	8 232 902	2 662 836	309
2018	8 879 505	2 742 787	324
2019	8 404 126	2 702 979	311
2020	8 197 270	2 627 741	312

资料来源：根据香港特区政府统计处公布资料整理所得。

香港的进出口贸易在全球贸易中也占有重要地位，根据世界贸易组织提供的数据，2020 年香港出口贸易货值超过 5 487.73 亿美元，排名世界第 6 位，仅次于中国内地、美国、德国、荷兰以及日本（表 4-6）。2020 年香港进口贸易货值超过 5 697.69 亿美元，排名世界第 8 位，略低于荷兰、日本和法国等（表 4-7）。

表4-6 全球各国及地区商品贸易2000—2020年
部分年份出口额变化情况　　　　　单位：亿美元

国家及地区	2000年	2005年	2010年	2015年	2018年	2020年
比利时	1 883.71	3 344.00	4 076.92	3 968.41	4 686.50	4 198.92
巴　西	551.19	1 185.29	2 019.15	1 911.34	2 392.64	2 098.78
加拿大	2 766.35	3 604.75	3 874.81	4 100.62	4 507.43	3 905.99
中　国	2 492.03	7 619.53	15 777.54	22 734.68	24 866.95	25 902.21
法　国	3 276.11	4 634.28	5 237.67	5 062.64	5 822.22	4 883.72
德　国	5 518.10	9 709.14	12 589.24	13 262.06	15 605.39	13 806.47
中国香港	2 026.83	2 921.19	4 006.92	5 104.86	5 684.56	5 487.73
印　度	423.79	996.16	2 263.51	2 679.51	3 247.78	2 763.02
意大利	2 405.18	3 731.35	4 473.01	4 569.90	5 495.26	4 961.20
日　本	4 792.49	5 949.41	7 697.74	6 249.21	7 381.43	6 413.19
韩　国	1 722.68	2 844.19	4 663.84	5 267.57	6 048.60	5 124.98
墨西哥	1 663.67	2 142.07	2 983.05	3 805.50	4 507.13	4 176.70
荷　兰	2 331.30	4 063.72	5 742.51	5 704.42	7 266.97	6 748.70
中国台北	1 513.57	1 984.32	2 746.01	2 853.44	3 359.09	3 471.93
英　国	2 831.73	3 934.58	4 201.82	4 658.50	4 864.39	4 046.81
美　国	7 819.18	9 010.82	12 784.95	15 025.72	16 639.82	14 316.10
新加坡	137.80	229.65	351.87	351.59	412.96	362.53

资料来源：根据WTO Data整理所得，https://timeseries.wto.org/。

表4-7 全球各国及地区商品贸易2000—2020年
主要年份进口额变化情况　　　　　单位：亿美元

国家及地区	2000年	2005年	2008年	2010年	2015年	2018年	2020年
比利时	1 775.11	3 187.00	4 663.07	3 911.77	3 755.30	4 549.47	3 961.32
巴　西	586.43	776.28	1 823.77	1 915.37	1 790.91	1 885.64	1 662.76

(续　表)

国家及地区	2000年	2005年	2008年	2010年	2015年	2018年	2020年
加拿大	2 447.86	3 224.11	4 190.11	4 026.90	4 301.24	4 704.66	4 141.65
中　国	2 250.94	6 599.53	11 325.67	13 962.47	16 795.66	21 357.48	20 572.17
法　国	3 389.40	5 041.24	7 167.95	6 110.70	5 707.58	6 764.41	5 825.64
德　国	4 971.97	7 770.73	11 850.67	10 548.14	10 511.32	12 843.53	11 704.41
中国香港	2 140.42	3 001.60	3 929.62	4 413.69	5 587.70	6 266.16	5 697.69
印　度	515.23	1 428.70	3 210.32	3 502.33	3 941.31	5 144.64	3 728.54
意大利	2 387.57	3 847.90	5 619.19	4 870.49	4 109.19	5 032.40	4 228.75
日　本	3 795.11	5 158.66	7 625.34	6 940.59	6 481.17	7 484.88	6 354.60
韩　国	1 604.81	2 612.38	4 352.75	4 252.12	4 364.99	5 352.02	4 676.33
墨西哥	1 794.64	2 282.40	3 183.04	3 102.05	4 052.82	4 765.46	3 932.48
荷　兰	2 182.67	3 638.22	5 809.37	5 164.09	5 121.05	6 455.02	5 960.12
中国台北	1 406.42	1 826.14	2 404.48	2 512.36	2 372.19	2 863.33	2 880.53
英　国	3 396.43	5 219.19	6 686.00	5 922.71	6 300.03	6 722.67	6 347.42
美　国	12 593.00	17 327.06	21 694.87	19 691.84	23 153.01	26 142.21	24 075.27
新加坡	1 345.45	2 000.47	3 197.80	3 107.91	2 970.87	3 708.81	3 298.30

资料来源：根据WTO Data整理所得，https://timeseries.wto.org/。

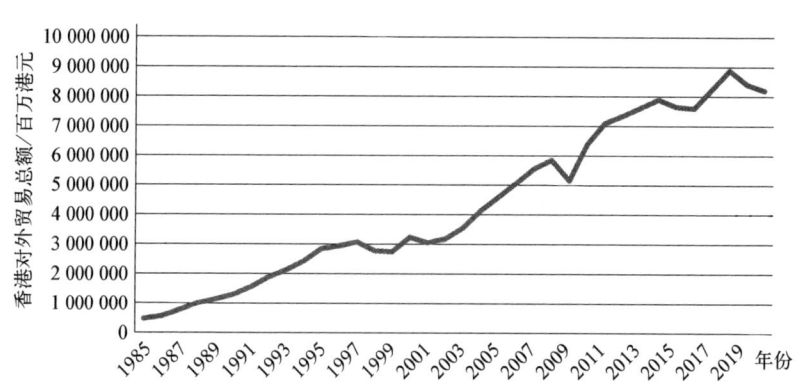

图4-2　香港对外贸易总额的变化情况(1985—2019)

资料来源：香港特区政府统计处。

表 4-8 香港进出口额在全球贸易中的排名和占比情况（1998—2020 年部分年份）

年 份	出口额排名	出口额占全球总额的比率/%	进口额排名	进口额占全球总额的比率/%
1998	11	3.18	9	3.29
2000	10	3.14	8	3.22
2005	11	2.78	11	2.78
2008	13	2.29	13	2.38
2010	11	2.62	9	2.86
2014	9	2.76	7	3.15
2018	8	2.90	8	3.16
2020	6	3.11	8	3.20

资料来源：根据 WTO Data 整理所得，https://timeseries.wto.org/。

中国内地是香港的最大贸易伙伴，2020 年从中国内地商品贸易的进口额近 2 万亿港元，超过 45% 的商品都是从内地进口；而对内地出口额则超过了 2.3 万亿港元，占香港总出口额的 59.2%（表 4-9）。香港是中国内地加工贸易的中转站，中国内地尤其是珠三角地区则是香港的生产基地。作为转口贸易中心，香港将中国的货物转口的主要目的地为美国、中国台湾以及日本等国家与地区。同时，转口到中国内地的货币主要来源国包括美国、日本、中国台湾以及韩国等，如此就构成了以香港为转口的贸易圈，即日本和中国台湾—中国香港—中国内地—中国香港—美国。

表 4-9 按照香港主要进出口国家或地区划分的商品贸易额　　　　单位：10 亿港元

国家与地区	2015 年	2019 年	2020 年
全球总进口额	4 046.40	4 415.40	4 269.80
中国内地	1 984.00	2 058.10	1 923.50
中国台湾	274.40	330.50	405.70

(续 表)

国家与地区	2015年	2019年	2020年
新加坡	245.90	290.70	314.10
韩国	172.10	220.10	247.20
日本	260.30	252.60	240.00
亚太区经济合作组织	3 500.40	3 842.80	3 797.50
东南亚国家联盟	552.10	707.10	751.00
欧洲联盟	230.70	235.20	196.00
	2015年	2019年	2020年
总出口额	3 605.30	3 988.70	3 927.50
中国内地	1 936.50	2 210.90	2 324.50
美国	342.20	304.00	258.80
日本	122.80	121.00	109.30
中国台湾	65.00	88.30	98.50
印度	101.80	118.20	97.40
亚太区经济合作组织	2 894.10	3 210.70	3 230.60
东南亚国家联盟	271.20	310.70	282.90
欧洲联盟	280.40	306.20	280.20

数据来源：香港特区政府统计处《香港统计数字一览》（2021年版）。

三、香港国际贸易中心发展未来

如表4-10所示，香港2020年的总人口数为748.18万人，其中劳动力人口数为388.82万，近几年的商品贸易和GDP保持了正数的增长，可见整体经济还是略有改善。

表 4-10 2020年香港主要统计指标

指　　标	单　位	2020年数值	2015—2020年平均变动率
人　口	千　人	7 481.8	+0.5%
劳动人口	千　人	3 888.2	−0.1%
失业率	%	5.8	—
总出口货值	十亿港币	3 927.5	+1.7%
总进口货值	十亿港币	4 269.8	+1.1%
货币供应量 M3	十亿港币	15 644.0	+6.1%
经常账户差额	十亿港币	179.0	—
GDP（以当时市值计算）	十亿港币	2 710.7	+2.5%
GDP（以 2018 年环比物量计算）	十亿港币	2 627.7	+0.2%
人均 GDP（以当时市值计算）	港　币	362 310	+2.0%

数据来源：香港特区政府统计处《香港统计数字一览》(2021 年版)。

但是，自 2020 年新冠肺炎疫情全球大流行，香港作为高度依赖于服务业的开放型经济体遭受沉重的打击，GDP 跌幅创下六十年来新高，失业率持续上升。而在此之前，香港经济和贸易增幅已经急速下滑，2019 年进出口贸易再次出现负增长，其主要原因在于中美之间的贸易摩擦、全球经济放缓和香港本地的经济社会环境的恶化等。受疫情影响，全球多国实施了严格的疫情管理，对跨国经济活动以及社交距离进行控制，全球经济遭受重创。2020 年香港的 GDP 同比增速为−6.1%（图 4-3），居民消费和社会投资也显著下降。同时，香港社会失业率显著上升。2021 年 2 月的香港失业率达到 2004 年 3 月以来的新高，为 7.2%。

然而，随着中国于 2021 年 3 月提出的《中华人民共和国国民经济和社会发展第十四个五年规划和 2035 年远景目标纲要》实施，在"以国内大循环为主体、国内国际双循环相互促进的新发展格局"下，作为国际贸易中心、金融中心、航运中心的香港必然会面临很多机遇。尤其在贸易方面，作为全球贸易的重要枢纽，香港将继续巩固其全球贸易中心的地位。

表 4-11 和表 4-12 的数据显示，年均增长率较高的货物种类包括"85 电动

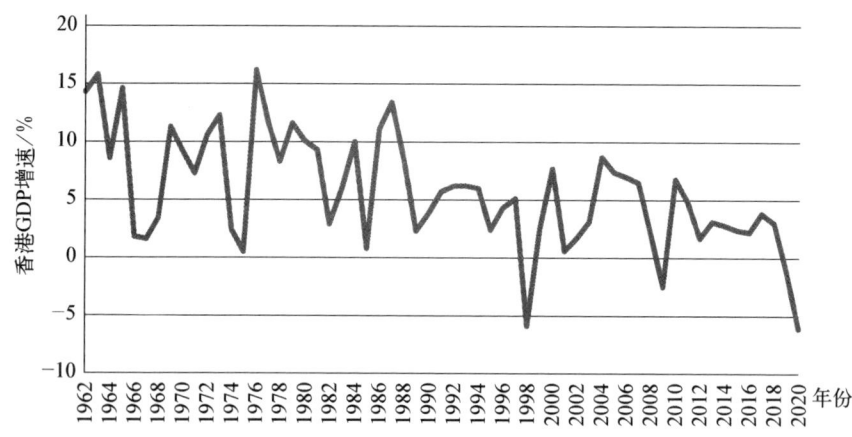

图 4-3 香港 1962—2020 年的 GDP 增速

资料来源：东方财富 Choice 数据终端。

机械、设备及其零件"(进口年均增长 5.4%，出口年均增长 5.6%)、"90 仪器及器具"(进口年均增长 2.6%，出口年均增长 2.7%)、"33 香水及化妆品"(进口年均增长 14.7%，出口年均增长 16.9%)和"97 艺术品及古董"(进口年均增长 13.9%，出口年均增长 17.3%)。年均增长率较低的货物种类包括"39 塑料"(进口年均增长 -7.2%，出口年均增长 -5.5%)、"95 玩具"(进口年均增长 -9.6%，出口年均增长 -8.6%)、"61 针织服装"(进口年均增长 -8.4%，出口年均增长 -10.2%)和"62 非针织服装"(进口年均增长 -6.4%，出口年均增长 -10.1%)。高附加值的商品成了香港港口转运的主要增长商品，其中包括珠宝、艺术品，这些对安保和运输要求级别较高。还有就是电子零件和精密仪器零部件等，这些商品货值高，且需要进行分装和中转等。

表 4-11　2010—2020 年香港首 20 进口商品类别
（按香港货物协调制度 2 位编号分类）　　　单位：亿港元

商品种类（2 位编号及分类名称）	2010 年	2015 年	2019 年	2020 年	2010—2020 年均增长
进口总额	33 648.40	40 464.20	44 154.40	42 697.52	2.40%
85 电动机械、设备及其零件	14 693.65	20 613.05	24 099.98	24 952.73	5.40%
84 机械及机械用具	4 488.93	4 796.24	5 196.91	5 216.48	1.50%

(续　表)

商品种类(2 位编号及分类名称)	2010 年	2015 年	2019 年	2020 年	2010—2020 年均增长
71 珠宝及贵金属	1 956.77	2 848.32	3 091.03	2 489.72	2.40%
90 仪器及器具	1 071.76	1 155.09	1 384.34	1 385.62	2.60%
27 矿物燃料和油	1 192.70	938.17	1 125.66	686.41	−5.40%
33 香水及化妆品	168.08	309.83	500.57	663.64	14.70%
39 塑料	1 164.27	920.50	645.98	553.42	−7.20%
91 钟表	577.11	736.61	627.78	478.80	−1.90%
02 肉类	329.56	409.65	423.62	408.76	2.20%
08 水果和坚果	193.87	290.59	357.59	312.59	4.90%
42 皮革制品	393.41	410.66	384.90	286.58	−3.10%
61 针织服装	683.85	566.44	412.26	283.06	−8.40%
62 非针织服装	536.63	517.17	407.17	278.39	−6.40%
95 玩具	759.00	445.68	326.96	277.84	−9.60%
97 艺术品及古董	60.80	187.41	382.83	224.14	13.90%
87 汽车	291.09	377.33	289.90	223.33	−2.60%
30 药用产品	156.08	183.95	218.31	222.42	3.60%
03 海产	213.31	243.42	234.51	200.64	−0.60%
22 饮料、酒及醋	155.47	223.93	223.29	193.40	2.20%
70 玻璃制品	121.44	154.90	164.94	192.91	4.70%

资料来源：香港特区政府统计处《香港统计数字一览》(2021 年版)。

表 4−12　2010—2020 年香港首 20 出口商品类别
(按香港货物协调制度 2 位编号分类)　　单位：亿港元

商品种类(2 位编号及分类名称)	2010 年	2015 年	2019 年	2020 年	2010—2020 年均增长
出口总额	30 310.19	36 052.79	39 886.85	39 275.17	2.60%
85 电动机械、设备及其零件	14 053.85	19 304.31	23 551.55	24 170.41	5.60%

(续 表)

商品种类(2位编号及分类名称)	2010年	2015年	2019年	2020年	2010—2020年均增长
84 机械及机械用具	4 278.15	5 020.51	5 514.73	5 799.13	3.10%
71 珠宝及贵金属	1 631.92	2 252.56	2 195.59	1 967.57	1.90%
90 仪器及器具	1 090.42	1 132.35	1 404.82	1 428.79	2.70%
39 塑料	1 094.05	953.27	707.69	620.02	−5.50%
91 钟表	576.08	767.21	642.23	463.86	−2.10%
33 香水及化妆品	80.20	148.58	313.69	381.49	16.90%
95 玩具	874.49	571.42	428.46	356.28	−8.60%
61 针织服装	969.31	709.63	482.50	329.34	−10.20%
62 非针织服装	808.55	641.53	430.75	278.51	−10.10%
42 皮革制品	467.39	413.52	344.93	273.04	−5.20%
70 玻璃制品	75.53	185.19	244.40	255.00	12.90%
08 水果和坚果	85.44	146.76	240.80	212.55	9.50%
38 杂项化学产品	105.05	105.49	111.64	196.84	6.50%
64 鞋履	433.28	303.15	232.20	164.79	−9.20%
97 艺术品及古董	22.63	55.69	202.12	111.86	17.30%
30 药用产品	121.29	113.21	112.76	109.91	−1.00%
74 铜及其制品	209.86	108.10	135.29	107.56	−6.50%
49 印刷书本和报纸	147.43	147.18	130.58	107.19	−3.10%
60 针织物	195.96	185.32	135.08	103.38	−6.20%

资料来源：香港特区政府统计处《香港统计数字一览》(2021年版)。

因此，未来香港商品贸易的发展趋势仍将聚焦于高端物流领域，尤其在中国"国内国际双循环相互促进的新发展格局"下，香港作为全球贸易中心，拥有国际先进水平的物流企业和设施，可以通过高端的物流系统及其配套设施促进国家高科技产业发展，夯实连接全球产业链的坚实基础。潘焯匡指出，香港要巩固国际航运、贸易中心和航空枢纽地位,可以从优化高端物流服务入手。近年来全球物流发展进入转型期,除了更广泛应用科技外,行业也正朝更专业化方向迈进。冷链物流、危险品物流、贵重货物物流、药品物流等正在物流业扮演更重要的角色。香港只要做出加强人才培训、增加物流设施建设、鼓励科技应用(例如采用自动化物流及人工智能)等举措,辅以本身的地理和"一国两制"制度优势,便能与中国内地物流设施优势互补,在积极参与双循环发展格局的同时,巩固其国际航运、贸易中心和航空枢纽地位。①

第三节　日本东京国际贸易中心发展研究

一、日本经济发展历程简述

第二次世界大战后,日本被美国政府控制,占领期达六年八个月。而正是在占领期初期,日本经济迅速复兴。1955 年以后,具有划时代意义的新型重化学工业创建起来,通过高效率及持续的高速增长,日本变成了强有力的"经济大国",国民生产总值(GNP)1950 年与资本主义世界第 1 位的美国 2 851 亿美元相比,日本是第 7 位,仅为 109 亿美元;到 20 世纪 60 年代后期,超过了西德跃居世界第 2 位;1989 年与美国的 52 008 亿美元相比日本是 28 899 亿美元。又如生铁产量,与战前最高的 765 万吨(1943 年)相比,战败后的 1946 年急减到 56 万吨,朝鲜战争后的 1953 年恢复到战前最高峰,此后急剧增长,70 年代已突破 1 亿吨,80 年代初超过了美国,跃居全球第 1 位。至于美国自认为在技术力量及生产能力都具有压倒优势的小汽车及电子产业,日本在战后几乎是零,而到了 1980 年,已强大到足以威胁美国的地步。进入 20 世纪 80 年代,日本持续大规模贸易收支盈余,令日本变成了世界最大的纯债权国。② 日本与美国的关系决定了日本在 20 世纪的经济发展,尤其是美国为了加强日本作为其在亚洲战略的据点地位,对日本采取了相应的扶持政策来促进日本的经济发展,其中包括优先

---

① 潘焯匡.《从贸易数据分析香港在国家双循环国际物流中的功能和角色》,2021 - 10 - 21, https://research.hktdc.com/sc/article/ODgyMTc3MzA2。
② 井村喜代子.《现代日本经济论:从战败到步出"经济大国"》,首都师范大学出版社,1996,第 2 页。

培育重要产业、提高日本的国际竞争力以及输出高端技术等。据不完全统计,日本从 1950 至 1975 年共引进了 25 000 多项技术,并在不到 30 年的时间里、仅花费约 60 亿美元,就把美国等西方国家用了半个多世纪、花了 2 000 多亿美元的研究成果学到手。日本在独特的国家政策和社会环境下,其企业也迅速发展,出现了许多巨型跨国大企业,以其独有的雇佣制度、企业管理以及新技术的开发能力,迅速成长为具有强大国际竞争力的跨国集团。

　　日本的战后重建,得益于朝鲜战争的特殊需求,以化学、金属、机械为重心的重化学工业部门的投资持续增长。同时,为了完成产能升级,扩大重化学工业部门的生产规模,必须带动其他产业的发展,以此实现了以投资带动投资的模式。同时,"技术革新"①是促进日本在 20 世纪 50 到 70 年代高速增长的关键因素。其中从军需生产培育出来的新技术被充分利用到民营企业的生产中,提高了生产质量,带来了生产工艺的创新以及削减了生产成本,伴随着现代管理方法的引入,成本管理、经营计划调查和职务分析等软实力的提升,"日本式经营"开始在世界范围内后来居上,致力于全方位提高产品质量的工作,被引入的技术在日本得到了充分的利用,为生产力的大幅提升做出了巨大的贡献。在 1967 至 1974 年间,日本经常账户一直维持在盈余状态,其原因在于生产力的大幅提高使得国内产业具有很强的国际竞争力,同时出口的产品逐步向着高附加值产品转化。

　　20 世纪 70 年代的两次石油危机给美国经济带来了极大的冲击,而日本经济却很快从两次危机中走了出来。在 1985 至 1991 年间,日本经济持续增长,同时,土地和股票价格飙升,企业和个人的投资情绪高涨,金融市场和房地产市场的价值远远超过了实际经济水平,日本进入了泡沫经济时期。1985 年日经平均股价为 12 000 日元左右,随后迅速攀升,到了 1989 年 12 月 30 日创下了 38 915 日元的历史新高。然而,股价从 1990 年初开始下跌,到了 1992 年 8 月最终跌破了 1.5 万日元大关。房地产市场也同时经历了持续的下滑阶段,直到 2006 年地价才开始有所回升。因此,泡沫经济时期的经济增速开始放缓,1991 年日本经济泡沫破灭,此后,日本陷入了长期低迷的时期。从国内生产总值(GDP)来看,1990—2000 年期间的多数年份出现 1%

---

　　① 被称为"技术革新"的革新技术几乎都是靠从外国引进的,与此相结合,在新型重化学工业创建过程中,大型企业渐渐加入,各生产部门分别有 3—10 家大型企业实施了上述巨大规模的设备投资,围绕生产设备改良和市场占有率展开了激烈的竞争,形成了所谓的"寡占"竞争特点。

以下的零增长或负增长,平均增长仅为1.6%,远远低于1970—1980年和1980—1990年期间平均4.6%、4.0%的水平,也明显低于同时期其他发达国家的水平。[①]

表4-13 发达国家的经济增长率比较

国别	实际GDP增长率/%			人均GDP增长率/%		
	1970—1980年	1980—1990年	1990—2000年	1970—1980年	1980—1990年	1990—2000年
日本	4.6	4.0	1.6	3.3	3.4	1.3
美国	3.2	3.2	3.3	2.1	2.3	2.0
英国	1.9	2.7	2.3	1.8	2.5	2.0
德国	2.7	2.2	2.4	2.6	2.0	2.1
法国	3.3	2.4	2.0	2.7	1.8	1.7

资料来源:根据WTO Data整理所得。

进入21世纪,经历了20世纪90年代"失去的十年"之后,为了避免发生"失去的二十年",日本开始实行经济复苏计划。由于传统的出口导向型经济发展模式已经逐渐失去核心地位,并遭到新兴经济体的强大竞争压力,同时国内泡沫经济的崩溃给企业带来了严重打击,生存环境相当严峻,因此,此时的日本急于通过产业升级和结构调整来摆脱困境,恢复昔日的竞争优势。随着以中国为代表的新兴经济体的经济进入高速发展阶段,日本制造得到了青睐,一系列产品的需求量持续扩大,推动了技术和资本密集型产业的高速发展。为了解决成本问题,日本开始向东亚地区进行产业转移,日本国内产业资源得到有效的重新配置。

如今,日本经济仍然在缓慢发展,且在很多领域都具有世界领先水平,很多产业都具有很强的竞争优势。从产业结构来看,日本目前主要侧重于高端制造业和服务业,其中包括汽车制造业、半导体产业、电子产业以及数控机床、机器人产业等。过去的几十年,日本经济并未停滞不前,反而蓄积了力量,向世界展示

[①] 赵晋平.《走向新起点:日本的经济复苏之路与中日经济关系》,中国人民大学出版社,2009,第178页。

了其经济发展的潜力。

表4-14 2019年日本对主要国家和地区的主要商品输出额 单位：10亿日元

国别	总额	食品类	原材料品	矿物性燃料	化学制品	制成品	一般机械	电气机器	运输设备	其他
美　国	15 255	106	78	131	1 066	970	3 620	1 989	5 645	1 649
中　国	14 682	118	250	152	2 542	1 666	3 397	3 039	1 506	2 011
韩　国	5 044	42	204	192	1 257	794	912	848	147	648
中国台湾	4 689	83	58	44	936	533	942	1 107	374	611
中国香港	3 665	165	19	41	337	223	220	1 374	122	1 165
泰　国	3 291	33	48	22	340	780	713	655	376	324
德　国	2 205	5.2	23	1.7	226	142	421	619	354	413
新加坡	2 199	27	5.0	81	193	137	312	398	359	685
越　南	1 797	40	97	6.5	189	380	301	476	87	221
澳大利亚	1 580	17	2.7	332	36	107	160	51	747	128
印度尼西亚	1 524	5.0	34	10	142	364	418	181	271	97
英　国	1 513	5.8	16	14	83	67	281	198	431	417
马来西亚	1 449	9.5	57	65	153	226	189	367	194	189
荷　兰	1 299	11	12	16	121	65	461	235	219	160
印　度	1 196	0.5	21	35	196	307	329	179	51	78
菲律宾	1 161	7.2	8.4	23	105	161	193	282	206	175
墨西哥	1 158	1.3	2.4	16	42	229	244	188	368	68

数据来源：《日本统计年鉴》，http://www.stat.go.jp/data/nenkan/70nenkan/zenbun/jp70/book/html5.html#page=206。

二、东京国际贸易中心的演进

东京作为全球人口最多的城市之一而闻名,同时也是日本最重要的经济中心以及国际金融中心,而贸易中心的地位却往往被忽视。作为以贸易为基础而形成的经济中心,东京更应当以国际贸易中心来被世界所熟知。

1941年,东京港正式启用,但随后的发展并不是十分顺利。直到1949年,随着东京湾复兴计划的推行,辅助设施的进一步提升和加强,东京湾的功能显著提高,东京港的贸易量才开始飙升。尤其在《关税贸易总协定》(GATT)的签订之后,贸易自由化思想的推行,资本主义国家的国际贸易发展迎来了新的时机。而1961年,东京都政府开始就东京港进行扩建和升级,实施了东京港的第一次改订计划,由此扩建了东京港港区。随后,1966至1975年开始实施东京港的第二次改订港湾计划,其目的在于健全东京港的职能,主要是发挥东京港的物流中心职能,建立起具有综合功能的物流基地港湾,并提升其为外国货物提供定期船服务的能力,最终改善东京港区域内的交通基础设施,增强向日本内陆运输货物的能力。1976至1980年,东京港开始了第三轮改订港湾计划。其主要内容包括六个方面:(1)通过东京港作为商业港口的特性,发挥其在腹地地域中物资流动的轴心作用,同时将其建设成为与都市居民生活密切相关的港湾;(2)关于港湾物流的各项设施,主要在新的围海造地上重点建设、完备;(3)重新开发与旧港区相邻接的现有的城市、街道,形成亲近都市居民的水域分界线;(4)针对海洋休闲的需求,确保能够满足其所需的水域界线;(5)着重考虑港湾安全的确保、良好环境的整备及保全;(6)为了应付东京港周边区域在今后经济发展及社会形势的变迁,在围海造地及水域分界线的利用上,必须有效并富有弹性地处理对待。①

随着东京在日本经济地位的不断提升,东京产业经济的迅速发展使东京港在日本对外贸易中的地位越来越高。单从贸易金额来看,1984年东京港贸易总额达到62 000亿日元,占日本总外贸金额的10%左右,而随着人口的不断增加和经济的不断增长,1985年东京港的进口总额已经超过了横滨、神户等其他港口,成为日本第一大港。

1967至1974年,在对外贸易大繁荣的背景下,日本经常账户一直处于绝

---

① 沈玉良.《上海国际贸易中心建设研究》,上海人民出版社,2009,第194—195页。

对的盈余状态,日本也最终成为全球经济体系中最具综合经济影响力的国家之一,可以说,日本经济的复兴之路,开始于日本对外贸易的大发展。日本通过出口高附加值的工业产品,获得了源源不断的财富,日本的财团开始在世界各地进行投资,从这些投资中又不断获取更多的利益。日本的资本开始在全球范围内运作,日本企业通过不断的产业结构升级和优化建立起自身的强大优势。而东京自20世纪60年代起,就呈现出以近域蔓延和同心圆式分散为主的圈层状大都市区空间结构,集聚了政治、经济、文化、信息等特大型城市所具有的综合功能,集聚了众多国内主要公司的总部,是日本全国最大的工业城市群,也是人口最密集的地区,同时又是日本最大的金融中心、国际航运中心、商贸中心和消费中心。[1]

随着日本经济的发展和技术的不断进步,出口商品结构发生了转变,从原来的工业化学制品等低附加值为主的产品,逐渐转变为高科技等高附加值为主导的商品。而高附加值的产品需要更高效的运输服务,对空港的要求也越来越高,因此,贸易商品结构的改变也要求东京港提升其运输和服务能力。回顾东京国际贸易中心的发展历程,其运输能力的提升至关重要。1962年,为了应对日益增长的贸易规模,提升国际运输能力,解决当时东京唯一机场——羽田机场高负荷低效运转的困境,日本政府决定修建一座新的国际机场——成田机场。1978年,成田机场投入使用。随着贸易结构和贸易模式的不断转化,高附加值产品出口额的大幅增加,航空运输业逐渐发展起来。尽管海运运输的能级仍然在对外贸易中占主导地位,但贸易价值方面却不如空运,以集装箱为主的海上运输方式的垄断地位逐渐被打破,国际间的运输方式朝着海运、空运相结合的多元化方向发展。进入20世纪90年代,东京航空运输开启高速发展阶段。在日本海空合计的贸易统计中,1995年度东京的成田机场在货物金额上排列日本第1位,进出口货物总额达到了11.66万亿日元,刷新了过去历史的最高纪录(比1994年度同比增长25%);排列第2位的是横滨港,进出口货物总额为9.81万亿日元。总体来看,1996年日本全部的出口货物中,航空运输的比例为26.8%(44.73万亿日元);进口货物中,航空运输的比例为26.8%(37.99万亿日元),增加的货物主要以高附加值商品、生鲜食品、时尚商品等为中心。[2]

东京的机场服务和航空运输能力特别突出,拥有两个国际机场——成田机

---

[1] 严明.《东亚都市圈开发的比较研究》,《艺术百家》,2011,第6期。
[2] 沈玉良.《上海国际贸易中心建设研究》,上海人民出版社,2009,第199页。

场和羽田机场。东京对外贸易的主要港口包括东京港、东京国际空港(羽田)以及东京成田国际空港。2019年东京三个港口的总出口额大约为166.95万亿日元,占日本总出口额(769.32万亿日元)的21.7%;东京三个港口的总进口额大约为256.64万亿日元,占日本总进口额(786万亿日元)的32.65%。从出口来看,2019年,名古屋排名第1位(123.07万亿日元),成田国际空港排名第2位(105.26万亿日元),横滨排名第3位(69.46万亿日元),东京港排名第4位(58.24万亿日元)。而从进口来看,成田国际空港排名第1位(129.56万亿日元),东京港排名第2位(114.91万亿日元),名古屋排名第3位(50.85万亿日元)。综合来看,东京的港口进出口额都远远领先于其他港口。具体如表4-15所示。

表4-15 日本主要港口的进出口额值(2017—2019年)　　　　单位:10亿日元

港　　口	2017年		2018年		2019年	
	出口额	进口额	出口额	进口额	出口额	进口额
总额 Total	782 864.60	753 792.30	814 787.50	827 033.00	769 316.70	785 995.10
名古屋 Nagoya	117 421.30	48 656.46	124 845.20	53 368.35	123 067.60	50 848.83
成田国际空港	111 678.70	122 444.50	114 587.80	137 039.90	105 256.00	129 560.20
横滨 Yokohama	71 772.17	41 335.60	77 186.97	47 537.62	69 461.28	48 919.67
东京 Tokyo	58 621.27	117 010.90	60 397.50	116 564.60	58 237.26	114 913.30
关西国际空港	56 439.30	39 406.35	52 660.42	39 477.67	51 871.96	39 694.90
神户 Kobe	56 317.05	32 355.72	58 198.18	34 385.48	55 571.49	33 103.43
大阪 Osaka	36 741.84	47 553.20	42 426.87	49 713.06	37 742.42	47 781.31
三河 Mikawa	25 715.64	7 119.82	26 395.26	7 802.67	25 423.88	8 266.79
博德 Hakata	19 268.25	9 855.31	27 664.89	10 414.29	29 772.83	10 464.91
清水 Shimizu	18 529.53	9 478.39	18 828.52	10 550.45	18 239.06	10 220.45
广岛 Hiroshima	15 127.54	3 974.70	13 886.03	4 199.01	14 436.45	4 385.58
苅田 Kanda	11 601.07	374.33	9 771.76	330.27	8 582.87	317.69

(续 表)

港 口	2017 年		2018 年		2019 年	
	出口额	进口额	出口额	进口额	出口额	进口额
川崎 Kawasaki	11 198.27	22 248.18	11 144.08	23 651.91	11 167.40	23 571.47
福冈空港 Fukuoka Airport	10 488.03	4 890.94	3 723.30	4 992.70	2 513.17	4 533.17
门司 Moji	9 246.02	8 837.15	10 005.09	9 183.14	8 452.96	8 850.57
中部国际空港	9 212.70	9 604.61	10 682.00	11 096.27	9 341.85	11 168.86
水岛 Mizushima	8 287.94	13 149.27	10 290.87	15 911.42	8 549.50	12 716.62
四日市 Yokkaichi	8 026.02	13 652.56	8 363.62	17 188.12	8 360.59	15 868.59
日立 Hitachi	7 996.62	3 567.97	7 425.76	4 349.88	7 491.50	3 980.46
千叶 Chiba	7 870.98	33 145.39	8 961.05	39 644.17	7 179.68	32 681.59
下关 Shimonoseki	7 847.73	2 472.52	6 624.64	2 465.88	4 774.84	2 282.74
大分 Oita	6 864.80	10 508.80	7 704.47	12 662.64	6 900.57	11 542.86
德山 Tokuyama	5 296.91	4 048.46	4 925.74	4 895.52	4 193.84	4 042.95
防府 Hofu	5 111.28	693.33	6 241.07	863.24	6 233.35	1 021.53
堺 Sakai	4 648.59	13 810.08	5 111.30	16 866.30	4 398.42	14 073.12
东京国际空港(羽田)	4 588.44	8 530.71	3 629.54	9 826.19	3 452.67	12 163.41
鹿岛 Kashima	4 062.77	10 611.47	4 299.41	12 041.55	4 605.33	11 494.14
户畑 Tobata	3 729.38	2 768.17	3 902.42	3 396.50	3 665.54	2 513.59
东播磨 Higashiharima	3 222.78	2 327.45	3 652.19	2 257.47	3 352.59	2 336.02
木更津 Kisarazu	2 723.55	8 127.04	2 849.50	8 715.85	2 401.08	9 248.60
姬路 Himeji	1 922.11	4 433.12	2 027.35	4 906.72	1 742.07	4 522.74
苫小牧 Tomakomai	1 676.16	7 068.11	1 579.84	8 128.25	1 437.96	7 865.42

(续　表)

港口	2017年		2018年		2019年	
	出口额	进口额	出口额	进口额	出口额	进口额
长崎 Nagasaki	1 638.65	645.26	1 579.07	686.97	1 705.52	490.52
横须贺 Yokosuka	1 180.03	367.50	1 593.49	359.13	1 324.82	310.58
京都 Kyoto	926.74	257.94	1 081.94	228.34	1 117.65	188.74
坂出 Sakaide	621.86	1 485.84	1 667.95	1 704.12	1 986.16	1 582.65
函馆 Hakodate	267.18	209.03	237.92	211.99	233.84	299.20
那霸 Naha	152.26	896.15	127.11	948.82	114.01	824.45
鹿儿岛 Kagoshima	36.36	9 199.54	192.45	10 908.77	246.19	8 727.38

数据来源：《日本统计年鉴》，http://www.stat.go.jp/data/nenkan/70nenkan/zenbun/jp70/book/html5.html#page=206。

从东京的城市建设和经济发展过程来看，东京基础设施的建设和完善为东京港的发展提供了有利条件，尤其是空港与海港的多元化结合，以及信息技术的发展，为东京国际贸易中心的地位打下了坚实的基础。而随着贸易结构的变化以及对外贸易模式的改变，东京港做出了良好的应对，尤其是日本政府和东京都地方政府对此采取了积极的应对方案，并引领各类民营企业的发展，为东京城市建设和开放做出了极大的贡献。

一直以来，在日本的传统贸易模式中，贸易保护主义色彩非常浓厚。然而，第二次世界大战后，日本被美国占领，不得不打开国门，对外贸易的大发展也正是从这个时候开始的。随着自由贸易思想在全球范围内的推进，日本的贸易开放度越来越高。1995年，世界贸易组织的成立，给世界划定了统一的贸易标准，而在多边贸易的环境下，为了提高相应的通关效率，日本不得不改变相应的规章制度。同时，随着日本跨国公司的逐渐壮大，越来越多的日本产品转移到其他国家或地区进行生产，促进了日本与其他国家的联系和贸易往来，加速了日本经济全球化的步伐，而贸易自由化思想也是推动东京成为国际贸易中心的重要因素，日本经济全球化战略的成果也需要东京作为国际贸易中心的强力支撑，因此，东京国际贸易中心的地位再次被提升。

表 4-16　日本主要类别的商品输出额　　　　　　　　单位：百万日元

年 份	总 额	食品类	原材料品	矿物性燃料	化学制品	制成品
2017	78 286 457	644 518	1 127 184	1 117 054	8 192 447	8 685 692
2018	81 478 753	740 655	1 155 748	1 304 191	8 921 534	9 136 204
2019	76 931 665	754 267	1 033 552	1 382 973	8 739 096	8 407 009
年 份	一般机械	电气机械	半导体等电子部件	运输设备	汽车	其他
2017	15 684 848	13 695 334	4 022 492	18 231 933	11 825 352	10 907 447
2018	16 507 716	14 142 056	4 150 172	18 876 664	12 307 209	10 693 984
2019	15 121 618	13 207 675	4 005 965	18 118 040	11 971 189	10 167 435

资料来源：http://www.stat.go.jp/data/nihon/06.html。

三、东京城市建设规划未来

2017年9月，东京以《都市营造的宏伟设计——东京2040》(以下简称《东京2040》)为题制定了新一轮的城市总体规划。2040年东京将主要面对前所未有的少子高龄、人口减少问题，全球化发展、巨大的地震威胁、严峻的能源问题等各种趋势，以及东京作为全球城市进一步的发展诉求。尽管如此，立足于长远发展，东京应当把握技术革新和全球化趋势为城市发展带来的机遇，推进"新东京"实现三个愿景——"安全城市""多彩城市""智慧城市"，要提供任何人都可以健康生活的场所，创建任何人都可以发挥能力、都可以很活跃的优秀城市。

规划指出，人口将在2025年达到峰值，随后下降；21世纪40年代，约三分之一的人口为老年人。技术革新是帮助人们改变现有问题的关键，比如自动驾驶技术、人工智能(AI)、信息通信技术以及能源环境技术等。

《东京2040》公布了七大战略：一是进行持续性发展，形成充满活力的中心。保持领导世界的国际商务交流城市、在多摩创建可以创造新技术的中心以及创建发挥魅力个性的多样的地区。二是实现人、物、信息的自由交流。强化机场的功能；支持国内外的人、物的活跃交流；消除道路拥堵，人、物可以顺利移动；重建道路空间，实现宽松与繁华并举；解决电车满员问题，任何人都可以轻松出行；以铁路储备为基础,创建任何人都可以出行的城市;形成高度合作的高效物流网络;活用最尖端技术,创造信息城市空间。三是创建对抗灾害风险与环境问题的城市。设想各种灾害,创建可以承受灾害的城市;创建无电线杆、安全美丽的城市;在发生灾害时也可以开展城市活动,居民可以继续生活下去,并可以迅速复兴;将来持续健全地使用城市基础设施;城市整体减少能源负荷;实现可持续发展的循环型社会。四是提供所有人都可以生活的场所。提供符合多种生活方式的生活场所;整备环境,使高龄人员与残疾人都具有生存的价值,孩子们可以健康成长;长时间妥善使用优质的住宅储备;将多摩新市区重建为生活富裕、充满活力的城市。五是实现方便的生活,创造多彩的社区。形成有重点的市区;形成新的闹市,支持多彩生活;创建形成社区的城市多样空间。六是创建四季都有绿水青山的城市。创建任何地方都可以感受到绿色的城市;培养担负产业责任,产生活力的城市农业;创造享受水边风景的城市空间。七是通过艺术、文化、体育创造新魅力。支持城市历史传统文化;创建游客会持续选择的旅游城市;创建运动融入生活中的城市。

第五章　中国(上海)自由贸易试验区与国际贸易中心建设

中国(上海)自由贸易试验区(以下简称"自贸试验区")是新形势下我国继续深化改革开放的重要举措。上海自贸区成立以来,在动荡不安的全球经济发展中,很好地起到了模范带头作用,引领或协助全国其他自贸区的发展,在此期间,共同应对全球系统性风险的冲击,并积累了推进改革开放的制度性经验,为我国经济增长和改革开放的推进做出了应有的贡献。

2013年9月,国务院正式批准在上海外高桥保税区、上海外高桥保税物流园区、洋山保税港区和上海浦东机场综合保税区等四个海关特殊监管区域基础上建立自贸试验区,面积为28.78平方公里,并根据"先行先试"推进情况以及产业发展和辐射带动需要,逐步拓展实施范围和试点政策范围,形成与上海国际经济、金融、贸易、航运中心建设的联动机制。2015年4月,上海自贸试验区拓展到120.72平方公里,涵盖上海综合保税区(28.78平方公里),以及陆家嘴金融片区(34.26平方公里)、金桥开发片区(20.48平方公里)、张江高科技片区(37.2平方公里)。上海自贸试验区的成立和扩大不仅是我国将持续秉承对外开放思想的重要信号,为我国尽快融入世界贸易新规则创造了有利条件,也为上海进一步优化国际贸易中心建设提供了强劲动力。

第一节 中国自由贸易试验区发展

一、自由贸易区的相关概念

一般来说,自由贸易区是指在一国的特定区域内,通过消除贸易壁垒,减少规章制度的束缚,放松政府管制,提高贸易自由化程度和对外开放程度,以此最大限度地降低交易成本,增进效率,吸引更多新的投资者和企业参与其中,提升自身在全球市场的竞争力。从经济学原理上来说,自由贸易区就是通过放松管制,促进生产要素的自由流动,极大限度地降低交易成本,提高经济效率的区域。其中,一切适合交易成本下降的政策制度都可以用于该区域(表5-1)。

表5-1 自由区的概念演变及国别差异

称呼或提法	主要使用者及首次使用时间
自由贸易区(free trade zone)	19世纪以来的传统称呼
对外贸易区(foreign trade zone)	美国(1934年)、印度(1983年)
工业自由区(industrial free zone)	爱尔兰(20世纪50年代,比如1959年设立的Shannon Free Zone)
自由区(free zone)	阿联酋(1983年)
加工区(maquiladoras)	墨西哥(20世纪70年代早期)
出口自由区(export free zone)	爱尔兰(1975年)
免税出口加工区(duty-free export processing zone)或自由出口区(free export zone)	韩国(1975年)
出口加工区(export processing zone)	菲律宾(1977年)
经济特区(special economic zone)	中国(1979年)
投资促进区(investment promotion zone)	斯里兰卡(1981年)

一个自由贸易区成功的标志在于这些贸易区具有先进的基础设施、灵活的

政策环境、有利的地理位置、吸引投资的优惠政策。同时,这些自由贸易区都承载着一些基本的功能或目标:(1)创造就业与提高收入;(2)促进技术转让与知识溢出;(3)吸引外国投资;(4)增加外汇收入;(5)最大限度地发挥自由贸易区对区外的国内经济的辐射带动作用。①

1936年,纽约的布鲁克林是美国第一个自由贸易区。随后几十年时间里,美国各大洲都纷纷设立自由贸易区。众多的贸易区之间相辅相成,主次分明。大型的综合性贸易区称为"主区",约有250个;而具有特别用途的"辅区"有500个左右,主区与辅区相互结合的运行机制是美国对外贸易区体系的显著特征之一。美国自贸区的特点表现为:(1)法规与管理体系完善;(2)数目众多,且主区与辅区相互结合;(3)具有良好的动态调整机制;(4)定位明确,贡献巨大。美国对外贸易区不仅有助于促进国际贸易的发展,也鼓励和帮助具有国际贸易业务的企业与国外企业进行竞争,重视出口导向,协助地方政府发展经济,创造更多的就业机会。同时,也考虑使用者的利益(user benefits)。②

二、自由贸易协定与对外贸易发展

根据世界贸易组织的统计,目前国际上成功签订的自由贸易协定已经超过了350个。从2002年我国与东盟签订的第一个自由贸易协定开始,截至2020年8月,我国已经达成了19个自由贸易协定(FTA),涉及26个国家和地区。自党的十八大以来,自贸区战略的推进速度明显加快,先后同冰岛、瑞士、澳大利亚、韩国、格鲁吉亚和马尔代夫等国签署了自由贸易协定,形成了区域全面经济伙伴关系协定(RCEP)。FTA的签订稳定了我国同其他自由贸易伙伴之间的关系,对维持我国对外贸易基本盘的稳定起到了显著的作用。2019年底暴发的新冠肺炎疫情给全球贸易带来了极大的冲击,但我国同自由贸易协定伙伴的贸易额却依然保持增长,并吸引了大批自由贸易协定的伙伴国的投资,可以说,自由贸易协定的签订让对外贸易投资维持在比较良好的增长态势之中。

近年来,中国与发展中国家或中小型发达经济体的谈判进程明显加速,为中国自贸区建设的顺利实施起到了很好的促进作用。比如,中国与智利2004年底启动谈判,经过四轮谈判于2005年11月签署协议,又于2016年11月启动升级谈判,经过三轮谈判于2017年11月签署升级议定书;中国与新加坡于2006年8

---

① 袁志刚.《中国(上海)自由贸易试验区新战略研究》,上海人民出版社,2013,第28页。
② 同上,第35页。

月启动谈判,经过八轮谈判于2008年10月签署协议,又于2015年1月开启升级谈判,经过七轮谈判于2018年11月签署升级议定书;中国与哥斯达黎加于2007年6月建交,2008年1月即开展联合可行性研究,2009年1月启动正式谈判,经过五轮谈判于2010年4月签署协议;中国与瑞士于2010年2月开展联合可行性研究,2011年1月正式启动谈判,经过八轮谈判于2013年7月签署协议;中国与格鲁吉亚于2015年4月开展联合可行性研究,当年12月即启动自贸谈判,经过三轮谈判于2017年5月签署协议。[1] 大部分FTA在签署之后,双边贸易都有了显著的提高,且增速明显高于同期其他非自由贸易协定国(表5-2)。如今中国自由贸易协定开始向更多更广领域进行覆盖,同时,随着开放水平的进一步提高,协定对象也开始扩展到更发达国家和地区。

表5-2 签署自贸协定后的双边货物贸易额变化情况

自贸协定名称	协议生效前双边贸易额/万美元	2018年双边贸易额/万美元	双边贸易额年均增速/%	同期该国贸易总额年均增速/%	协议生效前中国贸易额占比/%	2018年中国贸易额占比/%
中国—东盟FTA	8 915 848(2004年)	48 376 467	12.8	7.1	8.3	17.1
中国—智利FTA	884 490(2006年)	4 260 434	14.0	3.7	9.1	28.5
中国—巴基斯坦FTA	524 658(2006年)	1 910 540	11.4	5.0	11.2	22.8
中国—新加坡FTA	5 247 707(2008年)	8 276 440	4.7	1.7	8.0	10.6
中国—新西兰FTA	369 792(2007年)	1 685 803	14.8	3.3	6.4	20.2
中国—秘鲁FTA	655 025(2009年)	2 297 899	15.0	7.3	13.4	24.9
中国—哥斯达黎加FTA	472 855(2011年)	243 995	−9.0	0.4	17.8	8.9
中国—冰岛FTA	22 244(2013年)	42 133	13.6	5.7	2.2	3.2

[1] 刘晓宁.《中国自贸区战略实施的现状、效果、趋势及未来策略》,《国际贸易》,2000,第2期。

(续 表)

自贸协定名称	协议生效前双边贸易额/万美元	2018年双边贸易额/万美元	双边贸易额年均增速/%	同期该国贸易总额年均增速/%	协议生效前中国贸易额占比/%	2018年中国贸易额占比/%
中国—瑞士FTA	5 958 762（2013年）	4 253 161	−6.5	−2.8	8.8	7.2
中国—韩国FTA	27 579 247（2015年）	31 339 955	4.4	5.8	28.6	27.5
中国—澳大利亚FTA	11 381 661（2015年）	15 314 073	10.4	7.5	28.7	31.1

资料来源：刘晓宁．《中国自贸区战略实施的现状、效果、趋势及未来策略》，《国际贸易》，2020年，第2期。

2020年11月15日，《区域全面经济伙伴关系协定》(RCEP)签署。RCEP缔约方为东盟十国(马来西亚、越南、新加坡、泰国、印度尼西亚、菲律宾、文莱、老挝、柬埔寨和缅甸)以及中国、日本、韩国、澳大利亚、新西兰，共计15个国家。其中，关税减让是RCEP的核心内容。RCEP货物贸易关税减让承诺分为两大类："统一减让"和"国别减让"。"统一减让"即对其他缔约国的同一产品适用相同的降税安排，采用这种模式的8个国家有澳大利亚、新西兰、新加坡、文莱、柬埔寨、老挝、缅甸和马来西亚。"国别减让"即对其他缔约方的同一产品适用不同的减税安排，采用这种模式的7个国家为中国、日本、韩国、印度尼西亚、菲律宾、越南和泰国。减税模式主要有协定生效立即降为零、部分降税、过渡期为零和例外产品等。

2022年1月1日，RCEP正式生效实施，其标志着全球人口最多、经贸规模最大、最具发展潜力的自由贸易区正式落地，充分体现了各方共同维护多边主义和自由贸易、促进区域经济一体化的信心和决心，将为区域乃至全球贸易投资增长、经济复苏和繁荣发展做出重要贡献。RCEP现有15个成员国的人口数量、经济体量、贸易总额等三个方面均占全球总量约30%。根据海关数据统计，2022年1月份至11月份，我国与RCEP其他成员进出口总额11.8万亿元，同比增长7.9%，占我国外贸进出口总额的30.7%。其中，我国向RCEP其他成员出口额达万亿元，同比增长17.7%，超过全国出口总体增速5.8个百分点。①

---

① 央广网．《RCEP生效实施将迎一周年：政策红利持续释放 区域内经贸合作展新颜》，2022-12-31，https://finance.cnr.cn/gundong/20221231/t20221231_526110468.shtml。

三、中国自由贸易试验区发展概况

中国自由贸易试验区的建设是国家战略,党的十八大提出要加快实施自贸区战略,党的十九大指出赋予自由贸易试验区更大改革自主权。2021年10月27日,商务部国际贸易经济合作研究院发布的《中国自由贸易试验区发展报告(2021)》(以下简称《报告》)显示,2020年,我国新设北京、湖南、安徽等3个自贸试验区,扩展浙江自贸试验区区域。至此,我国已批准设立六批自贸试验区,总数量增至21个,共计67个片区。

从2013至2017年形成的"1+3+7"自贸试验区"雁阵"形态,到2018年至今形成的"1+3+7+1+6+3"自贸试验区"矩阵"模式,自贸试验区经验得到全面复制推广,在自由贸易港建设不断积极探索的过程中,改革开放新高地将逐步形成。

现如今,自贸试验区"矩阵"具有以下几个特点[①]:首先,构建了服务国家全面开放新格局。2017年10月,党的十九大提出"推动形成全面开放新格局","形成陆海内外联动、东西双向互济的开放格局"。目前,中国的自贸试验区已经形成了沿海、内陆和沿边三个自贸试验区集群。东部沿海地区,从辽宁到海南所有的省(区、市)都已经设立了自贸试验区,中西部地区的四川、重庆、陕西、湖南、湖北、河北、河南、安徽等设立了内陆自贸试验区,黑龙江、云南、广西设立了沿边自贸试验区。三个自贸试验区集群将在打造对外开放新格局中发挥先锋模范作用。

其次,形成了多层次的对外开放格局。海南不但全岛建设自贸试验区,而且率先探索建设具有中国特色的自由贸易港,率先探索国际最高水平的开放形态。上海自贸试验区临港新片区建设海关特殊综保区和特殊经济功能区,积极探索"五个自由"和"一个快捷",同时探索具有国际竞争力的税收制度和政策。其他的自贸试验区也在进一步深化改革开放,建设高标准高质量的自由贸易区。

再次,不断探索各自贸区的差异化发展路径。随着各大自贸试验区的建立和不断推进,越来越多的自贸区也开启了差异化发展之路。通过不断的探索与创新,各大自贸区通过自身区位优势及特点,不断强化自身的首创性制度创新和经验案例,促使中国自贸区的实践内容更加丰富,呈现出越来越多的可实行全国

---

① 尹晨.《上海自贸试验区持续创新研究》,复旦大学出版社,2022,第5—6页。

复制推广的制度创新成果。

最后,根据国内各大自由贸易试验区总体方案内容,可以发现,2013—2017年,"1+3+7"自贸试验区"雁阵"形态的自贸区都有着自身特色的建设任务。具体如表5-3所示。

表5-3 "1+3+7"自贸试验区"雁阵"形态的
自贸区建设初期的主要任务

名　　称	主　要　任　务
1	
上海自贸试验区	建设成为开放度最高的投资贸易便利、货币兑换自由、监管高效便捷、法制环境规范的自由贸易园区
3	
广东自贸试验区	建设粤港澳深度合作示范区和21世纪海上丝绸之路重要枢纽
天津自贸试验区	加快推进京津冀协同发展,探索京津冀金融改革创新实验,促进区域金融一体化,构筑服务京津冀区域发展的科技创新和人才高地
福建自贸试验区	深化两岸经济合作示范区,打造面向21世纪海上丝绸之路开放合作新高地
7	
辽宁自贸试验区	引领东北地区转变经济发展方式、提高经济发展质量和水平,以及加强东北亚区域开放合作
陕西自贸试验区	建设内陆型改革开放新高地、"一带一路"经济合作和人文交流重要支点
河南自贸试验区	建设成为服务于"一带一路"建设的现代综合交通枢纽和内陆开放型经济示范区
重庆自贸试验区	建设成为"一带一路"和长江经济带互联互通重要枢纽、西部大开发战略重要支点
四川自贸试验区	打造内陆开放战略支撑带先导区、内陆与沿海沿江协同开放示范区
湖北自贸试验区	打造中部有序承接产业转移示范区和内陆对外开放新高地
浙江自贸试验区	打造国际大宗商品贸易自由化先导区和具有国际影响力的资源配置基地

资料来源:作者根据相关资料整理所得。

商务部副部长王受文指出:"2020年,自贸试验区围绕制度创新核心任务,持续深化改革探索,充分释放了改革开放创新的红利,2021年前9个月,21家自贸试验区以不到全国千分之四的国土面积实现了全国16.5%的外贸规模,实际利用外资占全国比重达到18.1%,为全国稳外贸、稳外资发挥了重要作用。"商务部研究院副院长崔卫杰表示,各自贸试验区主动对标国际经贸新规则,在货物贸易、跨境服务贸易、投资、金融和知识产权等领域的规则和程序方面率先开展探索。具体表现为:首先,对标海关管理和贸易便利化等规则,提升货物贸易通关效率;其次,对标跨境服务贸易的支付与转移规则,提升跨境服务贸易结算速度;再次,对标投资领域的负面清单、资本项目可兑换等规则,提升投资自由化便利化水平。[①] 中国21个自由贸易试验区总体方案如表5-4所示。

表5-4 中国21个自由贸易试验区总体方案简介

名称	成立时间	实施范围总面积	片区	总体要求——战略定位及发展目标
中国(上海)自由贸易试验区	2013年9月批复成立	120.72平方公里	上海外高桥保税区、上海外高桥保税物流园区、洋山保税港区、上海浦东机场综合保税区等4个海关特殊监管区域(28.78平方公里)	按照党中央、国务院对自贸试验区"继续积极大胆闯、大胆试、自主改","探索不停步、深耕试验区"的要求,深化完善以负面清单管理为核心的投资管理制度、以贸易便利化为重点的贸易监管制度、以资本项目可兑换和金融服务业开放为目标的金融创新制度、以政府职能转变为核心的事中事后监管制度,形成与国际投资贸易通行规则相衔接的制度创新体系,充分发挥金融贸易、先进制造、科技创新等重点功能承载区的辐射带动作用,力争建设成为开放度最高、投资贸易便利、货币兑换自由、监管高效便捷、法制环境规范的自由贸易园区。
	2015年4月扩充		陆家嘴金融片区(34.26平方公里)、金桥开发片区(20.48平方公里)、张江高科技片区(37.2平方公里)	

① 高佳晨.《中国证券报》,https://baijiahao.baidu.com/s?id=1714839248794233449&wfr=spider&for=pc。

(续 表)

名　称	成立时间	实施范围总面积	片区	总体要求——战略定位及发展目标
中国(上海)自由贸易试验区临港新片区	2019年7月	119.5平方公里	在上海大治河以南、金汇港以东以及小洋山岛、浦东国际机场南侧区域设置新片区。按照"整体规划、分步实施"原则，先行启动南汇新城、临港装备产业区、小洋山岛、浦东机场南侧等区域	到2025年，建立比较成熟的投资贸易自由化便利化制度体系，打造一批更高开放度的功能型平台，集聚一批世界一流企业，区域创造力和竞争力显著增强，经济实力和经济总量大幅跃升。到2035年，建成具有较强国际市场影响力和竞争力的特殊经济功能区，形成更加成熟定型的制度成果，打造全球高端资源要素配置的核心功能，成为我国深度融入经济全球化的重要载体
中国(广东)自由贸易试验区	2015年4月批复成立	116.2平方公里	广州南沙新区片区(60平方公里)	战略定位：依托港澳、服务内地、面向世界，将自贸试验区建设成为粤港澳深度合作示范区、21世纪海上丝绸之路重要枢纽和全国新一轮改革开放先行地。 发展目标：经过三至五年改革试验，营造国际化、市场化、法治化营商环境，构建开放型经济新体制，实现粤港澳深度合作，形成国际经济合作竞争新优势，力争建成符合国际高标准的法制环境规范、投资贸易便利、辐射带动功能突出、监管安全高效的自由贸易园区。
			深圳前海蛇口片区(28.2平方公里)	
			珠海横琴新区片区(28平方公里)	
中国(天津)自由贸易试验区	2015年4月批复成立	119.9平方公里	天津机场片区(43.1平方公里)	战略定位：以制度创新为核心任务，以可复制可推广为基本要求，努力成为京津冀协同发展高水平对外开放平台、全国改革开放先行区和制度创新试验田、面向世界的高水平自由贸易园区。 总体目标：经过三至五年改革探索，将自贸试验区建设成为贸易自由、投资便利、高端产业集聚、金融服务完善、法制环境规范、监管高效便捷、辐射带动效应明显的国际一流自由贸易园区，在京津冀协同发展和国家经济转型发展中，发挥示范引领作用。
			天津港片区(30平方公里)	
			滨海新区中心商务片区(46.8平方公里)	

(续　表)

名　称	成立时间	实施范围总面积	片区	总体要求——战略定位及发展目标
中国(福建)自由贸易试验区	2015年4月批复成立	118.04平方公里	平潭片区(43平方公里)	战略定位：围绕立足两岸、服务全国、面向世界的战略要求，充分发挥改革先行优势，营造国际化、市场化、法治化营商环境，把自贸试验区建设成为改革创新试验田；充分发挥对台优势，率先推进与台湾地区投资贸易自由化进程，把自贸试验区建设成为深化两岸经济合作的示范区；充分发挥对外开放前沿优势，建设21世纪海上丝绸之路核心区，打造面向21世纪海上丝绸之路沿线国家和地区开放合作新高地。 发展目标：坚持扩大开放与深化改革相结合、功能培育与制度创新相结合，加快政府职能转变，建立与国际投资贸易规则相适应的新体制。创新两岸合作机制，推动货物、服务、资金、人员等各类要素自由流动，增强闽台经济关联度。加快形成更高水平的对外开放新格局，拓展与21世纪海上丝绸之路沿线国家和地区交流合作的深度和广度。经过三至五年改革探索，力争建成投资贸易便利、金融创新功能突出、服务体系健全、监管高效便捷、法制环境规范的自由贸易园区。
			厦门片区(43.78平方公里)	
			福州片区(31.26平方公里)	
中国(辽宁)自由贸易试验区	2017年3月批复成立	119.89平方公里	大连片区(59.96平方公里)	战略定位：以制度创新为核心，以可复制可推广为基本要求，加快市场导向体制机制改革、积极推动产业结构调整，努力将自贸试验区建设成为提升东北老工业基地发展整体竞争力和对外开放水平的新引擎。 发展目标：经过三至五年改革探索，形成与国际投资贸易通行规则相衔接的制度创新体系，营造法治化、国际化、便利化的营商环境，巩固提升对人才、资本等要素的吸引力，努力建成高端产业集聚、投资贸易便利、金融服务完善、监管高效便捷、法治环境规范的高水平高标准自由贸易园区，引领东北地区转变经济发展方式、提高经济发展质量和水平。
			沈阳片区(29.97平方公里)	
			营口片区(29.96平方公里)	

(续 表)

名　称	成立时间	实施范围总面积	片　区	总体要求——战略定位及发展目标
中国(浙江)自由贸易试验区	2017年3月批复成立	119.95平方公里	舟山离岛片区 78.98平方公里	战略定位：以制度创新为核心，以可复制可推广为基本要求，将自贸试验区建设成为东部地区重要海上开放门户示范区、国际大宗商品贸易自由化先导区和具有国际影响力的资源配置基地。 发展目标：经过三年左右有特色的改革探索，基本实现投资贸易便利、高端产业集聚、法治环境规范、金融服务完善、监管高效便捷、辐射带动作用突出，以油品为核心的大宗商品全球配置能力显著提升，对接国际标准初步建成自由贸易港区先行区。
			舟山岛北部片区 15.62平方公里	
			舟山岛南部片区 25.35平方公里	
	2020年8月扩展区域	119.5平方公里	宁波片区 46平方公里	坚持以"八八战略"为统领，发挥"一带一路"建设、长江经济带发展、长三角区域一体化发展等国家战略叠加优势，着力打造以油气为核心的大宗商品资源配置基地、新型国际贸易中心、国际航运和物流枢纽、数字经济发展示范区和先进制造业集聚区。到2025年，基本建立以投资贸易自由化便利化为核心的制度体系，营商环境便利度位居全国前列，油气资源全球配置能力显著提升，国际航运和物流枢纽地位进一步增强，数字经济全球示范引领作用彰显，先进制造业综合实力全面跃升，成为引领开放型经济高质量发展的先行区和增长极。到2035年，实现更高水平的投资贸易自由化，新型国际贸易中心全面建成，成为原始创新高端制造的重要策源地、推动国际经济交往的新高地，成为新时代全面展示中国特色社会主义制度优越性重要窗口的示范区。
			杭州片区 37.51平方公里	
			金义片区 35.99平方公里	

(续　表)

名　称	成立时间	实施范围总面积	片　区	总体要求——战略定位及发展目标
中国(河南)自由贸易试验区	2017年3月批复成立	119.77平方公里	郑州片区73.17平方公里	战略定位：以制度创新为核心，以可复制可推广为基本要求，加快建设贯通南北、连接东西的现代立体交通体系和现代物流体系，将自贸试验区建设成为服务于"一带一路"建设的现代综合交通枢纽、全面改革开放试验田和内陆开放型经济示范区。 发展目标：经过三至五年改革探索，形成与国际投资贸易通行规则相衔接的制度创新体系，营造法治化、国际化、便利化的营商环境，努力将自贸试验区建设成为投资贸易便利、高端产业集聚、交通物流通达、监管高效便捷、辐射带动作用突出的高水平高标准自由贸易园区，引领内陆经济转型发展，推动构建全方位对外开放新格局。
			开封片区19.94平方公里	
			洛阳片区26.66平方公里	
中国(湖北)自由贸易试验区	2017年3月批复成立	119.96平方公里	武汉片区70平方公里	战略定位：以制度创新为核心，以可复制可推广为基本要求，立足中部、辐射全国、走向世界，努力成为中部有序承接产业转移示范区、战略性新兴产业和高技术产业集聚区、全面改革开放试验田和内陆对外开放新高地。 发展目标：经过三至五年改革探索，对接国际高标准投资贸易规则体系，力争建成高端产业集聚、创新创业活跃、金融服务完善、监管高效便捷、辐射带动作用突出的高水平高标准自由贸易园区，在实施中部崛起战略和推进长江经济带发展中发挥示范作用。
			襄阳片区21.99平方公里	
			宜昌片区27.97平方公里	

(续 表)

名　称	成立时间	实施范围总面积	片　区	总体要求——战略定位及发展目标
中国(重庆)自由贸易试验区	2017年3月批复成立	119.98平方公里	两江片区66.29平方公里	战略定位：以制度创新为核心，以可复制可推广为基本要求，全面落实中共中央、国务院关于发挥重庆战略支点和连接点重要作用、加大西部地区门户城市开放力度的要求，努力将自贸试验区建设成为"一带一路"和长江经济带互联互通重要枢纽、西部大开发战略重要支点。 发展目标：经过三至五年改革探索，努力建成投资贸易便利、高端产业集聚、监管高效便捷、金融服务完善、法治环境规范、辐射带动作用突出的高水平高标准自由贸易园区，努力建成服务于"一带一路"建设和长江经济带发展的国际物流枢纽和口岸高地，推动构建西部地区门户城市全方位开放新格局，带动西部大开发战略深入实施。
			西永片区22.81平方公里	
			果园港片区30.88平方公里	
中国(四川)自由贸易试验区	2017年3月批复成立	119.99平方公里	成都天府新区片区90.32平方公里	战略定位：以制度创新为核心，以可复制可推广为基本要求，立足内陆、承东启西，服务全国、面向世界，将自贸试验区建设成为西部门户城市开发开放引领区、内陆开放战略支撑带先导区、国际开放通道枢纽区、内陆开放型经济新高地、内陆与沿海沿边沿江协同开放示范区。 发展目标：经过三至五年改革探索，力争建成法治环境规范、投资贸易便利、创新要素集聚、监管高效便捷、协同开放效果显著的高水平高标准自由贸易园区，在打造内陆开放型经济高地、深入推进西部大开发和长江经济带发展中发挥示范作用。
			成都青白江铁路港片区9.68平方公里	
			川南临港片区19.99平方公里	

(续　表)

名　称	成立时间	实施范围总面积	片　区	总体要求——战略定位及发展目标
中国(陕西)自由贸易试验区	2017年3月批复成立	119.95平方公里	中心片区87.76平方公里	战略定位：以制度创新为核心，以可复制可推广为基本要求，全面落实中共中央、国务院关于更好发挥"一带一路"建设对西部大开发带动作用、加大西部地区门户城市开放力度的要求，努力将自贸试验区建设成为全面改革开放试验田、内陆型改革开放新高地、"一带一路"经济合作和人文交流重要支点。 发展目标：经过三至五年改革探索，形成与国际投资贸易通行规则相衔接的制度创新体系，营造法治化、国际化、便利化的营商环境，努力建成投资贸易便利、高端产业聚集、金融服务完善、人文交流深入、监管高效便捷、法治环境规范的高水平高标准自由贸易园区，推动"一带一路"建设和西部大开发战略的深入实施。
			西安国际港务区片区26.43平方公里	
			杨凌示范区片区5.76平方公里	
中国(海南)自由贸易试验区	2018年9月	3.54万平方公里	海南岛全岛	战略定位：发挥海南岛全岛试点的整体优势，紧紧围绕建设全面深化改革开放试验区、国家生态文明试验区、国际旅游消费中心和国家重大战略服务保障区，实行更加积极主动的开放战略，加快构建开放型经济新体制，推动形成全面开放新格局，把海南打造成为我国面向太平洋和印度洋的重要对外开放门户。 发展目标：对标国际先进规则，持续深化改革探索，以高水平开放推动高质量发展，加快建立开放型生态型服务型产业体系。到2020年，自贸试验区建设取得重要进展，国际开放度显著提高，努力建成投资贸易便利、法治环境规范、金融服务完善、监管安全高效、生态环境质量一流、辐射带动作用突出的高标准高质量自贸试验区，为逐步探索、稳步推进海南自由贸易港建设，分步骤、分阶段建立自由贸易港政策体系打好坚实基础。

(续 表)

名 称	成立时间	实施范围总面积	片 区	总体要求——战略定位及发展目标
中国(山东)自由贸易试验区	2019年8月	119.98平方公里	济南片区37.99平方公里	战略定位及发展目标：以制度创新为核心，以可复制可推广为基本要求，全面落实中央关于增强经济社会发展创新力、转变经济发展方式、建设海洋强国的要求，加快推进新旧发展动能接续转换、发展海洋经济，形成对外开放新高地。经过三至五年改革探索，对标国际先进规则，形成更多有国际竞争力的制度创新成果，推动经济发展质量变革、效率变革、动力变革，努力建成贸易投资便利、金融服务完善、监管安全高效、辐射带动作用突出的高标准高质量自由贸易园区。
			青岛片区52平方公里	
			烟台片区29.99平方公里	
中国(江苏)自由贸易试验区	2019年8月	119.97平方公里	南京片区39.55平方公里	以制度创新为核心，以可复制可推广为基本要求，全面落实中央关于深化产业结构调整、深入实施创新驱动发展战略的要求，推动全方位高水平对外开放，加快"一带一路"交汇点建设，着力打造开放型经济发展先行区、实体经济创新发展和产业转型升级示范区。
			苏州片区60.15平方公里	
			连云港片区20.27平方公里	
中国(广西)自由贸易试验区	2019年8月	119.99平方公里	南宁片区46.8平方公里	以制度创新为核心，以可复制可推广为基本要求，全面落实中央关于打造西南中南地区开放发展新的战略支点的要求，发挥广西与东盟国家陆海相邻的独特优势，着力建设西南中南西北出海口、面向东盟的国际陆海贸易新通道，形成21世纪海上丝绸之路和丝绸之路经济带有机衔接的重要门户。经过三至五年改革探索，对标国际先进规则，形成更多有国际竞争力的制度创新成果，推动经济发展质量变革、效率变革、动力变革，努力建成贸易投资便利、金融服务完善、监管安全高效、辐射带动作用突出、引领中国-东盟开放合作的高标准高质量自由贸易园区。
			钦州港片区58.19平方公里	
			崇左片区15平方公里	

(续　表)

名　称	成立时间	实施范围总面积	片　区	总体要求——战略定位及发展目标
中国(河北)自由贸易试验区	2019年8月	119.97平方公里	雄安片区33.23平方公里	以制度创新为核心,以可复制可推广为基本要求,全面落实中央关于京津冀协同发展战略和高标准高质量建设雄安新区要求,积极承接北京非首都功能疏解和京津科技成果转化,着力建设国际商贸物流重要枢纽、新型工业化基地、全球创新高地和开放发展先行区。
			正定片区33.29平方公里	
			曹妃甸片区33.48平方公里	
			大兴机场片区19.97平方公里	
中国(云南)自由贸易试验区	2019年8月	119.86平方公里	昆明片区76平方公里(含昆明综合保税区0.58平方公里)	以制度创新为核心,以可复制可推广为基本要求,全面落实中央关于加快沿边开放的要求,着力打造"一带一路"和长江经济带互联互通的重要通道,建设连接南亚东南亚大通道的重要节点,推动形成我国面向南亚东南亚辐射中心、开放前沿。
			红河片区14.12平方公里	
			德宏片区29.74平方公里	
中国(黑龙江)自由贸易试验区总体方案	2019年8月	119.85平方公里	哈尔滨片区79.86平方公里	以制度创新为核心,以可复制可推广为基本要求,全面落实中央关于推动东北全面振兴全方位振兴、建成向北开放重要窗口的要求,着力深化产业结构调整,打造对俄罗斯及东北亚区域合作的中心枢纽。经过三至五年改革探索,对标国际先进规则,形成更多有国际竞争力的制度创新成果,推动经济发展质量变革、效率变革、动力变革,努力建成营商环境优良、贸易投资便利、高端产业集聚、服务体系完善、监管安全高效的高标准高质量自由贸易园区。
			黑河片区20平方公里	
			绥芬河片区19.99平方公里	

(续 表)

名 称	成立时间	实施范围总面积	片 区	总体要求——战略定位及发展目标
中国(北京)自由贸易试验区	2020年8月	119.68平方公里	科技创新片区31.85平方公里	赋予自贸试验区更大改革自主权,深入开展差别化探索。对标国际先进规则,加大开放力度,开展规则、规制、管理、标准等制度型开放。经过三至五年改革探索,强化原始创新、技术创新、开放创新、协同创新优势能力,形成更多有国际竞争力的制度创新成果,为进一步扩大对外开放积累实践经验,努力建成贸易投资便利、营商环境优异、创新生态一流、高端产业集聚、金融服务完善、国际经济交往活跃、监管安全高效、辐射带动作用突出的高标准高质量自由贸易园区。强化自贸试验区改革同北京市改革的联动,各项改革试点任务具备条件的在中关村国家自主创新示范区全面实施,并逐步在北京市推广试验。
			国际商务服务片区48.34平方公里	
			高端产业片区39.49平方公里	
中国(湖南)自由贸易试验区	2020年8月	119.76平方公里	长沙片区79.98平方公里	经过三至五年改革探索,形成更多有国际竞争力的制度创新成果,为进一步扩大对外开放积累实践经验,推动先进制造业高质量发展,提升关键领域创新能力和水平,形成中非经贸合作新路径新机制,努力建成贸易投资便利、产业布局优化、金融服务完善、监管安全高效、辐射带动作用突出的高标准高质量自由贸易园区。
			岳阳片区19.94平方公里	
			郴州片区19.84平方公里	
中国(安徽)自由贸易试验区	2020年8月	119.86平方公里	合肥片区64.95平方公里	以制度创新为核心,以可复制可推广为基本要求,全面落实中央关于深入实施创新驱动发展、推动长三角区域一体化发展战略等要求,发挥在推进"一带一路"建设和长江经济带发展中的重要节点作用,推动科技创新和实体经济发展深度融合,加快推进科技创新策源地建设、先进制造业和战略性新兴产业集聚发展,形成内陆开放新高地。
			芜湖片区35平方公里	
			蚌埠片区19.91平方公里	

资料来源:根据国务院印发的各大自由贸易试验区总体方案整理所得。

第二节　上海自由贸易试验区发展历程

一、"上海自贸区1.0版"：自贸区制度框架基本确立

2013年9月18日，国务院印发了《中国(上海)自由贸易试验区总体方案》(以下简称《总体方案》)。《总体方案》指出自贸区建设的主要任务是紧紧围绕面向世界、服务全国的战略要求和上海"四个中心"建设的战略任务，按照先行先试、风险可控、分步推进、逐步完善的方式，把扩大开放与体制改革相结合、把培育功能与政策创新相结合，形成与国际投资、贸易通行规则相衔接的基本制度框架。具体任务是：第一，加快政府职能转变。主要措施包括深化行政管理体制改革，改革创新政府管理方式，建立与国际高标准投资和贸易规则体系相适应的行政管理体系，建立一口受理、综合审批和高效运作的服务模式，建立集中统一的市场监管综合执法体系等。第二，扩大投资领域的开放。主要措施包括扩大服务业开放、探索建立负面清单管理模式、构筑对外投资服务促进体系等。第三，推动贸易发展方式转变。主要措施包括推动贸易转型升级，积极培育贸易新型业态和功能，形成以技术、品牌、质量、服务为核心的外贸竞争新优势，加快提升我国在全球贸易价值链中的地位；提升国际航运服务能级；积极发挥外高桥港、洋山深水港、浦东空港国际枢纽港的联动作用，探索形成具有国际竞争力的航运发展制度和运作模式。第四，深化金融领域的开放创新。主要措施包括加快深化金融制度创新，增强金融服务功能。第五，完善法治领域的制度保障。加快形成符合试验区法治需要的高标准投资和贸易规则体系。

二、"上海自贸区2.0版"：第一次扩容、进一步加大创新力度

2015年4月，国务院公布《进一步深化中国(上海)自由贸易试验区改革开放方案》(以下简称《深改方案》)，上海自贸试验区迎来了第一次扩容。自贸试验区的实施范围扩张至120.72平方公里，涵盖上海外高桥保税区、上海外高桥保税物流园区、洋山保税港区、上海浦东机场综合保税区等4个海关特殊监管区域(28.78平方公里)以及陆家嘴金融片区(34.26平方公里)、金桥开发片区(20.48平方公里)、张江高科技片区(37.2平方公里)。所涉及的片区均具备高度成熟的

产业园区和功能区。

相比之前的《总体方案》,《深改方案》在维持原来的政府职能转变、投资管理制度创新、贸易监管制度创新、金融开放与创新以及加强法制保障等五大制度创新框架下,对一些具体的实施内容进行了进一步的细化和深化。该方案具体报告将政府职能转变聚焦到了完善负面清单管理模式、健全事中事后监管体系、推动权益保护制度创新、深化科技创新体制机制改革等12项主要任务上;深化投资管理制度创新聚焦到进一步扩大制造业和服务业开放、推进FDI和ODI管理制度政策、深化商事登记制度改革和完善企业准入"单一窗口"制度等4项主要任务上;贸易监管制度创新聚焦到深化"一线放开、二线安全高效管住"的贸易便利化政策、国际贸易"单一窗口"建设、推进货物状态分类监管、推动贸易转型升级等4项主要任务上;加强法制保障聚焦到了健全法制保障体系、探索创新人才服务体系和国际人才流动通行制度、研究促进投资和贸易的税收政策等3项主要任务上。①

2015年10月29日,当时的"一行三会"(中国人民银行、银监会、证监会、保监会)、商务部、外汇局、上海市人民政府联合发布了《进一步推进中国(上海)自由贸易试验区金融开放创新试点　加快上海国际金融中心建设方案》。其总体要求为:贯彻落实中共中央、国务院关于金融改革开放和自贸试验区建设的总体部署,紧紧围绕服务全国、面向世界的战略要求和上海国际金融中心建设的战略任务,坚持以服务实体经济、促进贸易和投资便利化为出发点,根据积极稳妥、把握节奏、宏观审慎、风险可控原则,成熟一项、推进一项,加快推进资本项目可兑换、人民币跨境使用、金融服务业开放和建设面向国际的金融市场,不断完善金融监管,大力促进自贸试验区金融开放创新试点与上海国际金融中心建设的联动,探索新途径、积累新经验,及时总结评估,适时复制推广,更好地为全国深化金融改革和扩大金融开放服务。同时,提出了6条率先实现人民币资本项目兑换、3条进一步扩大人民币跨境使用、18条不断扩大金融服务业对内对外开放、7条加快建设面向国际的金融市场、6条不断加强金融监管和切实防范风险的相关措施。

三、"上海自贸区3.0版":建设"三区一堡"

2017年3月,国务院正式印发《全面深化中国(上海)自由贸易试验区改革

---

① 尹晨.《上海自贸试验区持续创新研究》,复旦大学出版社,2022,第5—6页。

开放方案》。总体要求包括：首先，指导思想——全面贯彻党的十八大、十八届三中、四中、五中、六中全会精神，深入贯彻习近平总书记系列重要讲话精神和治国理政新理念新思想新战略，认真落实党中央、国务院决策部署，统筹推进"五位一体"总体布局和协调推进"四个全面"战略布局，坚持稳中求进工作总基调，坚定践行新发展理念，坚持以制度创新为核心，继续解放思想、勇于突破、当好标杆，进一步对照国际最高标准、查找短板弱项，大胆试、大胆闯、自主改，坚持全方位对外开放，推动贸易和投资自由化便利化，加大压力测试，切实有效防控风险，以开放促改革、促发展、促创新；进一步加强与上海国际金融中心和具有全球影响力的科技创新中心建设的联动，不断放大政策集成效应，主动服务"一带一路"建设和长江经济带发展，形成经济转型发展新动能和国际竞争新优势；更大力度转变政府职能，加快探索一级地方政府管理体制创新，全面提升政府治理能力；发挥先发优势，加强改革系统集成，力争取得更多可复制推广的制度创新成果，进一步彰显全面深化改革和扩大开放试验田作用。其次，建设目标——到2020年，率先建立同国际投资和贸易通行规则相衔接的制度体系，把自贸试验区建设成为投资贸易自由、规则开放透明、监管公平高效、营商环境便利的国际高标准自由贸易园区，健全各类市场主体平等准入和有序竞争的投资管理体系、促进贸易转型升级和通关便利的贸易监管服务体系、深化金融开放创新和有效防控风险的金融服务体系、符合市场经济规则和治理能力现代化要求的政府管理体系，率先形成法治化、国际化、便利化的营商环境和公平、统一、高效的市场环境。强化自贸试验区改革同上海市改革的联动，各项改革试点任务具备条件的在浦东新区范围内全面实施，或在上海市推广试验。

上海自贸试验区3.0版建设方案，重点落实在"三区一堡"的建设目标上。首先，加强改革系统集成，建设开放和创新融为一体的综合改革试验区。包括：建立更加开放透明的市场准入管理模式、全面深化商事登记制度改革、全面实现"证照分离"、建成国际先进水平的国际贸易"单一窗口"、建立安全高效便捷的海关综合监管新模式、建立检验检疫风险分类监管综合评定机制、建立具有国际竞争力的创新产业监管模式、优化创新要素的市场配置机制、健全知识产权保护和运用体系。其次，加强同国际通行规则相衔接，建立开放型经济体系的风险压力测试区。包括：进一步放宽投资准入、实施贸易便利化新规则、创新跨境服务贸易管理模式、创新跨境服务贸易管理模式、设立自由贸易港区。再次，进一步转变政府职能，打造提升政府治理能力的先行区。包括：健全以简政放权为重点的行政管理体制、深化创新事中事后监管体制机制、深化创新事中事后监管体制机制。最后,创新合作发展模式,成为服务国家"一带一路"建设、推动市场主体走出去的桥头堡。包括:以高标准便利化措施促进经贸合作、增强"一带一路"金融服务功能、探索具有国际竞争力的离岸税制安排。

四、"上海自贸区4.0版":临港新片区的设立

2019年8月6日,国务院印发《中国(上海)自由贸易试验区临港新片区总体方案》。8月20日,上海自贸区临港新片区正式挂牌运行。这意味着上海自贸区进行了第二次扩容,即在上海大治河以南、金汇港以东以及小洋山岛、浦东国际机场南侧区域设置新片区。按照"整体规划、分步实施"原则,先行启动南汇新城、临港装备产业区、小洋山岛、浦东机场南侧等区域,面积为119.5平方公里。总体要求上,到2025年,建立比较成熟的投资贸易自由化便利化制度体系,打造一批更高开放度的功能型平台,集聚一批世界一流企业,区域创造力和竞争力显著增强,经济实力和经济总量大幅跃升。到2035年,建成具有较强国际市场影响力和竞争力的特殊经济功能区,形成更加成熟定型的制度成果,打造全球高端资源要素配置的核心功能,成为我国深度融入经济全球化的重要载体。具体如表5-3所示。与整体的上海自贸试验区的功能相比,临港新片区具有自身鲜明的特点功能定位。

表5-5 上海自贸试验区与临港新片区的功能定位

	功 能 定 位
上海自贸试验区	1. 以货物自由贸易为支点,提升企业在国际市场竞争力; 2. 提高贸易和投资便利化水平,探索负面清单措施和准入前国民待遇; 3. 促进金融行业改革,提升金融服务能力; 4. 加快政府职能转变的试验田,积极探索与国际高标准投资、贸易规则体系相适应的行政管理配套措施
临港新片区	1. 汇集海内外人才开展国际协同创新; 2. 统筹在岸、离岸业务,深化金融领域合作与开发,支持跨境电商及离岸贸易等新兴外贸业态; 3. 联动长三角经济区,推进产业发展、科技创新、金融服务一体化; 4. 充分利用两个市场两种资源,成为参与国际经济治理的试验田; 5. 有针对性进行制度创新,探索以自由化为核心的制度体系

资料来源:上海市人民政府发展中心.《上海强化开放枢纽门户功能研究》,上海人民出版社,2022,第176页。

专栏 5-1　中国(上海)自由贸易试验区建设现状

2022年,中国(上海)自由贸易试验区贯彻《中共中央 国务院关于支持浦东新区高水平改革开放打造社会主义现代化建设引领区的意见》,贯彻新发展理念、构建新发展格局,克服疫情及国际大环境不利因素影响,首创性改革、引领性开放、集成化创新取得新进展,在上海及全国进一步发挥引领作用。

科技创新引擎功能更加凸显。上海光源二期光束线站基本建成,软 X 射线自由电子激光用户装置实现开放。交大张江科学园、张江数学研究院等一批重点项目启动运营。C919 大飞机取证交付;国内唯一由中国企业研发并获准上市的四臂腔镜手术机器人在自贸区诞生;中国首艘全球最大 24 000 TEU 超大型集装箱船交付。

改革系统集成全面推进。准入领域各项改革试点落地落实,"一业一证"改革31个试点行业已发放 3 200 余张行业综合许可证,市场主体登记确认制试点已受理企业设立登记超 1 万户次,企业变更登记、备案、自主公示超过 2.5 万余户次。率先试点以企业信用信息报告代替行政合规证明新机制,目前已办理291家企业的信用报告申请。引领区建设法治保障更加完善,在绿色金融、新型研发机构、智能网联汽车等领域出台 9 部浦东新区法规,累计达到 15 部;在商事调解、特色产业园区、存量产业用地等领域发布 12 部管理措施、累计达到 13 部。

开放型经济新体制进一步完善。推动外资设立理财子公司、证券、期货等金融机构,引入浦银理财、高盛工银理财等一批标志性项目。外高桥 RCEP 企业服务咨询站正式启用。上海自贸试验区"一带一路"技术交流国际合作中心东南亚分中心、东亚分中心相继揭牌。上海市技术性贸易措施公共服务平台正式上线启用。上海国际贸易"单一窗口"上线 RCEP 最优关税查询系统、"海运电放提单在线交单系统"以及"进口危险品信息备案系统"。

全球资源配置功能不断增强。上海股权托管交易中心开展私募股权和创业投资份额转让试点,共计成交总金额约13.11亿元。上交所开展科创板做市交易业务,标的内容快速扩容至83只。截至2022年末,监管类金融机构达 1 008 个,比上年增长 2.6%。

2022年中国(上海)自由贸易试验区(浦东部分)主要经济指标及其增长速度

指　　标	单　位	绝对值	比上年增长/%
外商直接投资实际到位金额	亿美元	95.72	13.5
全社会固定资产投资总额	亿元	1 899.60	12.5
规模以上工业总产值	亿元	7 453.71	7.6
社会消费品零售额	亿元	2 374.13	−6.2
商品销售总额	亿元	62 958.73	−4.3
服务业营业收入	亿元	8 664.33	−4.3

资料来源：2022年上海市国民经济和社会发展统计公报，https://tjj.sh.gov.cn/tjgb/20230317/6bb2cf0811ab41eb8ae397c8f8577e00.html。

第三节　现代上海国际贸易中心建设

一、上海国际贸易中心建设取得的成果

20世纪90年代以来，国际贸易在内容、主体和方式上发生了质的变化，这种变化使国际贸易中心从内涵到外延方面出现了重大的变化，世界正在形成一种新的国际贸易中心。

上海1.0版国际贸易中心建成基于港口航运、商贸物流的"口岸型"国际贸易中心。上海2.0版国际贸易中心正逐步建成基于总部经济与平台经济的"交易结算型"国际贸易中心。未来3.0版国际贸易中心是综合物流、人流、资金流、信息流、技术流、服务流等6个维度的"流量经济型"贸易中心，在贸易商品集散枢纽功能基础上，成为国际贸易机构组织的集聚地、交流区，成为贸易企业在岸与离岸、线上与线下的贸易发生地。自贸区新片区、虹桥商务区等区域将成为新型贸易功能的核心承载区，形成"对接区域一体化、联通全球一体化"的国际贸易

发展新格局。

经过"十三五"期间的发展,上海对国内国际两个市场、两种资源的配置能力显著增强,基本建成了与我国经济贸易地位相匹配、在全球贸易投资网络中具有枢纽作用的国际贸易中心。在"十三五"期间取得了以下成果。

第一,贸易集聚功能持续提升。首先,世界级口岸城市地位继续夯实。2020年,上海口岸贸易额占全球贸易总量3.2%以上,继续居世界城市首位。集装箱吞吐量达到4 350万标箱,连续11年位居世界第一。其次,货物贸易结构持续优化。深入实施"四个一百"专项行动,附加值和技术含量较高的一般贸易进出口占比达53.7%,比2015年提高6.3个百分点;新兴市场占比由47%提高到51.1%;离岸贸易加快发展,经常项目汇兑顺畅度进一步提升。贸易中转功能稳步增强,集装箱水水中转和国际中转比例分别提高至51.6%和12.3%。再次,服务贸易发展全国领先。率先发布全国首张跨境服务贸易领域负面清单。技术进出口额达到153.2亿美元,年均增长6.4%。电信计算机和信息服务、专业管理和咨询服务进出口比2015年分别增长57.4%和31.3%。最后,贸易新业态新模式蓬勃发展。发布全国首份省级数字贸易行动方案,数字贸易交易额达到433.5亿美元。设立国家级跨境电商综合试验区,积极创新监管和发展模式。外贸综合服务、汽车平行进口、保税维修和再制造、二手车出口等实现新突破。

第二,消费基础性作用更加凸显。首先,流通和消费规模在全国城市中居首位。商品销售总额、社会消费品零售总额分别达到13.98万亿元和1.59万亿元。商贸业增加值占全市GDP比重达13.5%,商贸业税收占第三产业税收比重达21.3%。其次,商业模式创新持续加快。电子商务交易额从1.65万亿元增长到2.94万亿元,年均增长12.3%,居全国城市首位。"互联网+生活性服务业"创新试验区建设成效显著,已有5 300多家企业落户。产业互联网领域创新性平台集聚发展,成为引领传统制造业转型升级的重要力量。

第三,资源配置功能不断增强。首先,平台经济影响力逐步显现。平台交易总额达到2.99万亿元,千亿级市场平台数量从2015年的5家增加到10家。大宗商品贸易平台达到40家,钢铁、有色金属、铁矿石等大宗商品价格成为国际市场重要风向标。其次,供应链体系效能明显提升。全面完成国家内贸流通体制改革发展综合试点、供应链创新与应用试点等任务。现代物流对贸易的支撑作用进一步显现,物流车辆周转率提高1倍以上,供应链效率提升35%,全社会物流总费用占全市生产总值比重低于全国平均水平1个百分点。再次,国际会展之都基本建成。全市展览面积从2015年的1 513万平方米扩大到2019年的1 941.7万平方米,年均增长率为6.4%,2020年国际展占比提高至78.9%,世界百强商展数量稳居全球首位。

第四,贸易主体能级不断提升。外资结构优化,质量得到提升。五年累计实际利用外资921亿美元。高技术服务业引进外资年均增长率为30.9%。全国首家外资独资保险控股公司、首家外资独资人身保险公司、首批新设外资控股合资证券公司落户上海。高技术制造业吸引的外资占制造业比重由25%提升至31.2%。高能级市场主体持续集聚。五年累计新认定跨国公司地区总部236家(其中大中华区及以上总部96家)、外资研发中心85家,目前二者总数分别达771家(大中华区及以上总部137家)和481家,继续保持中国内地外资总部最多的城市地位。

因此,构建现代国际贸易中心,上海具有以下的基础和优势。首先,上海的产业发展基础扎实。上海不断成熟的产业链与产业发展规划对国内外企业有较大吸引力,特别是随着现代服务业的快速发展以及科创中心建设的大力推进,上海高新技术产业的集群化、规模化优势逐渐显现。财政收入后增长为国际贸易中心的建设提供了必要的物质条件。上海财政收入一方面可以用于加强国际贸易中心的物质基础;另一方面,运用于国际采购的政府资金规模增加,可以助推关键领域的产业建设,特别对民营经济发展起到较好的支撑作用,推动多元化的企业主体参与国际市场交易,进一步完善国际贸易中心的服务功能。其次,三大保税区对上海的发展起到了巨大推动作用。保税区是与国际市场直接接轨、层次最高的特别经济区域,也是对外开放程度最高、运作机制最便捷、政策最优惠的经济区域之一,在吸引外商投资、集聚贸易企业发展进出口贸易方面具有独特的优势。目前上海拥有外高桥保税区、洋山保税港区和浦东机场综合保税区。

"十四五"时期,是上海立足新发展阶段、贯彻新发展理念、服务构建新发展格局,加快建设具有世界影响力的社会主义现代化国际大都市的关键五年,也是开启深化国际贸易中心建设新征程、实现上海国际贸易中心能级提升的关键时期。在以国内大循环为主、国内国际双循环相互促进的新发展格局下,上海国际贸易中心的建设将为中国的贸易经济发展提供突破口,同时将会辐射至全国,推动金融、消费等各领域的同步发展。在经济全球化背景下,上海国际贸易中心是上海五大中心建设的重要内容,国际贸易中心建设不仅对上海贸易结构的调整、产业结构的升级起到重要作用,而且是我国转变贸易增长方式和经济发展方式的重要手段。

着眼我国发展阶段、环境、条件变化,习近平总书记提出,要推动形成以国内大循环为主体、国内国际双循环相互促进的新发展格局。2021年以来,党中央多次强调要构建新发展格局。"构建新发展格局,是与时俱进提升我国经济发展水平的战略抉择,也是塑造我国国际经济合作和竞争新优势的战略抉择。"这是中央根据国内国际形势变化,从建设社会主义现代化强国的目标出发,提出的重大发展战略,对今后的高质量发展、高水平市场体系建设和高水平对外开放,都有根本的指导意义。

过去,在经济全球化深入发展的外部环境下,市场和资源"两头在外"对中国快速发展发挥了重要作用。但是,在当前错综复杂的环境下,比如,不断上升的保护主义、不断升级的国际安全形势、不断萎缩的全球市场等外部环境,中国必须充分发挥国内超大规模市场优势。

"双循环"战略与上海国际贸易中心建设是一脉相承、同频共振的关系。国际贸易中心能级的提升,降低了国际贸易的交易成本,提高了贸易效率,为国内国外双循环提供了永恒的动力,特别是加快满足了国内市场需求,助力中国在短板项目上的建设,通过世界产业链解决自身的供给需求问题。双循环的紧密联动,国内国外两种资源的结合与大规模的发展,逐渐提升上海国际贸易中心在国际上的知名度,从而吸引更多的外资企业来华投资经营,促进经济健康发展。

目前,现代上海国际贸易中心的建设目标是:到2025年,基本建成与我国贸易国际地位相匹配、联结国内国际两个市场的国际贸易中心。到2035年,全面建成与我国贸易国际地位相匹配的国际贸易中心,使上海国际贸易中心世界影响力得到全面提升,全面形成包括全球贸易枢纽、全球投资门户、国际消费中心城市、全球供应链管理中心、国际会展之都、贸易投资制度创新高地、区域一体化链接枢纽、国际数字贸易中心、全球绿色贸易中心在内的功能框架。

二、对标全球国际贸易中心城市的差距

目前,对标全球国际贸易中心城市,上海仍存在一定差距。首先,在贸易能级方面,全球总部和亚太总部数量较少,具备国际竞争力的本土跨国企业依然不多。借鉴全球性的贸易中心的经验和成功案例,不断促进国际贸易的经营主体多元化发展。上海要建设国际贸易中心,需要积极引进外资,制定各项优惠政策,不断吸引国内外企业到上海发展。但是,从目前上海建设国际贸易中心的发展情况来看,仍然缺失对国际贸易领域产生强有力的集聚作用的国家经营主体。

主要表现在以下三个方面：流量规模偏小，贸易主导地位不明显；国际型跨国公司集聚程度不足；上海多行业经济体系包容性欠缺。全球供应链整合能力有待增强，大宗商品话语权、定价权和资源配置权相对有限，商圈商街的国际影响力有待提高。其次，在贸易结构方面，口岸货物国际中转率依然不高，离岸贸易发展缓慢，数字贸易尚处于起步阶段，保险、金融、文化等服务领域进出口规模仍然偏小。再次，在制度环境方面，与国际高标准投资贸易规则相比尚有差距，吸引国际消费集聚的制度有待完善。上海现有的行政管理体制形成了条形的扁平型结构，部门之间缺乏协调和统筹，极大地影响了行政管理效率，增加了交易成本。在法律的制定上也缺乏有序衔接，政策转递效率较低，一些专业性强、指向性明显的规章和文件立法层次低，缺乏多部门之间的协调发展，进一步制约了上海建设国际贸易中心的步伐。此外，上海还面临着自贸试验区监管制度创新不足的问题，亟须探索货物状态分类监管等一批创新制度，力争形成一整套具有国际竞争力、与开放型经济新体制相适应的海关、检验检疫、外汇和税收监管制度框架。

三、新一轮国际贸易中心发展的重点领域

随着上海持续推进贸易高质量发展，国际贸易枢纽功能不断增强，全球市场份额不断提升。2022年，上海货物进出口总额达到4.2万亿元，同比增长3.2%，创下历史新高，口岸贸易总额继续保持全球城市首位；实际使用外资239.6亿美元，再创历史新高；社会消费品零售总额1.64万亿元，继续居中心城市首位；新增首店1073家，数量和质量继续保持国内城市领先地位。

然而，国际贸易环境不确定性增强，美国等西方发达国家对我国采取的贸易保护主义政策似乎将长期存在；全球新冠肺炎疫情冲击下，我国全球价值链产业布局也将面临很多困难。同时，美国无论从经济规模到经济结构，仍然处在全球价值链的顶端，尤其是在服务贸易方面一直有着不可替代的优势。尽管我国服务贸易总额居全球第2位，但是，相对于以美国、德国为首的欧美国家，在竞争力方面仍然存在不小的差距。为此，上海作为我国最重要的国际贸易中心城市，亟须加快培育具有全球贸易主导力和控制力的本土跨国公司，进一步提升自主创新高技术产品的贸易比重，助推我国提升对全球贸易的主导力，以灵活应对全球供应链变化下的贸易功能调整。[①]

[①] 彭羽、沈玉良．《上海国际贸易中心新一轮发展战略研究》，《科学发展》，2022，第12期。

在新一轮国际贸易中心发展过程中,上海需要聚焦总部经济、离岸贸易、转口贸易以及服务贸易和数字贸易。接下来,将重点介绍总部经济和离岸贸易的相关内容,服务贸易和数字贸易将在下一章进行深入探讨。

(一) 总部经济

随着"引进来"和"走出去"战略的持续推进,上海双向投资合作实现了飞跃式的发展。据上海市商务委员会的数据统计,2022 年上海新认定跨国公司地区总部 60 家,外资研发中心 25 家。截至 2022 年底,上海累计设立跨国公司地区总部 891 家,外资研发中心 531 家,继续保持作为中国内地跨国公司地区总部最为集中城市的领先地位。

总部经济作为国际分工的高端环节,具有知识含量高、产业关联度强、集聚辐射作用大等特点,是城市竞争力和现代化水平的重要标志。随着全球经济合作的不断深入,大型跨国公司已经成为国际贸易的主力。而跨国公司的总部则是国际贸易中心的重要组成部分,其所在地通常是跨国公司的产业链、价值链的核心。因此,跨国公司总部不仅能够促进产业、贸易的发展,也能推动国际贸易中心实现高水平的对外开放。

2002 年,《上海市鼓励外国跨国公司设立地区总部的暂行规定》在全国率先推出,积极吸引跨国公司落沪。此后,上海对跨国公司地区总部的鼓励和支持,成为积极利用外资、扩大对外开放的生动缩影。跨国公司地区总部的能级持续提升、溢出效应明显,为上海经济持续稳定增长做出了卓越贡献。[①]

2022 年 11 月,上海市人民政府发布修订后的《上海市鼓励跨国公司设立地区总部的规定》(以下简称《规定》)。《规定》指出,加快发展更高能级的总部经济,进一步鼓励更多跨国公司在上海设立总部型企业(以下简称"总部企业"),实施"总部增能行动",实现更深层次、更宽领域、更大力度开放。修订版的《规定》主要有三个特点:新增"事业部总部"类型,突出总部企业经济贡献度;优化总部企业支持举措,围绕贸易便利化、人才引进等方面,实行针对性较强的改革举措;强化总部企业服务机制,形成合力,服务好总部企业的发展,进而为跨国公司在上海设立和发展总部企业注入强大动力。[②]

《规定》对跨国公司地区总部、跨国公司总部型机构以及跨国公司事业部总

---

① 史博臻.《创新:跨国企业选择上海的理由与愿景》,2022 - 11 - 07,《文汇报》。
② 同上。

部进行了定义。跨国公司地区总部，是指在境外注册的母公司在本市设立唯一总机构，以投资或授权管理形式履行一个国家及以上区域范围内投资、管理和服务职能。跨国公司须以具有独立法人资格的企业组织形式在本市设立地区总部。跨国公司总部型机构，是指未达到地区总部标准，由境外注册的母公司或外商投资性公司在本市设立的外商投资企业（含分支机构），实际履行一个国家及以上区域范围内投资、管理、营销、结算、支持服务等总部职能。跨国公司事业部总部，是指在境外注册的母公司具有以功能、业务、产品、品牌、服务等为依据细分的事业部制组织架构，由其或外商投资性公司在本市设立，以投资或授权管理形式负责事业部在一个国家及以上区域范围内投资、管理和服务职能的唯一总机构。跨国公司须以具有独立法人资格的企业组织形式在本市设立事业部总部。[1]

如今，临港新片区承载着发展新型国际贸易中心的重任，作为上海创新产业的集聚地，新片区应当积极出台一系列与国际接轨的规则、政策和制度，吸引各国跨国公司总部落户新片区，为更多的国际高端人才和跨国公司提供适应新一轮国际贸易中心发展需要的服务，最大力度地促进贸易的便利化和自由化。

（二）离岸贸易

2023年4月，上海市人民政府印发《上海市促进外贸稳规模提质量的若干政策措施》，其中一项重要内容是促进离岸贸易提质扩容。该政策鼓励新型离岸贸易发展，支持银行机构对无法采用同一币种办理收支结算的同一笔离岸转手买卖业务，在做好"三反"审核后，可通过自由贸易账户办理。支持有实际需求且符合条件的企业设立自由贸易账户开展离岸经贸业务，动态调整离岸经贸业务企业名单。深入推进临港新片区跨境贸易投资高水平开放外汇管理改革试点，鼓励试点银行扩大试点区域内优质企业范围，根据客户指令办理经常项目相关外汇业务，进一步便利优质企业经常项目资金收付。政策还支持上海自贸试验区优化落实离岸贸易专项奖励。[2]

显然，上海在构建国际贸易枢纽的过程中，离岸贸易中心建设必不可少。离

---

[1] 上海市人民政府关于印发修订后的《上海市鼓励跨国公司设立地区总部的规定》的通知，2022，https://www.shanghai.gov.cn/nw12344/20221107/6fa86f4b65554f43bc9633fca378ffa9.html。

[2] 上海市人民政府办公厅关于印发《上海市促进外贸稳规模提质量的若干政策措施》的通知，https://sww.sh.gov.cn/dwmygl/20230406/459b2209fcd845c0926ceba43e980873.html。

岸贸易是跨国公司主导的全球价值链分工和国际贸易全球化网络布局发展到一定阶段的必然产物,可以促进贸易的信息流和资金流向总部企业集聚,对总部所在地的贸易、金融、配套服务等方面发展具有强大的带动作用。随着全球贸易中间商与跨国公司总部的不断集聚以及国际贸易新模式的不断涌现,离岸贸易中心的建设,在优化全球要素配置功能、提升人民币国际化水平、构建高质量现代化产业体系和推动高水平制度型开放等方面具有重要意义。

首先,围绕产业链和供应链的各环节,离岸贸易需要打通订单流、信息流与资金流之间的联系,最大限度地让各类资源在国际范围内自由流动,并促进国内国际双循环通道的建立,全方位提升上海国际贸易中心能级。然而,由于订单流、货物流和资金流"三流"分离的特点,离岸贸易长期面临真实性审核的问题。面对这一难题,需要鼓励银行不断探索新型离岸国际贸易资金结算服务的新模式,实现跨国公司在岸和离岸业务的统筹联动发展,强化全球资源配置功能。[1]

其次,离岸贸易中心离不开离岸人民币中心的支持;同时,人民币要走出去,关键需要一个以人民币计价、可以自由买卖人民币资产的交易市场,让持有人民币的国家,除能用人民币购买商品外,还能投资以人民币计价的资产,而这个任务只能交给香港。香港拥有规模最大的离岸人民币资金池、国际领先的人民币结算能力和成熟的离岸人民币生态圈。通过香港进入内地的外资占比在60%以上,港币与人民币的高效互换,能促进资本自由流动,让世界上其他持有人民币的国家,不仅能用人民币来进行贸易结算,也能购买以人民币计价的资产。这样,人民币国际化才能取得真正的成功,为争夺大宗商品定价权创造出前置条件。

再次,离岸贸易是在传统贸易基础上迭代升级而孕育出的一门新兴产业。从中国香港、新加坡的发展实践看,它们都经历了从加工贸易、转口贸易向离岸贸易升级变迁的过程。相较于传统贸易,离岸贸易对于资源禀赋的依赖较小,在促进当地经济增长、产业转型和带动就业等方面发挥了更大的作用。推进上海离岸贸易中心建设,大力发展离岸贸易,能够实现贸易转型升级和经济高质量发展,并带动上下游产业和企业集聚,促进总部经济发展,培育相关的金融、法律、咨询、代理、通信服务、保税展示等现代服务业,促进传统服务业向高端化、专业化方向转型。与此同时,发展离岸贸易也有助于深化国际产业分工与合作,为企

---

[1] 金鹏辉.《上海金融业"非凡十年"成绩单　金融支持总部经济发展的上海实践》,《中国金融家》,2022,第10期。

业"走出去"开展境外加工、承包境外工程等提供便利化途径,有序推动制造业梯度转移,提升贸易内分工效率和专业化水平,有效降低生产成本,增加贸易附加值,带动长三角乃至全国制造业的升级,发挥上海服务国内国际双循环和长三角一体化发展的引领带动作用。①

---

① 陈思思.《上海建设离岸贸易中心的思路与举措》,《科学发展》,2023,第6期。

第六章　数字贸易与服务贸易发展

随着数字经济时代的来临,数字贸易逐渐在全世界范围内高速发展。所谓数字贸易就是指以数字通信技术为主要推手,通过互联网平台匹配交易双方,并为其提供所需要的数字化信息的新兴贸易形式。数字贸易这个概念最早由美国国际贸易委员会(USITC)在2013年7月的报告《美国与全球经济中的数字贸易Ⅰ》中正式提出,主要包括四个方面的内容:一是数字化内容,如音乐、游戏等;二是社交媒体,如社交网络网站、用户评价网站等;三是搜索引擎;四是其他数字化产品和服务,如软件服务、在云端交付的数据服务等。

根据中国信息通信研究院(简称"中国信通院")发布的《数字贸易发展白皮书(2020年)》,数字贸易是数字技术发挥重要作用的贸易形式,其与传统贸易最大的区别在于贸易方式数字化和贸易对象数字化。其中贸易方式数字化是指数字技术与国际贸易流程的深度融合,带来贸易中的数字对接、数字订购、数字交付、数字结算等变化;贸易对象数字化是指以数据形式存在的要素、产品和服务成为重要的贸易标的导致国际分工从物理世界延伸至数字世界。然而,各国数字贸易的发展仍然存在巨大的差距,发达经济体仍然是全球服务贸易发展的主体,各方面具有更明显的优势。

近年来,我国数字贸易迎来了一波大发展,数字贸易出口持续稳定上升,数字贸易成了我国参与全球贸易竞争的又一焦点领域。同时,随着全球经济的回暖以及进一步深化,数字贸易必将迎来一次质的飞跃。在此背景下,上海作为国际贸易中心,其将以建设服务贸易与数字贸易为战略制高点,全方位地服务于我国从"贸易大国"向"贸易强国"的转变。

第一节　全球数字贸易发展现状

2022年12月7日,中国信通院发布的《全球数字经济白皮书(2022年)》指出,全球主要国家加快政策调整,战略布局与落地实施同步推进,为数字经济发展营造良好环境。整体来看,全球数字经济战略动向呈现出以下特点:数字经济发展战略层级不断提升,诸多领域政策以顶层设计的形式陆续出台;数字经济发展战略焦点更加集中,数字技术、数据要素、融合发展等成为战略重点;数字经济发展战略加快落地,各国以多部门协作机制、发布指南与路线图等方式推动数字经济实施见效;数字经济发展战略主体日益多元化,除发达国家外,新兴经济体也在加快相关战略布局。具体来看,全球数字经济发展主要体现在以下几个方面。

首先,数字经济为全球经济复苏提供重要支撑。2021年,47个国家数字经济增加值规模为38.1万亿美元,同比名义增长15.6%,占GDP比重为45.0%。产业数字化仍是数字经济发展的主引擎,占数字经济比重为85%,其中,第三产业数字化引领行业转型发展,一、二、三产业数字经济占行业增加值比重分别为8.6%、24.3%和45.3%。其次,发达国家数字经济领先优势明显。2021年,从规模看,发达国家数字经济规模达到27.6万亿美元,占47个国家总量的72.5%;从占比看,发达国家数字经济占GDP比重为55.7%,远高于发展中国家的29.8%;从增速看,发展中国家数字经济同比名义增长22.3%,高于同期发达国家数字经济增速9.1个百分点。再次,中美欧形成全球数字经济发展的三极格局。2021年,从规模看,美国数字经济蝉联世界第一,规模达15.3万亿美元;中国位居第二,规模为7.1万亿美元。从占比看,德国、英国、美国数字经济占GDP比重均超过65%。从增速看,全球主要国家数字经济高速增长,挪威数字经济同比增长34.4%,位居全球第一。[①]

如今,从全球贸易机构来看,数字贸易已经成为国际贸易的重要组成部分。从数字贸易出口规模来看,全球数字贸易的主导地位已经确立,成为国际贸易新的增长极。从现有公布的数据来看,2020年全球数字贸易出口规模高达31 926亿美元,同比增长3.8%,占服务贸易比重由2010年47.3%上升至2020年52%,占全球贸易比重上升到12.9%。从短期增长看,2020年全球数字贸易出

---

① 中国信通院.《全球数字经济白皮书(2022年)》,2022 - 12 - 07, http://www.caict.ac.cn/kxyj/qwfb/bps/202212/P020221207397428021671.pdf.

口对服务出口贡献率高达98.3%,占服务出口比例上升0.9个百分点;从长期趋势看,2010—2020年数字贸易、服务贸易、货物贸易年均增长率分别为6.1%、5.0%和2.5%。数字贸易驱动全球贸易向服务化方向发展,2010—2020年服务贸易在全球贸易中的占比从21.0%上升至24.9%,提升了3.9个百分点。

数字服务贸易的结构中,其他商业服务(包括研发、会计、管理咨询、公共关系以及广告等)、ICT服务、金融服务在数字服务贸易中占主导地位(图6-1)。2019年6类西方数字服务按出口规模从大到小排列为其他商业服务、ICT服务、金融服务、知识产权服务、保险服务、个人文娱服务,其规模分为13 998.5亿美元、6 782.2亿美元、5 204.4亿美元、4 091.7亿美元、1 370.3亿美元和821.09亿美元。

ICT服务、其他商业服务、知识产权服务是促进数字服务贸易增长的核心动力。2010—2019年数字服务贸易增速从大到小依次为ICT服务、其他商业服务、知识产权服务、个人文娱服务、金融服务、保险服务(图6-2)。

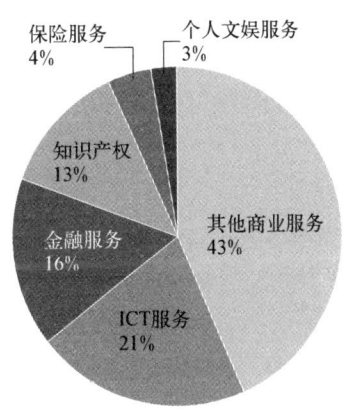

图6-1 2019年全球细分数字服务贸易(出口)占比

资料来源:中国信通院《数字贸易发展白皮书(2020)》。

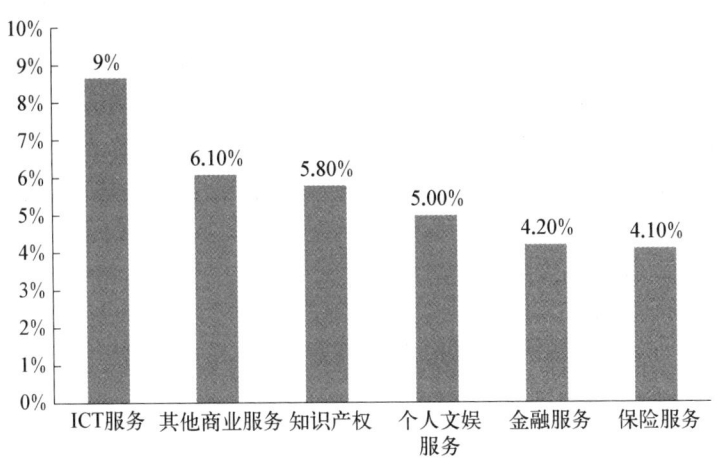

图6-2 2010—2019年全球细分数字服务贸易出口增速

资料来源:中国信通院《数字贸易发展白皮书(2020)》。

从全球的区位分布来看,发达经济体在数字服务贸易领域具有明显的优势(图6-3)。其中主要原因在于资本和技术在发达经济体内相对成熟,因此在资本、技术密集型相关产业的培育方面具有先发优势。随着进一步推进，规模效应可以被激发，发展中经济体很难做到。同时，发达经济体内的数字服务贸易已经逐渐占据了全球数字贸易发展的主动权，出口的商品多为服务，特别是数字服务。发达经济体产业集中在服务业，服务出口占比相对较高，而发展中经济体和转型经济体多集中在制造业和农业，货物贸易占比高。服务贸易方面，发达经济体偏向于资本和技术密集型的数字服务出口，发展中经济体和转型经济体的服务出口多集中于传统的旅游业、运输和维修。

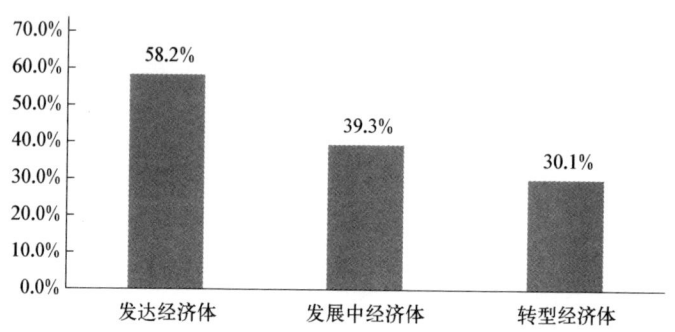

图6-3　2019年全球不同经济体数字服务贸易出口占总服务贸易比例

资料来源：中国信通院《数字贸易发展白皮书（2020）》。

近几年来，数字服务出口在发展中国家的增速有所增加，主要在于其后发优势和发展空间巨大，具体来看，发展中经济体、发达经济体和转型经济体在2010—2019年数字服务出口的增速依次为8.2%、5.6%和4.7%。

从国际市场占有率来看，发达国家的数字服务出口具有绝对优势，且在知识产权服务、金融服务、个人文娱服务领域的优势最为明显，各项数字服务的国际占有率都超过了60%，其中，超90%的是知识产权服务，80%~90%的是金融服务和个人文娱服务，其他也都在70%上下。

表6-1　2019年各经济体细分数字服务国际市场占有率　　　　单位：%

类别	保险服务	金融服务	知识产权服务	ICT服务	其他商业服务	个人文娱服务
发达经济体	73.2	83.8	91.8	69.0	72.0	80.9
发展中经济体	26.3	15.8	7.8	28.7	26.4	17.7
转型经济体	0.5	0.3	0.3	2.3	1.5	1.5

资料来源：中国信通院《数字贸易发展白皮书（2020）》。

就国家而言,2019 年数字服务出口,美国的数字贸易发展规模排在全球首位,且在数字技术和产业方面具有绝对优势,拥有苹果、谷歌、微软、亚马逊等超大型跨国 ICT 企业;英国、爱尔兰数字服务出口分别排在全球第 2 位、第 3 位;中国数字服务出口排名全球第 8 位。美欧作为全球数字服务供给的核心区,其中美国、英国、爱尔兰、德国、荷兰等 5 国的国际市场占有率近 50%(图 6-4)。

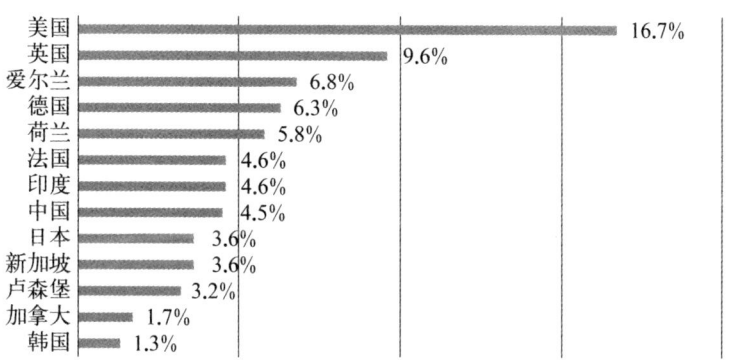

图 6-4 2019 年各国数字服务贸易国际市场占有率

资料来源:中国信通院《数字贸易发展白皮书(2020)》。

第二节 中国服务贸易与数字贸易发展概况

习近平总书记在党的二十大报告中强调:"加快发展数字经济,促进数字经济和实体经济深度融合,打造具有国际竞争力的数字产业集群。"发展数字经济成为我国经济高质量发展的核心内容之一。

2013 年我国数字经济规模超过了日本,自此我国数字经济规模连续多年稳居世界第 2 位。2023 年 4 月,中国信通院发布的《中国数字经济发展研究报告(2023 年)》显示,2022 年,我国数字经济实现更高质量发展,进一步向做强做优做大的方向迈进,主要表现在以下几个方面[1]。

一是数字经济进一步实现量的合理增长。2022 年,我国数字经济规模达到

---

[1] 中国信通院.《中国数字经济发展研究报告(2023 年)》,2023-04-27.http://www.caict.ac.cn/kxyj/qwfb/bps/202304/P020230427572038320317.pdf。

50.2万亿元,同比名义增长10.3%,已连续11年显著高于同期GDP名义增速,数字经济占GDP比重达到41.5%,这一比重接近第二产业占国民经济的比重。

二是数字经济结构优化促进质的有效提升。2022年,我国数字产业化规模达到9.2万亿元,产业数字化规模为41万亿元,占数字经济比重分别为18.3%和81.7%,数字经济的二八比例结构较为稳定。其中,三、二、一产业数字经济渗透率分别为44.7%、24.0%和10.5%,同比分别增长1.6、1.2和0.4个百分点;二产与三产渗透率增幅差距进一步缩小,形成服务业和工业数字化共同驱动发展的格局。

三是数字经济全要素生产率进一步提升。从整体看,2022年,我国数字经济的全要素生产率为1.75,相比2012年提升了0.09,数字经济生产率水平和同比增幅都显著高于整体国民经济生产效率,对国民经济生产效率提升起到了支撑、拉动作用。具体到各产业,第一产业数字经济全要素生产率略有提升,第二产业数字经济全要素生产率在过去十年中整体呈现先升后降态势,第三产业数字经济全要素生产率大幅提升,成为驱动数字经济全要素生产率增长的关键力量。

四是数据生产要素价值进一步释放。数据产权、流通交易、收益分配、安全治理等基础制度加快建设,破解数据价值释放过程中的系列难题。同时,数据要素市场建设进程加快,数据产业体系进一步健全,数据确权、定价、交易流通等市场化探索不断涌现。

一、中国服务贸易发展概况[①]

"十三五"期间,中国服务贸易实现稳步增长,产业结构分布持续优化,国内市场区域布局逐渐均衡,国际市场开拓更加多元化,企业国际化经营水平不断提升。服务贸易成为中国贸易高质量发展的重要引擎,不断推动着世界经济贸易复苏和增长。

商务部的数据显示,"十三五"时期,服务进出口总额累计达到3.6万亿美元,比"十二五"时期增长29.7%。2020年,尽管受全球新冠肺炎疫情、经济逆全球化等不利因素影响,中国服务进出口总额同比下降15.7%,达到6 617.2亿美元,但低于全球总体5个百分点。2021年是"十四五"的开局之年,经历了2020

---

① 有关中国服务贸易的数据均来自中国商务部商务数据中心以及商务部发布的《中国服务贸易发展报告(2020)》《中国服务贸易发展报告(2021)》等。

年的增速下降之后,2021年中国服务进出口总额创历史新高,突破了8 000亿美元,达到8 212亿美元,连续八年稳居世界第2位。规模同比增长24.1%,比疫情前的2019年增长4.6%,占世界比重增至7.0%。服务贸易逆差缩窄至327.5亿美元,同比减少677.1亿美元,为2011年以来的最低值。2022年,中国服务进出口总额继续增长至8 891亿美元,同比增长8.3%。具体如表6-2所示。

表6-2 中国服务贸易进出口额变化情况(2010—2022年)

年 份	中国进出口额		中国出口额		中国进口额		差额/亿美元
	金额/亿美元	同比/%	金额/亿美元	同比/%	金额/亿美元	同比/%	
2022	8 891	8.3	4 241	7.6	4 650	8.9	−410
2021	8 212	24.1	3 942	40.5	4 270	12.0	−327
2020	6 617	−15.7	2 806	−1.0	3 811	−24.0	−1 005
2019	7 850	−1.4	2 836	4.5	5 014	−4.5	−2 178
2018	7 965	14.5	2 715	19.0	5 250	12.3	−2 536
2017	6 957	5.1	2 281	8.9	4 676	3.4	−2 395
2016	6 616	1.1	2 095	−4.2	4 521	3.8	−2 426
2015	6 542	0.3	2 186	−0.2	4 355	0.6	−2 169
2014	6 520	21.3	2 191	5.9	4 329	30.9	−2 137
2013	5 376	11.3	2 070	2.7	3 306	17.5	−1 236
2012	4 829	7.6	2 016	0.3	2 813	13.5	−797
2011	4 489	20.8	2 010	12.7	2 478	28.2	−468
2010	3 717	22.9	1 783	24.2	1 934	21.7	−151

数据来源:中国商务部商务数据中心,http://data.mofcom.gov.cn/fwmy/overtheyears.shtml。

就出口增长速度而言,"十三五"时期,中国服务出口累计1.3万亿美元,比"十二五"时期增长21.1%,年均增速5.1%,高出全球5.2个百分点。服务出口增速呈现前高后低特征,其中2018年是增速变化分水岭。2015—2018年,世界经济温和复苏,国内经济稳中向好,对外贸易回稳,文化服务、数字服务、中医药服务等领域特色服务出口基地建设深入推进,中国服务国际供给能力不断增强,服务出口增速从-0.2%提高至17.0%。2018—2020年,国际经贸摩擦加剧,世界经济增长低迷,国内经济下行压力加大,新冠肺炎疫情影响广泛深远,服务出口增速有所放缓,但仍实现逆势增长,规模创历史新高,实现稳中提质,高质量发展取得新成效。服务出口年均增长6.3%,比货物出口增速高1.1个百分点,对外贸出口增长贡献率上升至11.5%,占外贸出口比重从9.2%提高至10.2%。2020年,中国服务出口总额为2 806.3亿美元,同比下降1.0%,降幅远低于全球平均水平和世界主要经济体。2021年,中国服务出口总额得到大幅回升,出口能力显著提高,总额达3 942.5亿美元,同比大幅增长40.5%,比2015—2019年年均增速高出11.2个百分点,高出世界同期水平20个百分点。其中,知识密集型服务出口1 956.7亿美元,同比增长26.1%,对服务出口增长的贡献度达35.7%。全球航运量价齐升,带动运输成为中国服务出口增长最快、规模最大的领域。2021年,运输出口1 271.9亿美元,同比增长124.7%。受疫情影响,旅行服务出口同比下降31.3%。2022年,服务出口再创历史新高,突破3 000亿美元大关,总额达到4 241亿美元,同比增长7.6%,但是,旅行出口额仍然处于负增长,同比下降15.7%。(表6-3)。

表6-3 2020—2022年中国分领域服务出口总额变化数据

服务类别	2022年 金额/亿美元	2022年 同比/%	2021年 金额/亿美元	2021年 同比/%	2020年 金额/亿美元	2020年 同比/%
总额	4 240.6	7.6	3 942.5	40.5	2 806.3	-1.0
加工服务	208.7	3.7	201.2	18.1	170.3	-13.0
维护和维修服务	82.6	5.1	78.7	2.6	76.6	-24.7
运输	1 448.9	13.9	1 271.9	124.7	566.0	23.0
旅行	95.8	-15.7	113.7	-31.3	165.5	-52.0
建筑	282.3	-7.4	304.8	21.3	251.3	-10.2
保险和养老金服务	44.6	-14.1	52.0	-3.4	53.8	12.5
金融服务	50.8	2.2	49.7	18.8	41.8	7.0
知识产权使用费	132.7	12.7	117.8	35.6	86.8	30.5

(续 表)

服务类别	2022年		2021年		2020年	
	金额/亿美元	同比/%	金额/亿美元	同比/%	金额/亿美元	同比/%
电信、计算机和信息服务	861.5	8.4	794.7	30.8	607.7	12.8
其他商业服务	997.9	8.0	923.6	23.4	748.2	2.0
个人文化和娱乐服务	17.8	−6.2	19.0	44.4	13.2	9.8
别处未提及的政府服务	16.8	8.4	15.5	−38.2	25.1	62.4

数据来源：中国商务部商务数据中心，http://data.mofcom.gov.cn/fwmy/overtheyears.shtml。

服务进口稳居全球第2位。"十三五"时期，中国服务进口累计2.3万亿美元，比"十二五"时期增长34.7%。2020年，中国服务进口3 810.9亿美元，同比下降24.0%，规模稳居全球第2位，占中国服务进出口的57.6%，比重比2015年下降9个百分点。受国际经贸摩擦影响和新冠肺炎疫情全球大流行冲击，"十三五"后半程旅行进口大幅下滑，是造成服务进口负增长的主要原因。2019年，中国旅行进口2 511.0亿美元，同比下降9.3%；2020年，旅行进口1 312.3亿美元，同比下降47.7%，比2018年下降52.6%。2021年，中国服务进口总额4 270亿美元，同比增长12.0%。其中，运输进口1 335.5亿美元，同比增长41.1%；知识产权使用费进口468.9亿美元，同比增长24.6%；金融服务进口53.5亿美元，同比增长68.4%，增速最快。同时，受全球新冠肺炎疫情冲击和人员流动限制等影响，旅行服务进口仍未走出下滑态势，2021年中国旅行进口1 110.4亿美元，同比下降15.4%，比2019年下降55.8%。2022年，中国旅行进口服务得到全面恢复，同比增长6%，达到1 176.8亿美元（表6-4）。

表6-4　2020—2022年中国分领域服务进口总额变化数据

服务类别	2022年		2021年		2020年	
	金额/亿美元	同比/%	金额/亿美元	同比/%	金额/亿美元	同比/%
总额	4 650.5	8.9	4 270.0	12.0	3 810.9	−24.0
加工服务	8.3	16.9	7.1	42.3	5.0	60.2

(续 表)

服务类别	2022年 金额/亿美元	2022年 同比/%	2021年 金额/亿美元	2021年 同比/%	2020年 金额/亿美元	2020年 同比/%
维护和维修服务	43.3	13.5	38.2	13.7	33.6	−8.2
运输	1 688.3	26.4	1 335.5	41.1	946.8	−9.7
旅行	1 176.8	6.0	1 110.4	−15.4	1 312.3	−47.7
建筑	76.0	−22.4	97.9	20.2	81.5	−12.3
保险和养老金服务	208.8	30.2	160.4	29.9	123.4	14.6
金融服务	37.5	−29.9	53.5	68.4	31.7	28.6
知识产权使用费	444.3	−5.2	468.9	24.6	376.3	9.5
电信、计算机和信息服务	380.3	−5.2	401.1	21.7	329.7	22.6
其他商业服务	524.6	−1.4	531.9	5.3	504.9	1.3
个人文化和娱乐服务	26.1	−20.2	32.7	8.8	30.1	−26.3
别处未提及的政府服务	36.1	11.4	32.4	−9.1	35.6	−4.3

数据来源：中国商务部商务数据中心，http://data.mofcom.gov.cn/fwmy/overtheyears.shtml。

表6−5 2020—2022年中国分领域服务进出口总额变化数据

服务类别	2022年 金额/亿美元	2022年 同比/%	2021年 金额/亿美元	2021年 同比/%	2020年 金额/亿美元	2020年 同比/%
总额	8 891.1	8.3	8 212.5	24.1	6 617.2	−15.7
加工服务	217.1	4.2	208.3	18.8	175.3	−11.9
维护和维修服务	125.9	7.8	116.8	6.0	110.2	−20.4
运输	3 137.2	20.3	2 607.4	72.4	1 512.8	0.2
旅行	1 272.6	4.0	1 224.1	−17.2	1 477.7	−48.3
建筑	358.3	−11.0	402.7	21.0	332.8	−10.7
保险和养老金服务	253.5	19.4	212.3	19.8	177.2	13.9

（续　表）

服务类别	2022年		2021年		2020年	
	金额/亿美元	同比/%	金额/亿美元	同比/%	金额/亿美元	同比/%
金融服务	88.3	−14.4	103.2	40.2	73.6	15.4
知识产权使用费	577.0	−1.6	586.7	26.7	463.1	12.9
电信、计算机和信息服务	1 241.8	3.8	1 195.8	27.6	937.3	16.1
其他商业服务	1 522.5	4.6	1 455.5	16.2	1 253.1	1.7
个人文化和娱乐服务	43.9	−15.0	51.7	19.6	43.2	−18.1
别处未提及的政府服务	52.9	10.5	47.9	−21.1	60.7	15.3

数据来源：中国商务部商务数据中心，http://data.mofcom.gov.cn/fwmy/overtheyears.shtml。

2008—2019年服务进出口年均增长9.1%，比货物进出口增速高3.7个百分点，对外贸进出口增长贡献率上升至19.3%，占外贸进出口比重从10.5%提高至14.6%。

专栏6-1　《"十四五"对外贸易高质量发展规划》——创新发展服务贸易重点举措

服务贸易创新发展试点。重点在改革管理体制、扩大对外开放、完善政策体系、健全促进机制、创新发展模式、优化监管制度等方面先行先试，探索服务贸易创新发展体制机制，打造服务贸易发展高地。加强对试点工作的协调指导和政策支持，及时总结推广试点经验。

中国国际服务贸易交易会。提高服贸会发展质量，强化服贸会在引领行业全球前沿理念、先进技术、创新成果、行业标准等方面的功能，提升市场吸引力、国际关注度和全球竞争力。完善服贸会发展机制，健全适应服务贸易发展特点和需要的办会体制机制，不断提升服贸会专业化、市场化和国际化水平，推动形成更多合作成果，将服贸会打造成具有全球影响力的国际一流展会。

全球服务贸易联盟。推动组建全球服务贸易联盟，搭建服务贸易领域行业协会、市场主体、专业机构等对话交流与合作平台，推动开展各国政策对话、经验交流与务实合作，培育多样化合作伙伴关系，提供更多公共服务产品。

特色服务出口基地。完善促进政策体系，做大做强文化、数字服务、中医药服务出口基地，总结推广基地建设经验。在知识产权服务、语言服务、地理信息服务、农业服务、人力资源服务等领域，研究新设一批特色服务出口基地，引领带动新业态新模式加快发展。

服务外包转型升级行动。培育一批信息技术外包和制造业融合发展示范企业，建设一批国家级服务设计中心。鼓励更多中西部地区城市申请创建示范城市。赋予示范城市先行先试和制度创新功能，推广一批示范城市经验和最佳实践案例。

资料来源：商务部．《"十四五"对外贸易高质量发展规划》，2021，http://images.mofcom.gov.cn/wms/202111/20211123170359494.pdf。

二、中国数字贸易发展概况

2021年9月，中国信通院与国务院发展研究中心对外经济研究部联合发布了《数字贸易发展与合作报告（2021年）》（以下简称《报告》）。《报告》对全球数字贸易的发展进行了深入的分析。近年来，全球主要经济体都开始重视数字贸易的发展，全球数字贸易规模持续增长，在服务贸易中的比重也不断上升，成为推动国际贸易与经济发展的新动力。此外，新冠肺炎疫情的大流行，更加凸显了发展数字贸易的意义以及其巨大潜力。2020年，全球服务贸易受到严重冲击，同比下降20.0%，而数字服务贸易受影响较小，占服务贸易的比重进一步提高至62.8%，一年时间提升11.5个百分点，涨幅超过过去十年总和。

对于中国而言，近几年来，我国高度重视数字经济带来的发展机遇，在市场开放、规划引导、法规保障、行业监管、创新发展试点建设等方面开展积极探索，持续改善数字贸易发展的制度与市场环境（表6-6）。同时，我国积极推动数字贸易开放发展与互利合作，推进共建"数字丝绸之路"，致力于缩小"数字鸿沟"，维护开放、包容、安全、共享的数字贸易发展环境。

表6-6 我国数字贸易行业相关政策

发布时间	发布部门	政策名称	数字贸易的相关政策指导意见
2019年11月	中共中央、国务院	关于推进贸易高质量发展的指导意见	提升贸易数字化水平。形成以数据驱动为核心、以平台为支撑、以商产融合为主线的数字化、网络化、智能化发展模式。推动企业提升贸易数字化和智能化管理能力。大力提升外贸综合服务数字化水平。积极参与全球数字经济和数字贸易规则制定,推动建立各方普遍接受的国际规则。
2021年10月	商务部等24部门	"十四五"服务贸易发展规划	顺应经济社会数字化发展新趋势,抢抓数字经济和数字贸易发展机遇,发挥新型服务外包创新引领作用,加快推进服务贸易数字化进程。具体抓手:1.大力发展数字贸易;2.推进服务外包数字化高端化;3.促进传统服务贸易数字化转型;4.建立健全数字贸易治理体系。
2021年12月	商务部	"十四五"对外贸易高质量发展规划	大力发展数字贸易。建立健全数字贸易促进政策体系,探索发展数字贸易多元化业态模式。加快建立数据资源产权、交易流通、跨境传输、安全保护等基础制度和标准规范。在国家数据跨境传输安全管理制度框架下,开展数据跨境传输安全管理试点。建设国家数字服务出口基地,培育数字贸易示范区。完善数字贸易公共服务平台,加快研究相关统计方法。加强数字贸易国际合作。
2022年1月	国务院	"十四五"数字经济发展规划	完善数字贸易促进政策,加强制度供给和法律保障。
2022年6月	国务院	关于加强数字政府建设的指导意见	大力推行"互联网+监管",构建全国一体化在线监管平台,推动监管数据和行政执法信息归集共享和有效利用,强化监管数据治理,推动跨地区、跨部门、跨层级协同监管,提升数字贸易跨境监管能力。
2023年2月	中共中央、国务院	质量强国建设纲要	健全贸易质量争端预警和协调机制,积极参与技术性贸易措施相关规则和标准制定。

资料来源:根据相关政策内容整理所得。

我国数字贸易的发展取得了一些成果:2019年,数字服务贸易额超2 700亿美元;在全球范围内,中国数字服务出口排名第8位,数字服务进口排名第7位。2020年,我国数字服务贸易规模达2 947.6亿美元,相比2011年,规模基本实现翻番,年平均增长率达6.7%,高于同期服务贸易(4.4%)和货物贸易(2.7%),增速在世界主要国家中位居前列。尽管数字服务贸易占服务贸易的比重从36.7%提升至44.5%,但与全球平均水平62.8%的占比还存在一定差距。

我国数字贸易发展的特点主要表现为：一是跨境电商规模巨大。我国是全球最大的跨境电商零售出口经济体。据统计，2020年，我国跨境电商的进口规模达到1.69万亿元，同比增长31.1%，显著高于货物贸易进口的增长速度。二是数字贸易增速明显。当下，我国数字贸易规模基本实现了十年内翻一番的成绩，发展速度仍然具有很大上升空间，从2011年的1 648.4亿美元增长到2020年的2 947.6亿美元，年复合增长率达6.7%，增速在全球主要国家中位居前列。三是部分数字服务贸易领域突飞猛进。近十年来，我国知识产权、金融服务、ICT服务等细分数字服务贸易的增长速度明显上升，平均增速分别为31.7%、19.6%和17.4%，均高于世界平均水平。四是以商业存在模式提供数字服务规模大、占比高，位居全球前列，但结构不平衡特征明显。我国商业存在模式下的服务出口以租赁和商务服务为主，信息通信、文化等数字服务规模相对较小。例如，2018年，我国商业存在模式下的ICT服务出口为545.6亿美元，仅为美国的约10%。

当前，中国数字企业正在蓬勃发展，福布斯中国公布的"2022全球数字贸易行业企业Top 100评选"，全球数字贸易100强企业中，有45家中国企业入选，有3家企业进入前10名，分别是阿里巴巴集团、京东和拼多多。

表6-7 2022年全球数字贸易行业企业Top 10(前10名)

排名	企 业 名	国家或地区	分 类
1	亚马逊(Amazon)	美 国	零售业
2	沃尔玛	美 国	零售业
3	家得宝	美 国	零售业
4	开市客	美 国	零售业
5	百思买	美 国	零售业
6	阿里巴巴集团(Alibaba Group)	中 国	电子商务
7	京东	中 国	电子商务
8	拼多多	中 国	电子商务
9	Alphabet公司(Alphabet)	美 国	IT软件及服务
10	微软(Microsoft)	美 国	IT软件及服务

资料来源：根据《文汇报》公布的数据整理所得。

第三节 上海服务贸易与数字贸易发展概况

如今,上海的数字贸易进入了快速发展的阶段,尤其在 2019 年 7 月,《上海市数字贸易发展行动方案(2019—2021)年》公布后,上海以打造成为数字要素高效流动、数字规则完善、总部高度集聚的"数字贸易国际枢纽港"作为目标,以云服务、数字内容、数字服务的行业应用和跨境电子商务作为重点领域,上海服务贸易逐渐具备了一定竞争优势。

一、上海服务贸易发展概况

上海市深入贯彻落实国务院关于全面深化服务贸易创新试点的部署要求,全面做好服务贸易改革、开放、创新各项工作,推动全市服务贸易创新发展取得积极成效。根据上海统计局公布的数据,2021 年,上海市服务进出口总额达到 2 293.8 亿美元,同比增长 49.5%,占全国服务进出口总额的 30%,规模和增速两项指标均创历史新高。其中,服务出口额为 1 035.7 亿美元,同比增长 54.2%;服务进口额为 1 258.6 亿美元,同比增长 45.8%。具体如表 6-8 所示。

表 6-8 2021 年上海服务贸易进口情况　　　　　　　　　单位:亿美元

指标	进口总额	出口额	进口额
加工服务	11.4	11.1	0.3
运输服务	968.6	389.2	579.4
旅行	324.1	47.6	276.5
建设	15.5	9.7	5.8
保险服务	26.7	13.6	13.1
金融服务	6.2	4.1	2.1
电信、计算机和信息服务	190.4	137.0	53.4
其他商业服务: 法律、会计、广告等专业和管理咨询服务	544.2 291.3	394.1 220.4	150.1 70.9

(续 表)

指　　标	进口总额	出口额	进口额
文化和娱乐服务： 视听和相关服务	8.5 4.4	3.2 1.1	5.3 3.3
别处未涵盖的维护和维修服务	24.9	15.5	9.4
别处未涵盖的知识产权使用费	170.0	9.0	161.0
别处未涵盖的政府货物和服务	3.2	1.5	1.7
总计	2 293.8	1 035.7	1 258.1

资料来源：《上海统计年鉴(2022年)》，https://tjj.sh.gov.cn/tjnj/nj22.htm?d1=2022tjnj/C0709.htm。

2022年8月，《2022上海服务贸易推介手册》(以下简称《手册》)在2022年中国国际服务贸易交易会上正式发布。《手册》介绍了上海市8个国家级特殊服务出口基地，包括中国上海人力资源服务产业园区(人力资源)、中国北斗产业技术创新西虹桥基地(地理信息)、上海漕河泾新兴技术开发区(知识产权)、上海中医药大学(中医药)、上海文策信息科技有限公司(语言服务)、上海仓城影视文化产业园区(文化)、上海徐汇区(文化)、上海浦东软件园(数字)，具体如表6-9所示。同时，《手册》也展示了2022年的23个上海市级服务贸易创新实践案例、上海文化贸易10大知名IP，以及2021年度上海市服务贸易示范基地和示范项目，展现上海持续推进服务贸易深层次改革、高水平开放、全方位创新的成果。

表6-9　上海市8个国家级特殊服务出口基地简介

名　称	介　　绍
国家特色服务出口基地(人力资源)——中国上海人力资源服务产业园区	中国上海人力资源服务产业园区是全国首家国家级人力资源服务业发展集聚区。自成立之初，园区就承担起先行先试、率先探路之责，出台全国第一个人力资源服务地方标准，打造全国第一家营收突破千亿的人力资源服务产业园，发放全国第一张外商独资人力资源许可证，在人力资源服务领域树立起亮眼名片，开创了人力资源服务产业集聚发展的新模式。 多年来，园区不断完善产业园公共服务和市场化服务"双轮驱动"的管理运营模式，积极营造要素融合、激励创新、精准扶持的营商环境，先后出台多项促进产业发展政策，集聚培育了一批国内外知名的人力资源服务企业和高新技术企业，初步形成了专业化、国际化、标准化的人力资源服务体系。同时，园区大力推进人力资源服务标准化建设，建成全国首个国家级人力资源服务标准化示范点，参与制定5项国家标准，出台5项地方标准。

(续　表)

名　　称	介　　绍
国家特色服务出口基地(地理信息)——中国北斗产业技术创新西虹桥基地	中国北斗产业技术创新西虹桥基地是国内首批投入运营的北斗产业园,自开园以来,围绕"规模化、产业化、国际化"产业发展要求,立足导航技术对智能无人系统和空间信息服务领域的支撑性和引领带动作用,积极打造基于专业化创新孵化支撑体系、具有全球影响力的北斗导航科创中心和北斗导航产业生态圈。随着"北斗+"和"+北斗"不断发展,基地企业紧跟北斗系统覆盖全球的步伐,产品广泛应用于交通运输、海洋渔业、测绘地理信息等各行各业,服务"一带一路"沿线30多个国家和地区。 　　创新策源引领,集群效应显著。基地积极引入华测、联适、威固、海积、普适、川土微电子、新智道枢等知名企业200多家,完成全产业链布局,开拓出一条独具"上海标签"的北斗产业创新集群发展道路。 　　专业运营支撑,赋能企业发展。基地打造涵盖空间管理与基础配套服务、孵化培育服务、技术支持服务、数字贸易服务、金融投资服务、知识产权服务等全方位的专业服务体系。 　　融合平台资源,提升产业能级。基地积极融合多方资源,构建多维协同、全面支撑的平台体系,为企业、产业高质量发展提供强劲"引擎"。搭建北斗导航与位置服务高层次智库平台,发挥院士专家及其科研团队引领带动作用,为政府、企业和大众提供全面、专业、实用的智库信息。落地上海首批十六个功能型平台之一"北斗导航研发与转化功能型平台",进一步支撑复杂场景高可用高精度融合导航技术创新,加速北斗导航产业领域技术成果转化。
国家特色服务出口基地(知识产权)——上海漕河泾新兴技术开发区	上海漕河泾新兴技术开发区(以下简称"园区")是上海市唯一的国家级知识产权服务业聚集示范园区、国家级知识产权示范园区"双示范园区",拥有上海市最完整的知识产权公共和专业服务链条,汇聚160余家专业服务机构,贯穿了代理、法律、信息、商用化、培训、咨询全链条,其中22家次服务机构荣获国家知识产权品牌服务机构等各类荣誉,拥有4家国际品牌(分支)机构,拥有国家知识产权领军人才、星级代理人等共60余人,各类执业专利代理人700余人等,是长三角地区知识产权服务最集中、最完备和最国际化的区域之一。 　　园区优势为:一是知识产权服务特色明显,龙头机构带动效应增强;二是公共服务集聚效应显著,品牌影响力不断提升;三是高端人才培养体系日益健全,服务业态加快创新。
国家特色服务出口基地(中医药)——上海中医药大学	中医药服务出口基地由上海中医药大学建设,为首批WHO传统医学合作中心,是国家首批服务贸易先行先试骨干企业和上海市中医药服务贸易试点单位。 　　基地特色:第一,形成了鲜明的具有中医药特色的"线下-线上""长期-短期"相结合的国际教育课程体系。第二,通过海外中医中心、太极健康中心,形成了新型中医药国际贸易服务平台,形成贯通诊疗技术和文化传播的多维度中医药服务贸易体系。第三,建立了中医药国际教育质量管理体系,推动国际标准话语的中国化。第四,形成了中医药文化传播和对外交流的品牌项目。

(续　表)

名　称	介　绍
国家特色服务出口基地(语言服务)——上海文策信息科技有限公司	上海文策信息科技有限公司成立于2016年,是国内知名的语言服务提供企业,致力于打造全方位专业语言服务平台,下属三家全资子公司,包括上海文策翻译有限公司、上海梦织地创意发展有限公司及浙江文策文化发展有限公司,并在广州、武汉、重庆等全国13个中心城市设有分公司和办事处。在海外,设有英国伦敦办事处,在英国国际贸易部、伦敦发展署等海外政府机构的大力支持下快速发展。 　　基地优势:一是提供多元化语言服务,赋能企业发展;二是促进"政产学研"联动发展,培育优秀人才;三是搭建公共服务平台,推动文化"走出去";四是开展语言服务标准化建设,树立行业标杆。
国家特色服务出口基地(文化)——上海仓城影视文化产业园区	上海仓城影视文化产业园区位于永丰街道,距离中心城市大约45分钟车程,距离配套完善的都市副中心大约15分钟车程。园区于2009年3月17日由市委宣传部、市经信委、市文广局联合挂牌成立为市内首家市级影视文化产业园区。持续发挥仓城影视文化园区品牌效应,市区两级政府将着手打造"上海科技影都",目的是大力发展松江现代服务业,大力提升本地区的影视制作发布能力。园区成立12年来,以影视拍摄为产业基础、以松江"大影视区"雏形为产业背景,依托大上海的强大影响力和出众区位优势,积极利用影视文化产业配套政策,全力集聚国内外影视文化资源,已成功吸引5 500多家影视类企业入驻,其中包括华视、中视儒意、柠萌、北影、华策、耀客、骋亚、灿星等众多影视龙头企业。
国家特色服务出口基地(文化)——上海徐汇区	徐汇区是上海的文明之源,文化底蕴深厚,文化资源丰富,于2018年6月获得首批国家文化出口基地称号。近年来,徐汇区结合《关于加快本市文化创意产业创新发展的若干意见》和《全力打响上海"四大品牌"率先推动高质量发展的若干意见》等文件要求,贯彻落实中央和上海关于加快发展对外文化贸易的意见,以"建设卓越全球城市的国家文化出口基地"作为区域文化产业发展的目标定位,力争将基地打造成国际文化枢纽,焕发"中西文化交汇地"和"海派文化发源地"在新时代的新魅力。 　　基地建成以来,徐汇区从外向型文化企业需求和国际文化市场特点出发,立足企业、政策、环境等要素,探索文化贸易健康发展的新模式、新方法和新途径,不断做大文化贸易的总量和文化出口的增量。近年来,徐汇区持续加大对区域重点文化项目的投入和支持力度,文化创意产业发展迅速、文化出口规模持续扩大,拥有一批知名文化产业品牌,集聚了上影集团、东方明珠新媒体、腾讯影业、尚世影业、米哈游、巨人网络、淘米网、东方网、翡翠东方、梦响强音等文化领军企业,不断提升文化企业的产品和服务的国际知名度和影响力。

(续 表)

名　　称	介　　绍
国家特色服务出口基地（数字）——上海浦东软件园	上海浦东软件园成立于1992年7月,由原信息产业部和上海市人民政府共同组建,是"国家软件产业基地""国家软件出口基地""国家新型工业化产业示范基地",2020年获得首批"国家数字服务出口基地"授牌。作为"部市合作"项目以及全国最早的软件园区之一,上海浦东软件园始终肩负着推动中国软件与信息服务业发展的使命。 　　经过二十多年的发展,上海浦东软件园已形成郭守敬园、祖冲之园、三林世博园、昆山园和三林园五大园区联动发展的格局,逐步由早期的专业园区向产城融合转变,初步形成拥有办公楼宇、住宅、商场、湖泊、绿地,集工作、生活、休闲、娱乐功能于一体的软件产业创新社区。上海浦东软件园目前已形成完整的上下游产业链,产业特征清晰、技术创新活跃、人力资源优秀、服务功能完善、辐射范围广泛、集聚效应显著,主导产业涵盖集成电路、移动互联、数字文化、金融科技、人工智能、智能制造和信息安全等多个领域,示范和引领作用显著。截至2020年底,上海浦东软件园共有软件企业约1 600家,从业人员45 000人,产品与服务超过10 000种,企业群落规模不断扩大,产业集聚效应日益显现。 　　上海浦东软件园作为国家数字服务出口基地,将在各级政府以及中国电子和张江集团两大股东的支持和带领下,在上海国家"自贸区"和"双创"两大战略及浦东打造社会主义现代化建设引领区的大背景下,结合上海全球科创中心、张江科学城建设,不断巩固浦软集成电路、人工智能、金融科技、信息安全等产业的先发优势,围绕新模式、新业态打造数字内容、数字服务、版权管理、离岸金融服务、跨境电子商务等高附加值的特色领域,努力对接海外资源,帮助企业提升发展能级,注重产业链建设,培育园区数字贸易持续增长的核心竞争力,打造具有国际影响力的软件产业创新社区和数字服务产业高地。

资料来源:《2022上海服务贸易推介手册》,https://www.shanghai.gov.cn/cmsres/94/943319685a2a45a689e3ec22b91d46de/ab98da1f5b830cfe390c4ab55e2e5d6d.pdf。

　　从上海市服务贸易创新实践案例来看,上海市大力发展数字贸易,在全国率先探索数据跨境流动,推进国际数据港建设;率先开展数据跨境流动安全评估试点,探索跨境数据流动分类监管模式。目前,已指导多家企业完成安全评估试点上报,完成首家企业的安全评估试点。加快建设"信息飞鱼"全球数字经济创新岛,聚焦航运物流、金融服务、跨境贸易、汽车制造领域,落户一批国际企业,形成产业集聚区。上海数据交易所积极探索数据交易制度创新,在提升数据流通效率、扩大数据要素供给,打造数据交易生态等方面取得积极进展。其中,数据交易相关制度体系初步构建,实现多元数据产品挂牌交易,数商产业集聚发展成效初显。同时,上海市推进 APMEN 海运物流可视化试点项目,提升跨境数据互联互通,并以虹桥国际中央商务区为中心,全力推进全球数字贸易港和国际互联网数据专用通道建设。上海从政策层面鼓励支持广告业跨境服务贸易,加快构建国内国际双循环相互促进的新发展格局。广告市场规模持续增长。2021年度上海广告市场经营主体达55.6万户,同比增长12.5%。广告营业收入超2 336亿元,较上年同期增长30.4%。[①]

二、上海数字贸易发展的经济政策

为了让上海的城市信息基础设施达到国际一流水平,信息技术应用和信息资源开发程度位居国内各大城市之首,信息产业总体水平居全国领先地位并具有较强的国际竞争能力,形成有序竞争、鼓励创新、促进发展、具有吸引力的社会和市场环境,信息化综合指数在全国各省市中名列前茅。上海早在2000年12月就制定了《2000—2002年上海市信息化实施计划》,随后2006年和2012年分别发布了上海市国民经济和社会信息化"十一五"和"十二五"规划。

为了实现互联网与经济社会各领域深度融合,形成有利于互联网创新的宽松制度环境,确立上海互联网发展的优势地位,2016年2月,上海正式印发《上海市推进"互联网+"行动实施意见》。大数据对创新社会治理、推动经济转型升级、提升科技创新能力作用显著,为了形成数据观念意识强、数据采集汇聚能力大、共享开放程度高、分析挖掘应用广的大数据发展格局,2016年10月,上海市人民政府正式印发了《上海市大数据发展实施意见》。

为了促进上海制造业与互联网融合进一步深化,互联网"双创"成为制造业转型发展的新引擎,新模式、新业态成为经济发展新动能,跨界融合的制造业新生态初步形成,制造业数字化、网络化、智能化水平明显提升,两化融合发展综合水平指数保持国内领先水平,2017年1月上海印发了《关于上海市加快制造业与互联网融合创新发展的实施意见》。

2019年10月,上海市委常委会会议审议通过《上海加快发展数字经济推动实体经济高质量发展的实施意见》,指出要持续增强新时代上海数字经济发展新优势,加快提升数字经济规模和质量。聚焦重点领域,大力推动关键核心技术突破,吸引培育一大批成长性好、有发展潜力的优质企业,全力打造数字经济发展

---

① 根据《2022上海服务贸易推介手册》整理所得。

新亮点。强化责任落实,通过政策创新、体制创新,为数字经济发展营造良好环境,推动数字经济成为上海经济发展的重要增长极。

2021年1月,上海发布的《关于全面推进上海城市数字化转型的意见》指出,要坚持整体性转变,推动"经济、生活、治理"全面数字化转型;坚持全方位赋能,构建数据驱动的数字城市基本框架;坚持革命性重塑,引导全社会共建共治共享数字城市;同时,要创新工作推进机制,科学有序全面推进城市数字化转型。在推动经济数字化转型、提高经济发展质量方面,文件明确指出需要加快推动数字产业化和产业数字化的步伐,放大数字经济的辐射带动作用,做优做强城市核心功能,助力"五型经济"发展。加快建设集成电路、人工智能等世界级数字产业集群,以数据流动牵引资金、人才、技术、知识等要素的全球化配置,建立跨地域科技资源的协作网络,疏通基础研究、应用研究和产业化双向链接快车道。此外,文件还提出要加快生产制造、科技研发、金融服务、商贸流通、航运物流、专业服务、农业等领域的数字化转型,推动产业互联网和消费互联网贯通发展,推进智慧口岸建设,大力发展数字贸易,提升产业链供应链的安全性和稳定性。同时,要引领在线新经济蓬勃发展,全力打造新生代互联网经济品牌,大力发展新应用、创造新业态、探索新模式、培育新职业,扩大新兴消费市场,以互惠互利为价值导向,形成数字经济的竞争新优势。

2021年7月,上海城市数字化转型工作领导小组办公室发布了《推进上海经济数字化转型 赋能高质量发展行动方案(2021—2023年)》,到2023年,将上海打造成为世界级的创新型产业集聚区、数字经济与实体经济融合发展示范区、经济数字化转型生态建设引领区,成为数字经济国际创新合作典范之城。

2022年6月,上海出台《上海市数字经济发展"十四五"规划》,围绕数字新产业、数据新要素、数字新基建、智能新终端等重点领域,加快进行数字经济发展布局,加快打造具有世界影响力的"国际数字之都"。

2023年5月,上海印发《2023年上海市城市数字化转型重点工作安排》,明确要求,2023年数字经济核心产业增加值超6000亿元,打造30家在线新经济品牌,打造10个工业互联网标杆平台、50家智能工厂,推动100家制造业企业DCMM(数据管理能力成熟度评估模型)贯标;推动40个数字化转型应用场景政企共建、社会共享;持续提升数字治理水平,城市运行生命体征更加完善;确保网络和数据安全,新型城域物联网终端联网数量翻番,基本建成城市数字底座"1+1+N"框架。

三、上海数字贸易发展简况

作为全球最大的贸易口岸城市,上海一直坚定推行贸易高质量发展。近年来,上海贸易枢纽功能不断增强,全球贸易份额持续上升。同时,在强有力的数字经济和城市数字化转型政策的支持下,上海数字贸易实现了高速发展。上海数字贸易进出口额从 2017 年的 318.3 亿美元、3.9% 的增长率,提升至 2021 年的 568.8 亿美元、31.2% 的增长率,规模和增速均创近年来的新高。如表 6-10 所示,2021 年上海服务贸易总额为 2 293.80 亿美元,同比增长 49.5%,其中数字贸易总额占比达到了 24.8%。

表 6-10 上海主要年份服务贸易基本情况　　　　单位:亿美元

类别	2005 年	2010 年	2020 年	2021 年
进出口额	251.40	871.42	1 530.30	2 293.80
出口额	122.30	327.96	666.60	1 035.70
进口额	129.10	543.46	863.60	1 258.10

数据来源:《2022 年上海统计年鉴》,https://tjj.sh.gov.cn/tjnj/nj22.htm?d1=2022tjnj/C0710.htm。

2022 年 11 月上海数字贸易国际枢纽港示范区临港新片区正式启用,创新示范区迈出"第一步"。临港新片区充分发挥其"先试先行"和高端产业集群优势,为打造高能级、高标准、全链路的发展生态圈而不断努力。如今,在临港,已经集聚一大批聚焦跨境数据传输、数字服务、数字内容服务、云服务及跨境电商等数字贸易重点领域的企业,积极培育世界级数字贸易优势产业集群。临港新片区在数字贸易规则体系构建、数字基建能力建设等方面走在全国前列,为上海建设数字贸易国际枢纽港发挥重要作用。

具体来看,临港新片区是上海产业体系最为完备的区域之一,已初步形成"2+3+4"产业体系,积累了丰富的数字贸易领域的数据资源。一是智能网联汽车产业快速发展。新片区已集聚特斯拉、图森未来等多家智能网联车企,产生大量自动驾驶数据。据测算,若按照每辆车每天运行 3 小时计算,则每 1 000 辆车每年可产生 1.8 TB 的自动驾驶数据。智能网联汽车在智能技术跨境展示、汽配产品境内外协同研发与制造等主要场景中,涉及大量数据的跨境流动需求,需要实时展示汽车运行状况以推广技术产品,或者需要大量研发数据交互以达到最佳效果。二是工业互联网形成独特优势。临港新片区引进中国云计算服务商第一方阵的"独角兽"企业华云数据集团,并组建特色云服务商,为企业打造互联互通、万相融合的工业互联网云平台提供强力支撑。同时,这里还集聚了一批人工智能技术研发平台和企业,涵盖硬件、算法、应用等多个重要环节,支撑工业互联网领域发展。在工业互联网平台运行过程中,需要持续对工厂数据进行实时分析与反馈,这对信息交互效率和数据传输速度提出更高要求。三是数字内容不断丰富。临港新片区已引进喜马拉雅、阅文集团、哔哩哔哩、智联招聘等一批视听、影音等数字内容企业。这些企业在向海外用户提供数字产品或是开展境外培训时,均需进行数据的跨境交互。以上海银行为代表的金融服务类企业,为新片区企业提供跨境交易数据真实性审核等服务;亚马逊作为全球最大的电子商务公司,在新片区继续开展跨境电商业务等。众多数字贸易相关领域逐渐发展壮大,极大地丰富了新片区的跨境数据流动场景和需求(表6-11)。[①]

表6-11 临港新片区数字贸易相关产业领域代表性企业

主要产业领域	代表性企业	数据跨境业务	数据跨境流动需求
智能网联车企	特斯拉	无人驾驶数据跨境流动;数据平台展示;跨境无人物流车路协同;国际出口直连、跨境数据中心	跨境展示智能网联汽车最新技术成果,境内采集、处理的数据在国外大型会展中心展示、演示;境内外团队协同研发汽车零配件,境外采集、处理的数据直接存储至国内进行分析、建模、形成成果;国内技术专家及相关人员可以远程监测数据变化,对数据进行现场分析、监督、转化应用
智能网联车企	图森未来	无人驾驶数据跨境流动;数据平台展示;跨境无人物流车路协同;国际出口直连、跨境数据中心	跨境展示智能网联汽车最新技术成果,境内采集、处理的数据在国外大型会展中心展示、演示;境内外团队协同研发汽车零配件,境外采集、处理的数据直接存储至国内进行分析、建模、形成成果;国内技术专家及相关人员可以远程监测数据变化,对数据进行现场分析、监督、转化应用
智能网联车企	上研智联	无人驾驶数据跨境流动;数据平台展示;跨境无人物流车路协同;国际出口直连、跨境数据中心	跨境展示智能网联汽车最新技术成果,境内采集、处理的数据在国外大型会展中心展示、演示;境内外团队协同研发汽车零配件,境外采集、处理的数据直接存储至国内进行分析、建模、形成成果;国内技术专家及相关人员可以远程监测数据变化,对数据进行现场分析、监督、转化应用
智能网联车企	上汽集团	无人驾驶数据跨境流动;数据平台展示;跨境无人物流车路协同;国际出口直连、跨境数据中心	跨境展示智能网联汽车最新技术成果,境内采集、处理的数据在国外大型会展中心展示、演示;境内外团队协同研发汽车零配件,境外采集、处理的数据直接存储至国内进行分析、建模、形成成果;国内技术专家及相关人员可以远程监测数据变化,对数据进行现场分析、监督、转化应用
工业互联网	华云数据集团	为国际用户提供私有云以及一站式公有云服务	需要持续对产品运行时产生的数据进行分析反馈;设备运行数据、故障数据需要向国内数据中心进行实时传输,国内研发部门需要对这些数据进行实时分析,指导海外设备产品的销售、维修和国内研发
工业互联网	优刻得	工业数据跨境流通平台	需要持续对产品运行时产生的数据进行分析反馈;设备运行数据、故障数据需要向国内数据中心进行实时传输,国内研发部门需要对这些数据进行实时分析,指导海外设备产品的销售、维修和国内研发
工业互联网	达华智能	互联网工业数据操作系统平台	需要持续对产品运行时产生的数据进行分析反馈;设备运行数据、故障数据需要向国内数据中心进行实时传输,国内研发部门需要对这些数据进行实时分析,指导海外设备产品的销售、维修和国内研发
工业互联网	工业互联网创新中心(上海)	工业互联网标识解析国家顶级节点	需要持续对产品运行时产生的数据进行分析反馈;设备运行数据、故障数据需要向国内数据中心进行实时传输,国内研发部门需要对这些数据进行实时分析,指导海外设备产品的销售、维修和国内研发
工业互联网	中科云谷	物联网智能管理软件	需要持续对产品运行时产生的数据进行分析反馈;设备运行数据、故障数据需要向国内数据中心进行实时传输,国内研发部门需要对这些数据进行实时分析,指导海外设备产品的销售、维修和国内研发

① 丁国杰、韩佳.《临港新片区打造高水平数字贸易枢纽港研究》,《科学发展》,2022,第9期。

(续 表)

主要产业领域	代表性企业	数据跨境业务	数据跨境流动需求
数字内容	喜马拉雅	向海外用户展示音频内容	跨境交互平台软件使用信息,相应的视频数据、文字、视频等内容信息,用户注册信息、平台互动和学习数据等均需要进行跨境交互
	印象笔记	产品国际化	
	哔哩哔哩	向海外用户展示视频内容	
	智联招聘	通过国际数据港与国外高校联合开发课程	
其他	亚马逊	跨境电商	交易数据跨境传输,整合国际交易订单
	上海银行	金融信息平台	贸易真实性分析,交易订单去重
	腾龙控股	跨境互联网数据中心	收集或提供国际数据,提供全球分布式数据中心深度定制服务

资料来源:丁国杰、韩佳等,《临港新片区打造高水平数字贸易枢纽港研究》,《科学发展》,2022,第9期。

专栏6-2 上海数据交易所正式运行

上海数据交易所近日发布公告称,经历一年多试运行,上海数据交易所在制度体系、系统支持、交易服务等方面均已取得阶段性成果,于1月3日转入正式运营。

上海数据交易所的成立,是推动数据要素流通、释放数字红利、促进数字经济发展的重要举措。2021年11月25日,上海数据交易所揭牌,在一年多试运行期间,形成了涵盖六大主要步骤的业务交易流程,以及基于交易流程的14项制度规则文件;上线了新一代智能数据交易系统、中国数据产品登记系统、中国数据市场服务商系统,目前可基本实现数据产品线上一体化交易;构建了金融交易服务板块,正有序推进交通和制造板块建设。

据记者了解,在上海数交所之前,全国已有16个兄弟省区市的数据交易平台。上海数交所揭牌后,各地成立数交所(机构)的热情仍如火如荼,又先后有湖南、广州、苏州、深圳等地数交所挂牌。不过,上海数交所志在建设一个国家级数据交易机构,并首提"数商"概念,努力构建培育数据经纪、合规审核、资产评估、数据交付等繁荣的数商全链生态,全国首个数商协会于2022年11月25日在上海揭牌。

上海数据交易所总经理汤奇峰透露,过去一年多来,上海数交所已与800余家数商成功对接,签约数商企业超过500家。2022年全年,上海数交所数据产品累计挂牌数超过800个,数据产品交易额超过1亿元,随着市场培育趋于成熟,2023年场内交易额有望突破10亿元。

资料来源:李晔.《上海数据所正式运营》,2023-01-05,《解放日报》。

第七章　从上海浦东到全球城市功能建设

第一节　浦东新区——国际贸易核心区的建设

2021年10月,《浦东新区深化上海国际贸易中心核心区建设"十四五"规划》(以下简称《规划》)正式发布。《规划》明确了"十四五"发展目标,即到2025年,形成贸易结构更完善、贸易主体能级更高、资源配置能力更强、贸易功能更突出的国际贸易中心核心区,为上海打造国际贸易枢纽,建设国内大循环的中心节点、国际国内双循环的战略链接提供重要支撑。

在"十三五"期间,浦东新区已经基本建成为以贸易集聚、资源配置和贸易创新为特征的上海国际贸易中心核心区。从历年生产总值来看,浦东新区生产总值近几年的平均增速都保持在两位数,2019年生产总值突破1.2万亿元,占上海全市生产总值的33.37%(表7-1)。

表7-1　浦东新区与上海市生产总值变化情况(1991—2019年)

年　份	浦东新区生产总值/亿元	浦东新区生产总值比上一年增长/%	上海市生产总值/亿元	上海市生产总值比上一年增长/%	浦东新区生产总值占上海市的比例/%
1991	71.54	19	893.77	14	8.00
1992	101.49	42	1 114.32	25	9.11

(续 表)

年 份	浦东新区生产总值/亿元	浦东新区生产总值比上一年增长/%	上海市生产总值/亿元	上海市生产总值比上一年增长/%	浦东新区生产总值占上海市的比例/%
1993	164.00	62	1 519.23	36	10.79
1994	291.20	78	1 990.86	31	14.63
1995	414.65	42	2 518.08	26	16.47
1996	496.47	20	2 980.75	18	16.66
1997	608.22	23	3 465.28	16	17.55
1998	704.27	16	3 831.00	11	18.38
1999	801.36	14	4 222.30	10	18.98
2000	923.51	15	4 812.15	14	19.19
2001	1 087.53	18	5 257.66	9	20.68
2002	1 244.00	14	5 795.02	10	21.47
2003	1 510.32	21	6 804.04	17	22.20
2004	1 850.13	22	8 101.55	19	22.84
2005	2 365.84	28	9 197.13	14	25.72
2006	2 725.82	15	10 598.86	15	25.72
2007	3 318.39	22	12 878.68	22	25.77
2008	3 780.23	14	14 536.90	13	26.00
2009	4 192.40	11	15 742.44	8	26.63
2010	4 915.73	17	17 915.41	14	27.44
2011	5 687.10	16	20 009.68	12	28.42
2012	6 252.67	10	21 305.59	6	29.35
2013	6 915.15	11	23 204.12	9	29.80
2014	7 725.89	12	25 269.75	9	30.57

(续 表)

年 份	浦东新区生产总值/亿元	浦东新区生产总值比上一年增长/%	上海市生产总值/亿元	上海市生产总值比上一年增长/%	浦东新区生产总值占上海市的比例/%
2015	8 518.86	10	26 887.02	6	31.68
2016	9 616.95	13	29 887.02	11	32.18
2017	10 741.88	12	32 925.01	10	32.63
2018	11 902.83	11	36 011.82	9	33.05
2019	12 734.25	7	38 155.32	6	33.37

数据来源：根据上海市经济社会发展统计数据库整理所得。

浦东新区贸易规模进一步提升，贸易结构持续优化。如表7-2所示，2019年，浦东新区进出口总额突破3 000亿美元，占上海全市进出口总规模的63%。根据《规划》目标要求，到2025年，实现浦东新区货物贸易占全市比重60%以上，浦东新区服务贸易进出口总规模占全市的比重上升到55%。在离岸贸易、数字贸易、新零售等领域培育集聚一批具有价值链整合能力、创新驱动力、发展潜力的独角兽企业，提升新型贸易的引领作用。到2025年离岸贸易收支金额达到4 000亿元左右人民币。

表7-2 浦东新区与上海市进出口总额变化情况　　单位：亿美元

年 份	上海进出口总额	浦东新区进出口总额	浦东新区占上海比率/%	上海出口总额	浦东新区出口额	上海进口总额	浦东新区进口额
2000	547.1	254.86	47	253.54	95.80	293.56	159.06
2005	1 863.65	894.75	48	907.42	372.12	956.23	522.63
2006	2 274.89	1 073.10	47	1 135.73	444.71	1 139.16	628.39
2007	2 829.73	1 280.52	45	1 439.28	528.10	1 390.45	752.42
2008	3 221.38	1 449.59	45	1 693.5	604.23	1 527.88	845.36
2009	2 777.31	1 389.89	50	1 419.14	576.50	1 358.17	813.39
2010	3 688.69	1 865.62	51	1 807.84	738.79	1 880.85	1 126.83

(续 表)

年份	上海进出口总额	浦东新区进出口总额	浦东新区占上海比率/%	上海出口总额	浦东新区出口额	上海进口总额	浦东新区进口额
2011	4 374.36	2 260.00	52	2 097.89	888.98	2 276.47	1 371.02
2012	4 367.58	2 398.93	55	2 068.07	939.83	2 299.51	1 459.10
2013	4 413.98	2 496.08	57	2 042.44	958.25	2 371.54	1 537.83
2014	4 666.22	2 678.71	57	2 102.77	1 006.10	2 563.45	1 672.61
2015	4 517.33	2 450.66	54	1 969.69	872.75	2 547.64	1 577.91
2016	4 338.05	2 550.54	59	1 834.67	897.64	2 503.38	1 652.89
2017	4 761.23	2 956.61	62	1 936.81	1 003.29	2 824.42	1 953.31
2018	5 156.49	3 048.47	59	2 071.7	1 048.17	3 084.79	2 000.31
2019	4 938.03	3 088.50	63	1 989.39	1 073.35	2 948.64	2 015.15

数据来源：根据上海市经济社会发展统计数据库整理所得。

从企业规模来看，2020年浦东年进出口规模10亿美元以上企业300多个，占当年全区进出口总额的比重从2015年的60.4%提升至68.8%；百强企业贡献度不断提高，"十三五"期间，外贸百强企业进出口总额比2015年增长了41%，占当年新区进出口总额的比重提升至68.8%；总部功能不断拓展，"十三五"期间，集聚了一批具有国际国内资源配置能力，承担区、亚太区或者更大区域范围内管理、投资以及商品采购、分拨、销售、结算等运营职能的总部功能。

就消费市场而言，浦东新区消费规模持续扩大，消费贡献度不断上升，消费品质也不断提升，国际消费中心功能进一步凸显。如表7-3所示，2019年，浦东新区商品销售总额突破4.5万亿元，消费品零售总额达到3 160亿元，消费市场活力十足。根据《规划》要求，到2025年，社会消费品零售总额达到4 000亿元，商品销售总额超过5.5万亿元；贸易型总部数量累计达到100家；力争把陆家嘴商圈建设成为世界级商圈，在南汇新城建成一个市级商业中心；特色商业街区累计达到10个；新开品牌首店数五年累计500家；夜间经济示范点累计超过30个。

表 7-3　浦东新区商品销售总额与消费品零售总额变化情况(1995—2019 年)

年　份	商品销售总额/亿元	商品销售总额比上一年增长/%	消费品零售总额/亿元	消费品零售总额比上一年增长/%
1995	200.05	17	110.00	33
1996	242.39	21	140.21	27
1997	274.26	13	162.23	16
1998	306.12	12	178.97	10
1999	593.37	94	198.31	11
2000	752.94	27	215.17	9
2001	1 004.89	33	233.02	8
2002	1 787.51	78	284.24	22
2003	2 422.87	36	313.24	10
2004	2 932.10	21	358.21	14
2005	2 807.47	－4	353.69	－1
2006	2 944.96	5	400.02	13
2007	3 613.46	23	456.04	14
2008	4 646.70	29	526.89	16
2009	5 905.20	27	859.63	63
2010	8 263.56	40	1 036.88	21
2011	10 502.98	27	1 204.04	16
2012	14 546.69	39	1 349.73	12
2013	24 034.93	65	1 598.01	18
2014	27 640.16	15	1 740.23	9
2015	29 838.38	8	1 883.80	8

(续 表)

年 份	商品销售总额/亿元	商品销售总额比上一年增长/%	消费品零售总额/亿元	消费品零售总额比上一年增长/%
2016	32 360.64	8	2 037.33	8
2017	37 479.41	16	2 201.34	8
2018	45 039.15	20	2 977.46	35
2019	45 430.99	1	3 160.60	6

数据来源：根据上海市经济社会发展统计数据库资料整理所得。

浦东新区的要素市场持续扩大，交易平台不断壮大，国内外市场影响力继续增大。浦东已有17家大宗商品交易平台，8个千亿级和8个百亿级商品销售品类专业贸易平台。根据《规划》发展目标，浦东新区将在全球范围内进行资源配置，推动要素自由流动。到2025年，打造千亿级大宗商品交易平台4个。

表7-4 上海证券交易所市场交易主要指标　　　单位：亿元

指　　标	2015年	2018年	2019年
股票市价总值	295 194.20	269 515.01	355 519.70
成交金额	2 663 690.84	2 646 248.80	2 834 818.77
股票	1 325 588.29	401 965.01	543 844.01
A股	1 323 231.16	401 575.27	530 150.00
B股	2 357.12	389.75	380.21
科创板			13 313.81
优先股	48.24	157.11	390.67
债券	30 681.10	51 252.14	64 086.85
政府债	4 330.72	2 552.16	2 383.57
信用债	26 350.38	48 699.98	61 703.28

(续　表)

指　标	2015 年	2018 年	2019 年
基金	103 799.88	71 651.45	68 589.58
衍生品	236.66	1 797.66	3 388.78
其他	65.97		
回购	1 203 270.71	2 119 425.42	2 154 518.86

数据来源：根据上海市经济社会发展统计数据库资料整理所得。

2019年8月6日，国务院印发《中国(上海)自由贸易试验区临港新片区总体方案》，设立中国(上海)自由贸易试验区临港新片区。规划范围为：在上海大治河以南、金汇港以东以及小洋山岛、浦东国际机场南侧区域设置新片区。按照"整体规划、分步实施"原则，先行启动南汇新城、临港装备产业区、小洋山岛、浦东机场南侧等区域，面积为119.5平方公里。2019年8月20日临港新片区正式挂牌成立。2020年，临港新片区工业总产值完成1 703亿元，全社会固定资产投资完成618.2亿元。2021年8月12日，上海市人民政府印发《中国(上海)自由贸易试验区临港新片区发展"十四五"规划》的通知。具体解读参考以下专栏。

专栏7-1　《中国(上海)自由贸易试验区临港新片区发展"十四五"规划》解读

"十四五"期间临港新片区发展目标与主要任务

一、发展目标

到2025年，建立比较成熟的投资贸易自由化便利化制度体系，经济实力和经济总量大幅跃升"五个重要"目标，即集聚海内外人才开展国际创新协同的重要基地、统筹发展在岸业务和离岸业务的重要枢纽、企业走出去发展壮大的重要跳板、更好利用两个市场两种资源的重要通道、参与国际经济治理的重要试验田。初步建成具有较强国际市场影响力和竞争力的特殊经济功能区，最现代、最生态、最便利、最具活力、最具特色的独立综合性节点滨海城市。基本建成服务新发展格局的开放新高地、推动高质量发展的战略增长极、体现人民城市建设理念的城市样板间、全球人才创新创业的首选地。

（一）两个"显著增强"

1. 开放型政策和制度的国际市场竞争显著增强

更好发挥构建更高水平、开放型经济新体制的试验田作用。

2. 创新策源能力显著增强

到2025年,建设不少于10个顶尖科学家实验室,引进培育高层次人才不少于100名,新增高新技术企业1 000家左右。

（二）三个"基本形成"

1. 世界级、开放型、现代化产业体系基本形成

培育形成智能新能源汽车、集成电路、高端装备制造3个千亿级产业集群,大力发展跨境金融服务、新型国际贸易、现代航运服务、数字信息服务、科技创新服务等产业。

2. 独立综合性节点滨海城市展框架基本形成

常住人口规模达到80万人左右,"国际风、未来感、海湖韵"城市风貌有力彰显,文化软实力显著增强,产城融合更加凸显。

3. 高能城市治理体系基本形成

打造"放管服"改革先行区,城市精细化、数字化治理能力大幅提高,建设不少于30个数字化城市治理应用场景。

二、主要任务

（一）全力推动全方位高水平开放

1. 构建高水平国际投资贸易自由化便利化政策制度体系

全面推动新一轮全方位高水平对外开放和深化改革;探索在若干重点领域率先实现突破的政策和制度支持;建立健全风险防范和安全监管制度体系。

2. 打造最具国际竞争力的洋山特殊综合保税区

推进金融等领域开放政策在区内先行先试;打造离岸贸易创新发展实践区。

（二）增强创新策源和国际创新协同能力

1. 集聚多元优质的创新主体

布局世界顶尖科学家国际联合实验室,引进20家左右国内行业龙头企业的研发中心;建设30家国内领先的开放型产业创新平台;培育引进50家以上高质量科技服务机构。

2. 打造创新活力迸发的人才高地

加快引进领军人才、海外高端人才;培育不少于10万名具有初级及以上职业技术等级和专业技术职称的产业工人。

3. 建设具有全球影响力的国际创新协同区

高水平建设世界顶尖科学家社区;构建国际创新网络重要节点。

（三）打造世界级先进制造业集群

1. 集成电路产业

建设"东方芯港"特色产业园区,集成电路产业规模突破1 000亿元。

2. 生物医药产业

建设"生命蓝湾"特色产业园区,生物医药产业规模达到800亿元左右。

3. 人工智能产业

打造"平台＋应用"人工智能生态链,人工智能核心产业及相关产业规模达到900亿元左右。

4. 民用航空产业

建设"大飞机园"特色产业园区,航空航天产业规模达到600亿元左右。

5. 智能新能源汽车产业

加大产业链上下游布局力度,智能新能源汽车产业产值达到2 000亿元左右。

6. 高端装备制造产业

建设世界级智能制造中心,高端装备制造产业产值达到1 000亿元左右。

7. 新型特色产业

培育氢能产业,发展绿色再制造产业,培育智能机器人产业,积极参与6G标准研究,加快发展海洋经济。

（四）发展配置全球高端要素资源的现代服务业

1. 推动金融开放创新发展

实施更有利于资金便利收付的跨境金融管理制度体系;累计引入300家左右的各类金融机构和投资类企业;鼓励金融机构对实体企业进行金融

支持,为企业和非居民提供跨境发债等金融服务。

2. 集聚发展新型国际贸易

大力发展总部经济,累计认定总部机构50家左右;打造大宗商品"洋山价格"体系;加快建设跨境电商综合试验区。

3. 提升现代航运服务能级

构建洋山港水公铁集疏运系统,建设临港集疏运中心;打造区域性航空总部基地和航空快件国际枢纽中心;打造集仓储物流、高端制造、港航联运等功能于一体的物流产业集聚区。

4. 加快发展数字经济

建设"信息飞鱼"全球数字经济创新岛,建设以产业集聚、展示交易为一体的跨境便捷交互的"国际数据港";加快发展"在线新经济";新建和扩容直达亚太、通达全球的海底光缆系统。

资料来源:https://m.thepaper.cn/baijiahao_14014769。

第二节 上海全球城市功能建设

一、全球城市的概念与内涵

20世纪80年代,以弗里德曼、萨森为代表的西方学者以全球城市为主题开展了深入研究。1986年,弗里德曼在对国际分工的研究基础上对世界城市进行了诠释。他认为,世界城市诞生于新的国际分工环境和全球经济一体化环境下,作为全球经济系统的中枢或组织节点,具有强大的指导和控制世界经济功能。弗里德曼制定了7个标准——是否为主要的金融中心、重要的制造业中心、重要的交通枢纽、跨国公司总部所在地、国际性机构的集中度,且实现商业服务部门的高度增长和拥有一定规模的城市人口——来衡量全球城市。1991年,萨森从微观角度出发,将全球城市定义为发达的金融和商务服务中心,其本质是全球资本服务地,是生产型服务业高度发达的地区,城市服务功能是全球城市的中心功能之一。同时,萨森将全球城市的基本特征总结为:一是高度集中化的世界经济控制中心;二是金融和专业服务业的主要所在地;三是包括创新生产在内的主导产业的生产场所;四是产品和创新的市场。①

21世纪以来,随着全球化的进一步深入,国内学者对全球城市的研究逐渐增多。盛维等人认为,全球城市的核心功能,与全球城市性质定位密切相关,并决定其发展方向的主导功能。凡是有利于强化城市性质和发展目标的功能,都属于全球城市的核心功能,如金融、航运、制造、科创以及文化等。全球城市本质上是提供各类要素流动和配置的平台,使不同要素通过高效率的组织扩散到全球,产生集聚辐射效应。② 张骁虎认为,全球城市是全球化网络的核心节点,是全球化的主要活动空间呈现;是在全球经济活动中作为中心节点、在国家治理和全球治理中作为中心枢纽、在城市发展范式上具有引领作用的城市;具有全球开放性、历史累积性、时代引领性特征;是国际关系中日益重要的行为体,孕育着国际关系形态的变迁。全球城市的本质是全球化的主要活动空间呈现,是全球化经济网络、政治网络和社会网络的交汇点。③

周振华认为,全球城市的核心内涵在于其具有全球资源流动与配置的战略性功能,未来上海将演化为卓越的全球城市,所表现出来的基本特征是:(1)全球资源流动与配置中的强大创造力,其影响和主导全球资源的流向及配置方式。这是上海全球城市在全球资源流动与配置中具有内在活力、创新力的集中表现。(2)全球资源配置中的广泛影响力,其影响和主导全球资源的流量及配置范围。这是上海全球城市在全球资源流动与配置中基于网络外在连通性的集中表现。(3)全球资源配置中的吸引魅力,其影响和主导全球资源的流速及配置效率。这是上海作为全球城市在全球资源流动与配置中具有自身良好品质的集中表现。这些基本特征相互联系、相互支撑,缺一不可。因此,未来的上海将是一个充满创造力、尽显影响力、富有魅力的全球城市。④

二、上海全球城市建设的产业与制度环境

"建设卓越的全球城市"是新时代上海城市发展的新定位。2021年,上海国际经济、金融、贸易、航运中心建设深入推进。国际金融中心地位持续巩固。

---

① 周振华等著.《上海:城市嬗变及展望》(下卷),《中心城市的上海:2010—2039》,上海人民出版社,2010,第2页。
② 盛维、陈恭等.《全球城市核心功能演变及其对上海的启示》,《科学发展》,2018,第5期。
③ 张骁虎.《全球城市发展与中国的战略选择》,《国际观察》,2020,第4期。
④ 周振华著.《全球城市:演化原理与上海2050》,上海人民出版社,2017,第315—316页。

2021年,上海金融市场交易总额达到2 511.07万亿元,比上年增长10.4%。推出一系列金融创新产品和业务,原油期权、"玉兰债"、债券通"南向通"、上清所"清算通"、上期所石油沥青品种先后上线。国际贸易中心能级大幅提升。2021年,上海口岸贸易总额继续保持世界城市首位,口岸货物进出口总额100 859.93亿元,增长15.4%。国际航运中心建设成效稳固。2021年,上海港集装箱吞吐量4 703.33万国际标准箱,增长8.1%,连续12年排名世界第一。

科创中心建设不断取得新突破。2021年,上海涌现出国际首台超导数字计算机原理样机、国内首款细胞治疗药等一批重要原创成果。全年研究与试验发展(R&D)经费支出相当于上海市生产总值的比例达4.1%左右。年内新认定高新技术企业7 015家,有效期内高新技术企业数突破2万家。全年共认定高新技术成果转化项目556项;至年末,累计认定高新技术成果转化项目14 341项。全年专利授权量为17.93万件,比上年增长28.3%。至2021年末,全市有效专利达67.67万件,增长24.7%。[1]

从全球产业竞争特点来看,现阶段长三角乃至全国都面临着以下几种竞争。

首先,产业标准制定权的竞争。在现代贸易中,在制定标准和规则方面的先发优势可以给企业带来巨大的竞争力。尤其在新兴产业中,对产业标准制定权的争夺变得异常激烈。也就是说,一旦一家企业拥有一个新的产业技术标准或者产品生产标准的制定权,该企业就能占据这个产业领导者的地位。中国现在的绝大部分新兴产业并不是人类历史上由我们自己新创造的产业,而是国际上发达国家已经发展多年、拥有核心技术的优势产业。[2] 同时,中国企业也从未在任何一个产业中制定相关的国际标准,而是根据其他发达国家的产业标准,来进行相应的生产。但是,华为公司在5G技术上的突破,打破了这一局面,使华为公司以5G产业标准制定者的身份出现在国际市场,如此一来,一直处在产业技术领导地位的发达国家感到了威胁,势必开始对其进行打压——用技术封锁、人才封锁、市场争夺等手段阻击华为在5G产业的发展。因此,中国新兴产业如何突破困境,在竞争中取得优势也成为近年来中国产业结构调整的重大课题。

其次,产业链治理权的竞争。所谓产业链治理权是指能够掌握产业链上下游、相关产业与供应商的软实力。在全球化背景下,科学技术的发展催生了越来

---

[1] 上海统计局.《稳中求进开新局 砥砺奋发建新功——〈2021年上海市国民经济和社会发展统计公报〉解读》,2022:3.

[2] 芮明杰.《构建现代产业体系的战略思路、目标及路径》,《中国工业经济》,2018,第9期.

越精细的分工和社会生产的合作。以管理和协调产业内部供应商、服务商、分销商等其他合作伙伴为目的的"产业链治理"成为一家企业治理的核心组成部分。尤其是对于那些以全球产业业务格局为核心业务的企业集团来说,有关全球产业链治理权的竞争变得愈发激烈。可以说,谁掌握了产业链或价值链上的关键资源和核心技术,谁就拥有了产业链的治理权。尤其在市场竞争恶化的情况下,掌握治理权的企业可以在整个市场中占据有利地位,并对其他竞争者进行打压或封锁,这一现象在高端高科技技术产品的生产和研发方面表现得尤为明显。例如,半导体产业中的芯片设计、芯片研发等就是如此。

再次,产业制度创新的竞争。在新兴产业的发展过程中,充斥着各种各样的新技术和创新的竞争,而这种竞争的背后是产业创新发展的制度效率的竞争。一种新技术的发明和应用,需要一个有效率的制度环境来推动,由此转化出有价值的产品,创造出相应的经济效益。而制度上的优势直接关系到新产品的市场优势,因此,新兴产业制度创新的竞争变得愈发激烈。

最后,产业创新人才的竞争。近年来,国际人才流动出现了逆全球化的趋势,尤其是以美国为代表的发达国家,开始采取在高科技领域对竞争对手国家的人才进行隔离的措施——不接受来自此领域人才的教育、工作的申请,以此保护其相关产业技术的秘密。显然,这种做法极大地阻碍了全球科技技术和产业的发展。因此,在全球人才短缺常态化的背景下,对于新产业创新人才、产业高科技人才的竞争和争夺变得异常激烈。

进入新常态后,我国经济供需不匹配的结构性问题加重,经济下行压力增大,经济旧动能低效且难化解,而新动能培育不足。这种矛盾不断凸显,使得新旧动能转换空档期延长,导致金融系统性风险不断积累。综合来看,在新旧动能转换期内长三角区域面临的主要金融风险表现为:

第一,基于需求侧的旧动能低效且化解困难所引发的区域性金融风险。在旧动能化解和金融市场去杠杆的过程中,由于过剩产能前期占用大量资金投入,过剩产能企业相互之间所形成的担保圈和债务链混乱不堪,过快地推进旧动能化解进程会导致巨额债务拖欠或违约,由此引发区域性金融风险。就债券市场表现来看,2018年债券市场违约事件数量和涉及的债券规模远超往年,单个违约发行人涉及债券规模高,同时高级别发行人违约情况增加,首次出现AAA级发行人违约。

第二,基于供给侧的新动能培育不足所引发的新型金融风险。现阶段,我国金融新业态的发展仍然处在政策约束不完善、监管制度不匹配的产业发展初期,一些投机者打着"新金融"的旗号进行套利,阻碍了金融业新动能的培育。同时,技术是一把"双刃剑",过早地引入新技术,盲目发展新业态未必能收到好的效果,处理不当反而会引发新的金融风险。比如,科技金融的数字货币风险,绿色金融的"骗补"风险,互联网金融的非法集资行为以及消费金融的信用和欺诈风险,等等。

面对如此的产业竞争环境与风险,在长三角一体化的进程中,强化上海全球城市功能建设逐渐凸显出来,接下来以长三角金融一体化为例,探讨上海全球城市建设和发展情况。

三、长三角一体化与上海全球城市建设

据新华社报道,2019年12月,中共中央、国务院印发了《长江三角洲区域一体化发展规划纲要》(以下简称《规划纲要》),规划范围包括上海市、江苏省、浙江省、安徽省全域(面积35.8万平方公里)。根据规划目标,到2025年,长三角一体化发展取得实质性进展;到2035年,长三角一体化发展达到较高水平,成为具有影响力和带动力的强劲活跃增长极。规划要求,发挥上海龙头带动作用,苏浙皖各扬所长,加强跨区域协调互动,提升都市圈一体化水平,推动城乡融合发展,构建区域联动协作、城乡融合发展、优势充分发挥的协调发展新格局。

长三角一体化的战略定位被定义为"一极三区一高地"。"一极"指的是长三角将成为全国发展强劲活跃增长极,要求长三角地区激发市场主体活力,提高创新策源能力,提升参与全球资源配置和竞争能力,在促进我国经济提质增效升级中发挥"稳定器"和"主引擎"作用,增强对全国经济发展的影响力和带动力;"三区"指的是长三角将成为全国高质量发展样板区、率先基本实现现代化引领区、区域一体化发展示范区,这是新时代建成社会主义现代化强国征程赋予长三角的战略重任,具体要求长三角在推动高质量发展、建设现代化经济体系、促进区域一体化发展方面当好排头兵,先行先试,为全国其他地区作出榜样、树立标杆;"一高地"指的是长三角将成为新时代改革开放新高地,这是推进更高起点的深化改革、推进更高层次的对外开放对长三角提出的新使命和新任务,具体要求长三角进一步加快各类改革试点举措,集中落实、率先突破和系统集成,以更大力度、更高水平推进全方位开放,加快构建改革开放再出发的新格局。

金融是现代经济的核心,金融一体化是长三角一体化的重要组成部分。《规划纲要》的正式发布,使得金融一体化的顶层设计也随之确立。从《规划纲要》的内容来看,长三角区域金融一体化主要体现在三个方面:金融要素一体化、各领

域协同开放发展以及上海自贸区新片区的资金自由化和投资便利化。

首先,在促进要素市场一体化方面,《规划纲要》要求,要加强各类资本市场分工协作,加快金融领域协同改革和创新,促进资本跨区域有序自由流动。此外,规划还要求完善区域性股权市场,依法合规扩大发行企业债券、绿色债券、自贸区债券、创新创业债券。同时,规划还推动建立统一的抵押质押制度,推进区域异地存储、信用担保等业务同城化,并联合共建金融风险监测防控体系,共同防范化解区域金融风险。规划还鼓励地方政府联合设立长三角一体化发展投资专项资金,主要用于重大基础设施建设、生态经济发展、盘活存量低效用地等投入。同时,支持符合监管政策的地方法人银行在上海设立营运中心,以及上交所在长三角设立服务基地,搭建企业上市服务平台。这些措施旨在进一步加大部分功能相同的金融要素市场之间的互联互通,实现区域金融市场一体化,完善区域性股权市场,优化金融结构和融资结构,促进经济高质量发展。

其次,在协同推进开放合作方面,《规划纲要》提出,推动重点领域开放合作。规划强调进一步扩大制造业、服务业、农业领域对外开放,逐步放宽市场准入,不断提升协同开放合作水平。规划还提出降低汽车、飞机、船舶、装备、电子信息、新材料、新能源等行业进入门槛,积极招引全球500强和行业龙头企业,共同开拓建立全球创新链、产业链、供应链。金融市场对外开放也是规划的重点之一,包括:逐步放宽银行业外资市场准入;加大交易所债券市场对外开放;支持境外机构在交易所发行人民币债券,并引入境外机构投资者直接投资交易所债券;研究推进基于沪港通的债券市场互联互通。此外,规划还强调要积极引进境外专业服务行业,有序推进服务贸易创新发展试点,完善跨境交付、境外消费、自然人模式下服务贸易准入制度,提升服务贸易自由化便利化水平。同时,规划还致力于加快服务外包产业转型升级,建设具有国际竞争优势的服务外包产业高地,并适度增加国内紧缺农产品进口,积极引进国际现代农业先进生产技术和经营管理方式,不断提升农业国际竞争力。

最后,对于高标准建设上海自由贸易试验区新片区,《规划纲要》提出,实行资金自由。在风险可控的前提下,按照法律法规规定,借鉴国际通行的金融监管规则,进一步简化优质企业跨境人民币业务办理流程,推动跨境金融服务便利化。同时,规划还探索区内资本自由流入流出和自由兑换,支持区内企业参照国际通行规则依法合规开展跨境金融活动,在依法合规、风险可控、商业可持续的前提下支持金融机构为区内企业提供跨境金融服务。

上海建设全球城市离不开周边城市的合作和互动,这也能促进长三角区域联动发展。以长三角金融一体化为例,资源配置功能是全球城市功能的核心,金融是现代经济的核心,在金融的驱动下各生产要素紧密联动,促进资源的更优配置。

与此同时,金融一体化的发展成了彰显关键,其内容大致涵盖金融机构一体化、金融市场要素一体化以及金融政策制度一体化等。金融机构一体化要求长三角一体化区域内各类金融机构开展形式多样的互动协作和人才交流,以支持长三角一体化区域经济建设形成金融方面的合力;金融市场要素一体化需要长三角区域各金融子市场的互联互通,推动金融要素在区域中有序流动,为区域资源优化配置提供高效的金融服务;金融政策制度一体化需要金融政策的优惠边界最大化,让金融政策能够重点支持各类金融子市场产品的协同创新,让金融企业和金融消费者在长三角区域内享受全方位、高质量的资金融通和风险管理等服务。

四、从全球城市到全球城市区域

全球城市建设是国家战略的重要组成部分,上海的全球城市建设需要在国家的强大意志下进行,由国家层面来进行统筹规划,并进行实质性的资源配置和强有力的改革,这是上海进行全球城市建设的前提保证。上海在进行自身发展的同时,也能够促进中国经济更好地融入全球经济之中,并发挥出主导性作用。

21世纪以来,世界形势和格局不断变化、全球经济结构不断调整以及世界发展区域重心的不断转移,给新世纪的上海带来了诸多挑战,同时,也赋予其更多的发展机遇。中央政府早就明确了上海的战略定位,将上海建设成为国际经济中心、金融中心、贸易中心和航运中心之一。2017年12月15日,《上海市城市总体规划(2017—2035年)》(简称《上海2035》)获得国务院批复原则同意,明确上海打造"卓越全球城市"和"社会主义国际大都市"的发展方向,并将科技创新中心纳入作为上海需要深化的核心功能。

2018年11月5日,习近平总书记在首届中国国际进口博览会上宣布,支持长江三角洲区域一体化发展并上升为国家战略。上海作为长三角区域的核心城市,通过与国内城市的合作,尤其是与周边城市的紧密合作,形成能够参与国际竞争且具有全球影响力的都市圈。2019年12月,《长江三角洲区域一体化发展规划纲要》指出:"加快都市圈一体化发展,推动上海与近沪区域及苏锡常都市圈联动发展,构建上海大都市圈。以基础设施一体化和公共服务一卡通为着力点,加快南京、杭州、合肥、苏锡常、宁波都市圈建设,提升都市圈同城化水平。"上海城市功能逐渐从中心功能向主要节点功能转变,都市圈成了城市化的主要形态,其内部生产要素及其产业关系,以辐射、溢出和分工为主。上海与周边的城市不再是主从依附关系,逐渐演化为不同层级的资源交互、城市间功能互补的关系。

与上海"五个中心"建设相一致,上海全球城市的主要功能也包括经济、金融、贸易、航运和科创。具体而言,上海全球城市的功能包括配置全球科技创新策源、高端生产服务、资本支配、高端制造、文化交流等核心功能,航运、贸易、枢纽等支撑功能,以及生态宜居示范等基础功能。这些功能将随着社会发展不断调整优化,并影响着城市的空间布局。①

2022年9月,上海市人民政府、江苏省人民政府与浙江省人民政府联合发布《上海大都市圈空间协同规划》(简称《规划》)。上海大都市圈的范围包括上海、无锡、常州、苏州、南通、宁波、湖州、嘉兴、舟山等"1+8"市域行政范围,陆域总面积5.6万平方公里,海域面积4.7万平方公里。上海及其紧密联系的周边区域所构成的上海大都市圈也具有全球城市区域的特征。为了实现区域共同进步,《上海大都市圈空间协同规划》构建了多层次、多中心、多节点的功能体系,依次为引领带动的顶级全球城市、均衡发展的综合性全球城市、功能突出的专业性全球城市、特色明显的全球功能性节点、服务本土的全球功能支撑性节点。这些城市与节点通过分工协作,将发挥整体大于单个叠加的作用,提升区域竞争力。②

《规划》的总目标就是建设"卓越的全球城市区域"(分目标如表7-5所示),到2050年,上海大都市圈将成为更具竞争力、更可持续、更加融合的都市圈。2050年的上海大都市圈将显著提升其全球竞争力,跻身全球前列,成为全球首屈一指的城市区域。它将拥有全球领先的产业链、供应链和创新链,并形成外部辐射带动、内部协作联动的创新生态与产业体系。此外,它将拥有便捷畅达的枢纽体系与交通网络,可以快速通达世界的每个角落。上海大都市圈还将拥有享誉全球的世界文化遗产与文化旅游品牌,中外游客在这里流连忘返。2050年的上海大都市圈将更可持续,实现人与自然和谐共生,这里山清水秀、鸟语花香,成为全球可持续发展的区域典范。它将拥有蓝绿交融的山水格局,城市乡村完美地镶嵌其中。上海大都市圈将率先践行"双碳"的国家战略,引领区域的高质量发展,并将拥有生机盎然的生态系统,人与自然和谐共生。2050年的上海大都市圈将更加融合,成为一个荣辱与共的命运共同体,各城市统一目标、共同奋斗。它将拥有完善的国家高铁和都

---

① 居晓婷等.《上海五个新城:全球城市区域视角下的功能体系优化提升》,《城市规划学刊》,2022,第3期。

② 同上。

市圈轨道网络,满足对外高效联系和内部便捷通勤的要求,满足居民的出行需求。此外,它将拥有高水平的公共服务体系,确保每个居民都将能够享有优质的服务资源和生活空间。上海大都市圈还将拥有开放多元的沟通渠道与协商平台,使各个城市、各方主体、每位居民都能够参与其中,共同构建多元融合的都市圈。[①]

表7-5 建设卓越的全球城市指标体系

维度	序号	指标项	单位	类型	2025年目标值	2035年目标值	2050年目标值
创新	1	全社会研究与试验发展(R&D)经费支出占地区生产总值的比例	%	底线型	落实各市"十四五"规划	≥4.0	达到全球领先水平
创新	2	国家重点实验室数量	个	合作型	55	≥65,多个具有世界影响力	达到全球领先水平
创新	3	高校在校大学生数量	万人	合作型	≥150	≥200	在2035年的基础上进一步提升数量与质量
创新	4	每万人口发明专利拥有量	件	合作型	≥35	≥40	达到全球领先水平
流动	5	城际和市域(郊)铁路密度	公里/万平方公里	合作型	约300	约800	约900
流动	6	港口水水和水铁中转比例	%	合作型	48	55—60	在2035年的基础上进一步提升
流动	7	航空旅客吞吐量	亿人次/年	合作型	1.7	3	达到全球领先水平
流动	8	区域骨干绿道总长度	公里	合作型	约2 000	约3 000	约6 100

① 2022年《上海大都市圈空间协同规划》(发布版),https://www.shanghai.gov.cn/newshanghai。

(续 表)

维度	序号	指标项	单位	类型	2025年目标值	2035年目标值	2050年目标值
生态	9	单位GDP能耗下降幅度	%	合作型	待国家下达任务后明确	50	在2035年的基础上进一步降低
生态	10	地表水水质优良(Ⅰ-Ⅱ类)水体比例	%	底线型	落实各市"十四五"规划	主要水体90	100
生态	11	环境空气质量(AQI)优良率	%	底线型	落实各市"十四五"规划	约85	约95
生态	12	碳排放总量		合作型	早于2030年实现碳达峰,早于2060年实现碳中和		
生态	13	原生垃圾填埋率	%	底线型	20	10	0
人文	14	世界文化遗产数量	处	合作型	3	≥4	≥5
人文	15	ICCA国际会议数量	场/年	合作型	115	130	在2035年的基础上进一步提升
人文	16	每10万人拥有的博物馆、图书馆、演出场馆、美术馆或画廊	处	底线型	8	10	≥14
人文	17	每千人口执业(助理)医师数	人	底线型	落实各市"十四五"规划	≥5	在2035年的基础上进一步提升

资料来源：2022年《上海大都市圈空间协同规划》(发布版)，https://www.shanghai.gov.cn/newshanghai。

专栏 7-2　面向未来：从全球城市到全球城市区域

在新的发展背景下，上海大都市圈坚持目标导向，以提升上海全球城市功能能级与核心竞争力为引领，带动周边城市提升区域整体功能能级与核心竞争力，成为一个更加紧密的区域整体共同参与国际竞争与合作。同时坚持问题导向，聚焦上海大都市圈各城市间不平衡、不协同的问题，重点协调与解决在战略目标、功能产业、用地布局、综合交通、生态环境、历史人文、基础设施等方面的薄弱环节，带动和促进上海及周边城市乃至整个长三角世界级城市群更高质量一体化发展。

1. 落实国家双循环新发展格局

都市圈是产业链与供应链的基本组织单元，也是参与国家双循环新发展格局的最基本单元。上海作为"国内大循环的中心节点和国内与国际双循环战略链接"，以一体化的举措为突破口，以联动顺畅的长三角循环为切入点，打造联通国际市场和国内市场的新平台，带动更广阔的全国大循环。充分关注航空、高铁、超高铁运输系统的完善，快速联通国内各大城市群，大幅提升对外辐射力和带动力；同时，不断强化培育内生动力，推进区域供应链不断完善，带动长三角一体化与高质量发展，以卓越的全球城市区域参与全球竞合，以更加从容的姿态应对未来发展过程的各种风险与全球经济的不确定性。

2. 落实长江经济带、长三角一体化发展的国家战略

实施长三角一体化发展战略，是引领全国高质量发展、完善我国改革开放空间布局，为全国区域一体化发展提供示范。一是要率先形成新发展格局。长三角区域要发挥人才富集、科技水平高、制造业发达、产业链供应链相对完备和市场潜力大等诸多优势，积极探索形成新发展格局的路径。二是要勇当我国科技和产业创新的开路先锋。当前，新一轮科技革命和产业变革加速演变，更加凸显了加快提高我国科技创新能力的紧迫性。三是要加快打造改革开放新高地。长三角区域一直是改革开放前沿，要对标国际一流标准改善营商环境，以开放、服务、创新、高效的发展环境吸引海内外人才和企业安家落户，推动贸易和投资便利化，努力成为联通国际市场和国内市场的重要桥梁。

3. 落实海洋强国的建设重任，发挥陆海统筹的战略引领作用

上海大都市圈是陆海兼备的代表地区，应当打破陆地与海洋之间的思维壁垒，准确把握陆域海域空间治理的整体性和联动性，构建陆海协调、人海和谐的海洋空间开发格局。不断优化资源配置，确立多层次、大空间、海陆资源综合利用的现代海洋经济发展意识，推动海洋经济向质量效益型转变、海洋开发方式向循环利用型转变、海洋科技向创新引领型转变、海洋维权向统筹兼顾型转变，全方位推进生态文明建设，成为新时代建设海洋强国的重要依托和引领力量。

4. 落实大都市圈内部同城化，并处理好与其他都市圈的关系

依托上海五大新城及近沪地区的发展建设，打造上海大都市圈的第一圈层。在上海大都市圈鼓励内部城市间的同城化发展，如鼓励推进苏锡常都市圈建设、甬舟一体化发展等工作，推动内部板块的一体化深度合作。强调上海大都市圈与周边都市圈的联动，如南京都市圈、杭州都市圈、宁波都市圈，强调紧密合作，共保生态、共建通道，实现优势充分发挥的协调发展新格局。

5. 落实发展责任，从全球城市到全球城市区域

随着全球化程度日益加深，单个城市在全球经济格局中的作用越发有限，城市开始寻求区域合作来扩大全球影响力，全球经济的竞争主体开始从城市走向区域。纵观国际领先的全球城市区域，无不拥有顶级生产服务与全球资本支配能力、高端制造体系和强大的内生创新力、前沿文化品牌与顶尖的创意产业集群、全球链接能力与高效便捷的交通网络，以及绿色生态环境与高品质的设施供给。同时，核心功能的组织也存在集聚与均衡的差异，高端生产服务和文化价值输出为代表的功能向核心城市持续集聚，高端制造与创新转化等功能则更加均衡。

与世界领先的全球城市区域相比，上海大都市圈的高端生产服务能力进入全球第一梯队，但从内外两个扇面来看，上海大都市圈对外的枢纽连接能力与国际一线区域总体接近；而对内的高端装备制造、内生创新集群、文化创意软实力、生态宜居品质等方面则与国际一流水平有较大差距，而这些功能恰恰需要周边城市的共同努力。

资料来源：2022年《上海大都市圈空间协同规划》(发布版), https://www.shanghai.gov.cn/newshanghai。

参 考 文 献

[1] 卜正明,若林正.鸦片政权：中国、英国和日本(1839—1952年)[M].弘侠,译.安徽：黄山书社,2009.

[2] 陈立仪,陆志濂,钱小明.解放前上海是怎样成为我国主要对外贸易中心[J].社会科学,1982(5).

[3] 陈思思.上海建设离岸贸易中心的思路与举措[J].科学发展,2023(6).

[4] 邓小平.邓小平文选(第3卷)[M].北京：人民出版社,1993.

[5] 丁国杰,韩佳,等.临港新片区打造高水平数字贸易枢纽港研究[J].科学发展,2022(9).

[6] 弗兰克.白银资本：重视经济全球化中的东方[M].刘北成,译.北京：中央编译出版社,2000.

[7] 傅自应.中国对外贸易三十年[M].北京：中国财经(财政)经济出版社,2008.

[8] 顾震宇,黄吉.上海科学技术情报研究所第8次发布《国际大都市科技创新能力评价》[J].竞争情报(第19卷),2023(1).

[9] 黄苇.上海开埠初期对外贸易研究(1843—1863年)[M].上海：上海人民出版社,1979.

[10] 洪葭管.20世纪的上海金融[M].上海：上海人民出版社,2004.

[11] 侯学钢.上海城市功能转变和生产服务业的软化[J].上海经济研究,1998(8).

[12] 金鹏辉.上海金融业"非凡十年"成绩单　金融支持总部经济发展的上海实践[J].中国金融家,2022(10).

[13] 居晓婷,杜凤姣,熊健,等.上海五个新城：全球城市区域视角下的功能体系优化提升[J].城市规划学刊.2022(3).

[14] 井村喜代子.现代日本经济论：从战败到步出"经济大国"[M].北京：首都师范大学出版社,1996.

[15] 李邦君.邓小平关于把上海建成国际贸易中心的战略构想及其重大实践意义[J].学术月刊,1995(3).

[16] 李发根.论近代上海对外贸易中心的形成——以战争契机与口岸制度为视角[J].上海经济研究,2016(9).

[17] 李正图.浦东开发开放研究[M].上海：上海社会科学院出版社,2015.

[18] 刘诗平.洋行之王——怡和与它的商业帝国[M].北京：中信出版社,2010.
[19] 刘晓宁.中国自贸区战略实施的现状、效果、趋势及未来策略[J].国际贸易,2000(2).
[20] 罗兹·墨菲.上海——现代中国的钥匙[M].上海社会科学院历史研究所,译.上海：上海人民出版社,1986.
[21] 毛艳华.香港对外贸易发展研究[M].北京：北京大学出版社,2009.
[22] 彭羽,沈玉良.上海国际贸易中心新一轮发展战略研究[J].科学发展,2022(12).
[23] 芮明杰.构建现代产业体系的战略思路、目标与路径[J].中国工业经济,2018(9).
[24] 上海社会科学院经济研究所,上海市国际贸易学会学术委员会.上海对外贸易(1840—1949)(上册)[M].上海：上海社会科学院出版社,1989.
[25] 上海市《迈向21世纪的上海》课题领导小组.迈向21世纪的上海——1996—2010年上海经济、社会发展战略研究[M].上海：上海人民出版社,1995.
[26] 上海市商务委员会.上海开放型经济30年：中国改革开放30年上海对外经济贸易回顾和展望[M].上海：上海人民出版社,2008.
[27] 商务部研究院.迈向贸易强国之路：40年改革开放大潮下的中国对外贸易[M].北京：中国商务出版社,2018.
[28] 沈克华,彭羽.离岸贸易与香港国际贸易中心地位的演变——兼论对上海国际贸易中心建设的启示[J].亚太经济,2013(3).
[29] 盛维,陈恭,江育恒,等.全球城市核心功能演变及其对上海的启示[J].科学发展,2018(5).
[30] 沈玉良.上海国际贸易中心建设研究[M].上海：上海人民出版社,2009.
[31] 史博臻.创新：跨国企业选择上海的理由与愿景[N].文汇报,2022-11-07.
[32] 陶德臣.近代中国茶叶对外贸易衰落的社会影响[J].北京科技大学学报(社会科学版),2017(2).
[33] 王垂芳.洋商史——上海：1843—1956[M].上海：上海社会科学院出版社,2007.
[34] 王尔敏.五口通商变局[M].广西：广西师范大学出版社,2006.
[35] 汪时维.上海纺织工业一百五十年(1861—2010年大事记)[M].北京：中国纺织出版社,2014.
[36] 吴景平.中国近代金融史十讲[M].上海：复旦大学出版社,2019.
[37] 夏斯云,张国义,瞿海涛,等.上海近现代对外贸易史纲[M].上海：上海人民出版社,2015.
[38] 熊月之.上海通史(第12卷 当代经济)[M].上海：上海人民出版社,1999.
[39] 严明.东亚都市圈开发的比较研究[J].艺术百家,2011(6).
[40] 尹晨.上海自贸试验区持续创新研究[M].上海：复旦大学出版社,2022.
[41] 尹忠明.中国经济改革30年(外经贸卷)[M].四川：西南财经大学出版社,2008.
[42] 于明,邱秀华.毛泽东对外贸易统制政策理论及其现实意义[J].毛泽东思想研究,2003(5).
[43] 袁欣.1868—1936年中国茶叶贸易衰弱的数量分析[J].中国社会经济史研究,2005(1).
[44] 袁志刚.中国(上海)自由贸易试验区新战略研究[M].上海：上海人民出版社,2013.
[45] 张骁虎.全球城市发展与中国的战略选择[J].国际观察,2020(4).

[46] 张涨铭,尤安山,等.走向上海国际贸易中心:从纽约、东京、新加坡、香港到上海[M].上海:上海社会科学院出版社,2011.

[47] 张忠民.近代上海经济中心地位的形成和确立[J].上海经济研究,1996(10).

[48] 赵晋平.走向新起点:日本的经济复苏之路与中日经济关系[M].北京:中国人民大学出版社,2009.

[49] 中国科学院经济研究所.中国资本主义工商业史料丛刊:上海市棉布商业[M].上海:科学出版社,2008.

[50] 中国科学院经济研究所.中国资本主义工商业史料丛刊:中国近代缫丝工业史[M].上海:科学出版社,2008.

[51] 中国科学院经济研究所.中国资本主义工商业史料丛刊:上海对外贸易(1840—1949)(上册)[M].上海:科学出版社,2008.

[52] 仲伟明.茶叶与鸦片:十九世纪经济全球化中的中国[M].上海:生活·读书·新知三联书店,2010.

[53] 仲伟民.鸦片战争后茶叶和鸦片贸易与上海城市的发展[J].复旦学报(社会科学版),2012(5).

[54] 周振华,熊月之,张广生,等.上海:城市嬗变及展望(上卷),中心城市的上海:1949—1978[M].上海:格致出版社,上海人民出版社,2010.

[55] 周振华,熊月之,张广生,等.上海:城市嬗变及展望(中卷),中心城市的上海:1979—2009[M].上海:格致出版社,上海人民出版社,2010.

[56] 周振华,熊月之,张广生,等.上海:城市嬗变及展望(下卷),中心城市的上海:2010—2039[M].上海:格致出版社,上海人民出版社,2010.

[57] 周振华.全球城市:演化原理与上海2050[M].上海:上海人民出版社,2017.

[58] 朱彤,盛斌,吴孝田.中国对外贸易体制改革的探讨[M].贵州:贵州人民出版社,1998.

[59] 朱桦.世博会推动上海国际贸易中心建设研究[J].科学发展,2010(12).

[60] 朱庆葆,蒋秋明,张士杰,等.鸦片与近代中国[M].江苏:江苏教育出版社,1995.

[61] 邹荣庚,杜捷.试论解放后上海城市功能定位的变化及其原因[J].上海党史与党建,2001(12).

附录 "十四五"时期提升上海国际贸易中心能级规划①

"十四五"时期,是上海立足新发展阶段、贯彻新发展理念、服务构建新发展格局,加快建设具有世界影响力的社会主义现代化国际大都市的关键五年,也是开启深化国际贸易中心建设新征程、实现上海国际贸易中心能级提升的关键时期。为更高起点、更大力度推进上海国际贸易中心建设,根据国家对上海经济社会发展的重要部署和《上海市国民经济和社会发展第十四个五年规划和二〇三五年远景目标纲要》,编制本规划。

一、"十四五"时期提升上海国际贸易中心能级的基础和环境

(一)"十三五"时期主要进展

过去五年,上海对国内国际两个市场、两种资源的配置能力显著增强,基本建成了与我国经济贸易地位相匹配、在全球贸易投资网络中具有枢纽作用的国际贸易中心。

1. 贸易集聚功能持续提升,优进优出外贸发展格局基本形成。世界级口岸城市地位继续夯实。2020年,上海口岸贸易额占全球贸易总量3.2%以上,继续位列世界城市首位。集装箱吞吐量达到4 350万标箱,连续11年居世界第一。货物贸易结构持续优化。深入实施"四个一百"专项行动,附加值和技术含量较高的一般贸易进出口占比达53.7%,比2015年提高6.3个百分点;新兴市场占比由47%提高到51.1%;离岸贸易加快发展,经常项目汇兑顺畅度进一步提升。

---

① 根据上海市人民政府2021年4月17日发布的沪府发〔2021〕2号文抄录。

贸易中转功能稳步增强,集装箱水水中转和国际中转比例分别提高至51.6%和12.3%。服务贸易发展全国领先。率先发布全国首张跨境服务贸易领域负面清单。技术进出口额达到153.2亿美元,年均增长6.4%。电信计算机和信息服务、专业管理和咨询服务进出口比2015年分别增长57.4%和31.3%。贸易新业态新模式蓬勃发展。发布全国首份省级数字贸易行动方案,数字贸易交易额达到433.5亿美元。设立国家级跨境电商综合试验区,积极创新监管和发展模式。外贸综合服务、汽车平行进口、保税维修和再制造、二手车出口等实现新突破。外贸企业贡献度稳步提升。全市有实际进出口交易的企业数量从2015年的3.9万家增加到5.2万家,贡献了全市37.3%的税收、12.5%的就业。

2. 消费基础性作用更加凸显,国际消费城市建设取得显著成效。流通和消费规模居全国城市首位。商品销售总额、社会消费品零售总额分别达到13.98万亿元和1.59万亿元。商贸业增加值占全市GDP比重达13.5%,商贸业税收占第三产业税收比重达21.3%。商业模式创新持续加快。电子商务交易额从1.65万亿元增长到2.94万亿元,年均增长12.3%,居全国城市首位。"互联网+生活性服务业"创新试验区建设成效显著,已有5 300多家企业落户。产业互联网领域创新性平台集聚发展,成为引领传统制造业转型升级的重要力量。品牌集聚效应显著提升。成功举办首届"五五购物节",拉动消费作用明显。打响"上海购物"品牌三年行动计划顺利完成,年均引进首店超过800家,占全国一半左右,消费品进口占全国三分之一,离境退税销售额占全国六成以上,浦东机场免税销售额跻身全球前三,上海时装周位列全球五大时装周之一。服务民生能力进一步增强。颁布单用途预付消费卡管理规定,出台家政业地方法规,城市主副食品保供机制进一步完善,肉菜追溯体系建设取得积极成效,建成200家早餐工程示范点。

3. 资源配置功能不断增强,服务辐射能级进一步提升。平台经济影响力逐步显现。平台交易总额达到2.99万亿元,千亿级市场平台数量从2015年的5家增加到10家。大宗商品贸易平台达到40家,钢铁、有色金属、铁矿石等大宗商品价格成为国际市场重要风向标。供应链体系效能明显提升。全面完成国家内贸流通体制改革发展综合试点、供应链创新与应用试点等任务。现代物流对贸易的支撑作用进一步显现,物流车辆周转率提高1倍以上,供应链效率提升35%,全社会物流总费用占全市生产总值比重低于全国平均水平1个百分点。国际会展之都基本建成。全市展览面积从2015年的1 513万平方米扩大到2019年的1 941.7万平方米,年均增长6.4%,2020年国际展占比提高至78.9%,

世界百强商展数量稳居全球首位。出台全国首部省级会展业地方法规。成功举办三届中国国际进口博览会(以下简称"进博会"),进博会溢出带动效应逐步显现,"6天+365天"常年展示交易服务平台达到56个,城市推介大会打响"上海投资"品牌。区域辐射带动效应明显增强。建立长三角区域市场一体化合作机制,推动重要产品追溯信息互通,推进国际贸易"单一窗口"系统对接和数据共享,推动长三角经贸摩擦应对协同发展。加强与"一带一路"沿线国家和地区合作,进出口额占全市比重从19.3%提高到22.5%;新签对外承包工程合同额占全市73.7%,5 000万美元以上项目占比达到73.3%。

4. 贸易主体能级不断提升,国际竞争力进一步提高。外资结构优化质量提升。五年累计实际利用外资921亿美元。高技术服务业引进外资年均增长30.9%。全国首家外资独资保险控股公司、首家外资独资人身保险公司、首批新设外资控股合资证券公司落户上海。高技术制造业吸引外资占制造业比重由25%提升至31.2%。高能级市场主体持续集聚。五年累计新认定跨国公司地区总部236家(其中大中华区及以上总部96家)、外资研发中心85家,累计分别达771家(大中华区及以上总部137家)和481家,继续保持中国内地外资总部最多的城市地位。培育集聚贸易型总部210家,认定民营企业总部274家。贸易流通企业集聚效应明显增强。年进出口规模10亿美元以上企业55家。101家国际贸易投资促进机构在沪设立了常驻代表机构。上海钻石交易所成为世界第五大钻石交易中心。本土跨国公司显著增多。上海企业在境外投资设立企业增加到4 317家,对外投资覆盖178个国家和地区,海外存量投资超过1亿美元的企业达到110家。

5. 贸易制度创新持续深化,贸易环境进一步改善。自贸试验区改革取得新突破。参照国际通行规则,实施准入前国民待遇加负面清单的外商投资管理制度。自贸试验区外商投资准入特别管理措施从2015年的122条缩减至30条,54项扩大开放措施累计落地企业3 230家。国际贸易"单一窗口"功能模块增加到10个,覆盖部门扩展到23个。亚太示范电子口岸网络成员增至12个经济体22个示范口岸。临港新片区制度创新成效初显。特斯拉超级工厂等项目落地,312家优质企业进入跨境人民币结算便利化名单,享受跨境金融服务便利。洋山特殊综合保税区挂牌,一期14.27平方公里封关运行。服务贸易集聚区加快建设,建立数字贸易交易促进平台。全力推进企业原油进口资质、保税油补、保税维修政策创新。营商环境建设取得重大进展。跨境贸易便利度不断提升,2019年在世界银行营商环境评估中排名全球海运经济体第5位。出台我国首部地方外商投资条例。推出重点商圈"上海购物"诚信指数和全国首份市场信用奖惩清单。建立长三角国际贸易知识产权海外维权联盟。一批国际贸易投资、跨国经营管理领域精英入选上海各类人才计划。

但是,对标全球国际贸易中心城市,上海仍存在一定差距。在贸易能级方面,全球总部和亚太总部数量较少,具备国际竞争力的本土跨国企业依然不多。全球供应链整合能力有待增强,大宗商品话语权、定价权和资源配置权相对有限,商圈商街的国际影响力有待提高。在贸易结构方面,口岸货物国际中转率依然不高,离岸贸易发展较为缓慢,数字贸易尚处于起步阶段,保险、金融、文化等服务领域进出口规模仍然偏小。在制度环境方面,与国际高标准投资贸易规则相比尚有差距,吸引国际消费集聚的制度有待完善。

(二)"十四五"时期环境分析

"十四五"时期,上海国际贸易中心建设面临着更加深刻复杂的内外部发展环境,但仍处于重要的战略机遇期,机遇和挑战并存。要准确识变、科学应变、主动求变,努力在危机中育先机、于变局中开新局。

1. 国际经贸规则出现新变化。经济全球化遭遇逆流,上海作为我国改革开放的前沿窗口和对外依存度较高的国际大都市,既首当其冲受到外部环境深刻变化带来的重大挑战,也面临着全球治理体系和经贸规则变动带来的新机遇。

2. 全球供应链深度调整形成新布局。新科技革命和产业变革在全球范围内深度推进,进而推动全球范围内价值链、产业链和供应链布局深度调整,新冠肺炎疫情促使跨国公司谋求多元化布局,这有利于吸引全球供应链向我国及长三角地区集聚,助力上海成为全球资本的重要流入地之一。

3. 内需潜力释放带来新机遇。上海坚定实施国家扩大内需战略,大力吸引国内外高端要素集聚,推动人才、资金、技术、信息等各类流量扩容增能,有利于推动上海国际贸易中心枢纽功能的不断跃升。

4. 数字经济快速发展催生新动能。上海明确要加快国际数字之都建设,大力推动数字产业发展,实现数字贸易以及线上购物、线上文娱、数字医疗、数字教育等跨越式发展,这将成为上海国际贸易中心建设新的增长点。

5. 国家对上海战略定位提出新要求。推进浦东高水平改革开放和新的三项重大任务、强化"四大功能"、加快建设虹桥国际开放枢纽等,都是新时期国家赋予上海的重要使命,也为上海国际贸易中心建设指明了方向,拓展了空间。未来上海国际贸易中心建设将全面贯彻落实国家要求,充分利用国内国际两个市场、两种资源,在更高的起点上构筑服务全国、辐射全球的新平台、新网络。

二、"十四五"时期上海国际贸易中心建设指导思想和发展目标

(一) 指导思想

以习近平新时代中国特色社会主义思想为指导,深入贯彻党的十九大和十九届二中、三中、四中、五中全会精神,立足新发展阶段,贯彻新发展理念,服务构建新发展格局,坚持稳中求进工作总基调,全面落实浦东高水平改革开放和三项新的重大任务、强化"四大功能"、打响"四大品牌"和加快发展"五型经济"和"五大新城"的总体部署,持续深化供给侧结构性改革,以"提升开放能级、增强枢纽功能"为主攻方向,加快推动制度型开放、数字化转型和新动能转换,积极促进内需和外需、进口和出口、引进外资和对外投资协调发展,着力畅通国内大循环、促进国内国际双循环,率先构建要素高效流动、高效聚合的枢纽节点,加快推动商务高质量发展,实现国际贸易中心核心功能显著提升,为全面提升上海城市能级与核心竞争力作出更大贡献。

(二) 发展目标

经过 5 年努力,上海国际贸易中心能级实现跃升,基本建成全球贸易枢纽、亚太投资门户、国际消费中心城市、亚太供应链管理中心、贸易投资制度创新高地,全面建成国际会展之都,为上海建设国内大循环中心节点、国内国际双循环战略链接提供重要支撑。

——贸易投资规模稳步扩大。口岸货物进出口总额保持全球城市首位,服务贸易进出口额保持世界城市前列。消费规模稳步提高,社会消费品零售总额率先超过 2 万亿元,电子商务交易额达到 4.2 万亿元左右,保持全国城市首位。实到外资保持稳中有进。会展综合竞争力进入全球会展中心城市前列。

——资源配置能级逐步提升。在有色金属、钢铁、铁矿石、能源化工等大宗商品领域,培育若干千亿级、万亿级交易平台,打造一批百亿、千亿级重点功能性平台,部分商品价格和指数成为重要国际风向标。具备全球资源配置能力的贸易主体加快集聚,累计落户跨国公司地区总部达到 1 000 家左右、贸易型总部 300 家左右、规模以上本土跨国公司 200 家左右。世界百强商展在沪举办比重进一步提升。

——开放创新能力持续增强。对标国际高标准经贸规则,实施新一轮高水平对外开放。离岸贸易、转口贸易取得突破,规模稳步扩大。加快建设数字贸易国际枢纽港,数字贸易年均增速达到4%左右。加快吸引和培育一批具有强劲科技创新策源功能的外资研发中心。

——消费引领作用日益凸显。持续打响"上海购物"品牌,集聚高端商品和服务,推进消费数字化转型,扩大新型消费规模,基本建成线上线下融合、引领全球消费潮流的国际消费中心城市。建成若干辐射全国乃至全球的世界级商圈,培育形成一批特色商业街区。

——贸易投资环境更加便利。外商投资开放度和透明度进一步提高,自由化便利化水平大幅提升。跨境贸易便利度位居世界海运经济体前列,国际贸易"单一窗口"功能拓展、覆盖面拓宽,智慧口岸综合治理能力显著提高,长三角"单一窗口"互联互通持续深化。国内外知名专业机构和贸易投资促进机构、国际组织加快集聚,面向国际的商事争议解决平台和纠纷解决机制加快形成。

专栏 1　"十四五"时期上海国际贸易中心建设主要预期指标

序号	指标类别	指标名称	2020 年	2025 年目标值	备注
1	规模集聚度	社会消费品零售总额	1.59 万亿元	超过 2 万亿元	年均增长 5% 左右
2		电子商务交易额	2.94 万亿元	4.2 万亿元左右	年均增长 8% 左右
3		货物贸易进出口总额	"十三五"期间累计 2.42 万亿美元	"十四五"期间累计 2.5 万亿美元左右	年均 5 000 亿美元左右
4		口岸货物进出口总额	占全球比重"十三五"期间年均 3.2% 左右	"十四五"期间基本保持稳定	—
5		外商直接投资实际到位金额	"十三五"期间累计 921 亿美元	"十四五"期间累计 1 000 亿美元左右	年均 200 亿美元左右
6		展览面积	1 942 万平方米(2019 年)	2 200 万平方米左右	—

(续表)

序号	指标类别	指标名称	2020年	2025年目标值	备注
7	资源配置度	千亿、万亿级交易市场（平台）数量	累计10家	累计15家左右	—
8		在沪跨国公司地区总部数量	累计771家	累计1 000家左右	—
9		规模以上本土跨国公司数量	累计110家	累计200家左右	—
10		贸易型总部数量	累计210家	累计300家左右	—
11		国际展览面积占比	78.9%	80%左右	—
12		在沪外资研发中心数量	累计481家	累计560家左右	—
13	开放创新度	离岸贸易额	3 055亿元	5 000亿元左右	—
14		数字贸易额	433.5亿美元	525亿美元左右	年均增长4%左右
15		知识密集型服务贸易额	696.4亿美元	825亿美元左右	年均增长3.5%左右
16	消费引领度	新增首店数量	909家	年均引进800家左右	—
17		世界级商圈数量	2个	3—4个	—
18		网络零售额	1.17万亿元	2.1万亿元左右	年均增长12%左右
19		高端品牌门店数量	累计520家	累计700家左右	年均增加36家左右

(续表)

序号	指标类别	指标名称	2020年	2025年目标值	备注
20	营商便利度	贸易便利化	国际贸易"单一窗口"功能更加优化，通关效率明显提高，进出口环节收费显著降低	在世界银行营商环境排名中，跨境贸易指标位居海运经济体前列水平，基本建成数字化、标准化、国际化的智慧口岸，长三角区域一体化业务协同能级提升	—
21		治理水平	事中事后监管制度创新取得成效，商业诚信度明显提高，与高标准国际贸易投资规则相衔接的制度环境更加优化	率先实施高水平制度型开放，投资贸易管理体制机制进一步完善，国内外领先专业机构及各类贸易投资促进机构、国际组织加快集聚，商事争议解决平台和纠纷解决机制加快形成	—

三、"十四五"时期上海国际贸易中心建设主要任务

（一）培育外贸综合竞争新优势，构筑全球贸易枢纽

实施贸易高质量发展战略，着力推动贸易强国建设，协同推进货物贸易"优进优出"和服务贸易"创新提升"，促进要素资源高效配置，加快形成贸易规模稳定、集散功能强劲、竞争优势明显、链接国内国际两个市场的全球贸易枢纽。

1. 打造联动长三角、服务全国、辐射亚太的进出口商品集散地。促进对外贸易稳中提质。提升贸易发展与产业升级联动效应，扩大高附加值产品出口，促进关键装备、零部件和技术专利进口。支持加工贸易创新发展，鼓励向营销物流、检测维修等产业链上下游延伸，支持加工贸易企业进入关键零部件和系统集成制造领域。支持符合条件的贸易企业申请认定高新技术企业和技术先进性服务企业。加大财税、金融等政策支持力度，扩大出口信用保险覆盖面，提高风险容忍度。支持外贸企业参与国际质量认证、注册国际商标，培育壮大一批自主品

牌。拓展贸易调整援助制度覆盖面,帮助企业更好应对国际贸易环境变化影响。进一步夯实国内最大的进口消费品集散地地位,口岸货物进口和出口中外省市占比分别超过45%和70%。建设高能级强辐射的贸易平台。加快虹桥商务区保税物流中心(B型)建设,深化虹桥和外高桥国家级进口贸易促进创新示范区建设,加快联动发展,形成融合商品进口、保税仓储、分拨配送、展示销售、零售推广及售后服务等功能的贸易服务链,持续增强进口集散功能。优化国家外贸转型升级基地公共服务配套体系,高标准建设一批国别(地区)中心和专业贸易平台。推动综合保税区建成具有全球影响力和竞争力的加工制造中心、研发设计中心、物流分拨中心、检测维修中心和销售服务中心。培育一批信用等级较高、服务能力较强的外贸综合服务企业。推进联合国采购大会、中国国际公共采购论坛和联合国亚洲采购中心等项目落地。推进崇明横沙渔港国际渔业贸易中心建设。优化国际市场布局。支持企业稳定重点市场,有效运用《区域全面经济伙伴关系协定》(RCEP)等自贸协定中关税减让、原产地累积规则、开放市场准入、简化通关程序等互惠措施,逐步扩大与协定国贸易规模,优化进出口商品结构,更好地促进产业升级。支持行业组织、贸易促进机构搭建公共服务平台,帮助企业参加境内外贸易促进活动,鼓励企业参加海外自办展和专业性展览。支持企业加快建立多层次的国际营销服务网络,扩大国际营销公共平台服务覆盖面,引入一批贸易促进机构。

2. 打造新型国际贸易发展高地。实现离岸贸易创新突破。便利跨境贸易资金流动,支持银行提升企业经常项下离岸贸易外汇收支便利度。有效利用境内外市场资源网络,扩大以自由贸易账户为基础的离岸贸易企业参与范围,支持银行为更多有需求的企业提供相关跨境金融服务便利,培育一批离岸贸易结算标杆企业。在自贸试验区及临港新片区、虹桥商务区等重点区域探索研究鼓励离岸贸易发展的税制安排。支持虹桥商务区内贸易真实且信誉度高的企业通过自由贸易账户开展新型国际贸易。增强转口贸易枢纽功能。促进洋山港、外高桥"两港"功能和航线布局优化,进一步简化进出境备案手续,提高货物流转通畅度和自由度。建设洋山特殊综合保税区国际中转集拼服务中心。在高端装备制造、邮轮保养和船供、沿海捎带、多式联运等方面推进科学化、智能化、便利化监管模式。在智能制造、集成电路、生物医药、大宗商品等领域推动国际分拨发展。挖掘跨境电商发展潜能。加快国家级跨境电商综合试验区和市级跨境电商示范园区建设,鼓励跨境电商模式创新,建设跨境电商营运中心、物流中心和结算中心。深化海关跨境电商企业对企业出口监管试点,支持企业建设海外仓。提升跨境电商公共服务平台能级,支持专业服务机构提供通关、物流、品牌营销、融资、法律等服务。

专栏2 新型国际贸易创新发展行动

加快国际贸易新业态新模式创新发展,将创新驱动作为推动贸易新旧动能接续转换的关键动力,进一步推动上海融入全球价值链、供应链体系,提升国内国际两个市场资源配置能力。

(一)优化离岸贸易发展环境。支持商业银行为真实合法的离岸贸易提供经常项下外汇结算便利服务,扩大以自由贸易账户为基础的离岸贸易业务规模,并将支持范围扩展至离岸加工贸易、服务转手买卖等离岸经贸业务。探索在自贸试验区、临港新片区和虹桥商务区等重点区域研究适应离岸业务发展的税收政策。培育一批离岸贸易标杆企业,推动全市离岸贸易业务规模达到5000亿元左右。

(二)深化跨境电商综试区建设。持续提升跨境电商公共服务平台能级,培育和集聚跨境电子商务、电商平台、跨境金融、跨境物流及其他相关服务企业,形成具有国际竞争力的跨境电商产业集群。加强市级跨境电商示范园区建设,完善园区功能,打造一批配套完善、产业优势明显的跨境电商产业集聚区。支持物流、平台或贸易企业共建共享海外仓,丰富海外仓功能,扩大服务范围。

(三)提升国际贸易分拨辐射能级。鼓励跨国物流企业将上海作为其全球或区域性物流分拨业务节点,打造100家左右进出口规模大、辐射国内国际市场的国际贸易分拨中心示范企业。研究对重点国际贸易分拨企业实施个性化监管方案。支持国际贸易分拨企业提升资金结算等特色功能,提升全球供应链资源配置影响力。

(四)提升海关特殊监管区域货物进出监管便利。在海关特殊监管区域,探索通过电子账册、信用监管、风险监控等集成化制度安排,完善智慧智能、高效便捷的海关综合监管模式,提升货物和资金流动效率。重点发展国际中转集拼、保税检测维修、大宗商品交易、高端研发制造、生鲜冷链等。

> （五）扩大保税维修和再制造规模。支持综合保税区内企业开展航空航天、船舶、轨道交通、工程机械、数控机床、通信设备、精密电子等产品维修业务，提升飞机发动机等维修业务规模和水平。推动临港再制造产业示范基地建设。在确保风险可控的前提下，支持在海关特殊监管区外开展高技术、高附加值、符合环保要求的保税维修业务。

3. 打造服务贸易创新发展高地。提升知识密集型服务贸易能级。加快推进全面深化服务贸易创新发展试点，积极配合国家制定跨境服务贸易负面清单。健全服务贸易促进体系，扩大医疗、教育、金融、计算机和信息、商务、文化娱乐、维修维护、知识产权使用费等知识密集型服务出口规模，稳步提升"上海服务"品牌和服务贸易综合竞争力。提升服务外包公共服务水平，夯实数字化转型基础，加强与高端制造业融合发展。推动一批全球保税维修项目先行先试，增加船舶、航空、轨道交通、工程机械、数控机床、通信设备等维修品类。创新高端设备再制造监管模式，集聚一批具有全球影响力的再制造检测认证与研发创新中心和企业。推进长三角服务行业标准与管理规则对接，探索优势互补的服务贸易集群发展模式，推动长三角服务品牌"走出去"。持续扩大技术贸易规模。聚焦重点产业领域、基础科学研究、关键核心技术，对本市急需并纳入国家《鼓励进口服务目录》的服务进口加大支持力度，促进技术进口来源多元化。建设国际技术贸易合作平台，用好中国（上海）国际技术进出口交易会等国家级科技创新交流平台，发挥"上交会3+365联盟"优势，吸引全球企业在上海发布最新创新成果。支持全球跨境技术贸易中心建设，健全面向国际的科技服务体系，形成国际化的科技创新成果发现、项目储备对接和跟踪服务机制。

4. 建设数字贸易国际枢纽港。探索推进数字贸易规则制度建设。对标全球数字贸易发展趋势，促进数字经济和实体经济深度融合，配合国家数字贸易规则制定，争取先行先试政策试点。加强跨境数据保护规制合作，研究信息技术安全、数据隐私保护、数据共享、数据确权和数据交易定价相关规则。在临港新片区开展数据跨境流动安全评估试点，探索跨境数据流动分类监管模式。加快建设高质量基础设施。推动虹桥商务区等特定功能区域建设国际互联网数据专用通道、数据枢纽平台。探索建设服务于跨境贸易的大型云基础设施。建立健全公共服务功能。围绕数字资产的确权、定价、交易、存储、转移等关键环节,健全数字经济领域知识产权综合服务、跨境支付结算服务。强化数据共享功能和综合配套服务功能,为数字贸易企业"走出去"提供数据合规咨询服务。培育一批国际化、有潜力的数字贸易品牌。强化数字化转型政策支持,吸引国际数字企业地区总部、研发中心、交付中心和重要平台落户。推动建设一批重要承载区。认定一批国家数字服务出口基地。推动临港新片区实施"互联网+先进制造"战略,建设国际数据港。推动浦东、长宁、静安、杨浦等区打造各具特色的数字贸易生态圈。打造长三角全球数字贸易高地。推动虹桥商务区发展数字会展、跨境电商等,建设数字贸易跨境服务集聚区。探索成立长三角数字贸易城市联盟,推动建设大数据产业集聚区。

专栏3 建设数字贸易国际枢纽港专项行动

以数字基础设施、市场主体集聚和公共服务建设为突破口,加快建设要素有序流动、功能完善、总部集聚的数字贸易国际枢纽港。

(一)建设一批高质量基础设施。提升国际海底光缆容量,建设和开通国际互联网数据专用通道,扩容亚太互联网交换中心(APIX),建设大规模高等级云数据中心,建设人工智能公共算力平台。

(二)建成一批国家级基地。聚焦数字服务、技术转移、版权贸易、文化娱乐、体育电竞等领域,建设数字服务出口基地、文化出口基地等10个左右数字贸易领域国家级基地。

(三)打造一批大型互联网平台。发挥上海数字经济和在线新经济发展优势,在数字内容、数字服务领域打造10个左右国际性大型互联网平台,进一步集聚全球数字要素资源。

(四)培育一批全球化布局品牌。加大上海数字贸易品牌培育力度,支持企业打造有品牌效应的服务产品,培育云服务、数字化专业服务领域10个左右全球化布局的服务品牌。

(五)建立一批公共服务平台。推动建立数字贸易知识产权综合服务平台、数字贸易跨境支付结算平台、数字贸易数据共享服务平台、跨境贸易数据合规咨询服务平台等公共服务平台,提升服务上海、服务长三角数字贸易企业的能级和水平。

(二) 深入推进高水平制度型开放，打造亚太投资门户

实施更大范围、更宽领域、更深层次对外开放，坚持以开放促改革、促发展、促创新，着力推动规则、规制、管理、标准等制度型开放，加快形成高能级市场主体集聚、高标准投促体系健全、高水平服务系统集成的亚太投资门户。

5. 打造新时期外资首选地。实施新一轮高水平对外开放。深入落实浦东高水平改革开放、临港新片区总体方案、虹桥国际开放枢纽建设总体方案，加快落实上海服务业扩大开放综合试点，积极争取更大的改革自主权，推动科技服务、商务服务、物流运输、教育、金融、卫生、文化旅游、电信等领域开放措施率先落地，在更多领域允许外资控股或独资。支持符合条件的跨国公司开展跨境资金集中运营管理。支持外商投资在虹桥商务区建设剧院、电影院、音乐厅等文化场馆和设立演出场所经营单位。落实 RCEP、《中欧全面投资协定》(CAI)，研究对标《全面与进步跨太平洋伙伴关系协定》(CPTPP)，推动上海率先形成与高标准投资规则相衔接的基本制度体系和监管模式。构建面向全球的投资促进网络。健全由政府、专业机构、商协会、企业组成的"四位一体"投资促进体系，持续增强与主要投资来源地及潜力国家（地区）的经贸及投促机构合作，加快构建境外经贸合作伙伴网络。推动投资促进与进博会、中国（上海）国际技术进出口交易会、中国国际工业博览会、中国国际旅游商品博览会等大型国际会展联动，举办高层次投资促进、文化合作交流活动。

6. 打造高质量外资集聚地。实施"总部增能"行动。持续提升总部经济能级，创新资金管理、境外融资、数据流动、人员出入境、通关便利等方面功能性政策，大力吸引跨国公司亚太总部和全球总部落户。鼓励跨国公司积极参与全球价值链重构，设立辐射亚太、面向全球的财资中心、销售中心、采购中心、供应链管理中心、共享服务中心等功能性机构。打破人才、创新资源等要素跨境流动瓶颈障碍，支持外资设立全球研发中心和开放式创新平台，大力发展具有引领策源作用的创新型经济。继续保持中国内地外资总部能级最高、质量最优的城市地位，累计落户跨国公司地区总部 1 000 家左右、外资研发中心 560 家左右。积极参与若干世界级产业集群建设。依托长三角较为完备的产业链基础，全力做强外资创新引擎，聚焦集成电路、生物医药、人工智能和电子信息、汽车、高端装备、先进材料、生命健康、时尚消费品等领域，大力吸引产业链上下游配套企业集聚，构建长三角一体化产业生态，形成前沿制造业产业集群。加大对科技服务、商务服务、物流运输、金融、文化旅游、信息服务业等领域引资力度，打造现代服务业集聚高地。构建外商投资全生命周期服务链。落实外商投资法及其实施条例、上海市外商投资条例,拓展涉外服务专窗内容,健全完善政企沟通、联系走访、重大项目服务、投诉和兜底服务等工作机制,全方位、全流程、全渠道加强外商投资服务,切实保护外商投资合法权益。

专栏4 "总部增能"行动

聚焦"全球总部、开放创新",发展更高能级的总部经济,吸引跨国公司亚太总部和功能性全球总部落户,鼓励外资设立全球研发中心和开放式创新平台,支持贸易型总部和民营企业总部升级,做优做强链接国内国际双循环的市场主体。

(一)持续优化总部经济支持政策。借鉴香港、新加坡等总部发展经验,适时修订完善跨国公司地区总部支持政策,适当降低认定门槛,细化认定分类,建立适应于结算、销售、分拨、管理等功能集聚提升的政策支持体系,不断优化专项资金、人才发展支持政策,打造多维度总部经济政策体系。

(二)提升资源配置能级。重点发展资源配置能力强、辐射范围广的功能性全球总部,促进跨境资金流动便利化,吸引全球资金管理总部集聚;促进离岸贸易结算便利化,吸引全球销售总部集聚;促进跨境支付便利化,吸引全球采购总部集聚;落实通关便利化,吸引全球供应链总部集聚。

(三)提升创新策源能级。落实鼓励外资研发中心发展新举措,推动外资研发中心升级为全球研发中心。借鉴国际先进研发创新模式,开展外资开放式创新平台的吸引、培育和认定服务。推动本土创新企业和跨国公司研发团队协同创新,更好地发挥外资研发中心溢出效应,助力科创中心建设。

(四)支持贸易型总部和民营企业总部升级。发挥总部企业对产业链、供应链、价值链的引导作用,支持贸易型总部与民营企业总部积极开拓海外市场,加快布局亚太和全球市场,升级为亚太乃至全球总部,成为国际贸易投资规则的深度参与者。创新对外投资机制,强化信息、人才、金融、法律等服务支撑,依托浦东新区、临港新片区重点区域,培育、集聚一批具有较强核心竞争力的本土跨国公司。

7. 打造"走出去"对外投资合作桥头堡。培育更高层级的本土跨国公司。加快培育、集聚一批具有全球影响力的本土跨国公司,推动对外投资和扩大出口更好结合。以境外经贸合作区为载体,积极开展国际产能合作,鼓励长三角企业抱团入驻、联动发展。依托 RCEP、CAI 等多双边贸易投资协定,进一步提高对东盟、欧盟等地区的投资质量。提升对外承包工程国际竞争力。支持工程承包企业探索以项目管理总承包(PMC)、建设-经营-转让(BOT)、公私合作制(PPP)、投建营一体化等方式承接海外项目,延伸运营管理服务,全面带动装备、技术、标准和服务出口,打造一批具有影响力和带动力的标志性海外工程项目。支持工程承包企业加强与在沪跨国公司地区总部及日本、韩国、新加坡等国企业开展第三方合作,共同开拓东南亚、中亚等市场。打造"走出去"公共服务体系升级版。加强"走出去"风险防范体系建设,建立企业境外权益保护工作联动机制,整合安全信息、国际救援等各方专业机构资源,构筑企业境外权益保护和突发应急体系网络。深化政企银保四方协调合作,引导更多社会资金共同参与对外投资合作。发挥援外培训与"走出去"的联动效应,加大跨国经营人才培训力度。

专栏 5 "走出去"提质增效行动

依托 RCEP、CAI 等多双边贸易投资协定,创新投资机制,加强协同联动,优化服务保障,开展提质增效行动,促进合作项目升级、市场主体升级、协同联动升级、服务保障升级。

(一)促进合作项目升级。在东盟、欧盟、西亚、非洲等区域,打造一批有影响力的标杆项目。到"十四五"末,力争新增境外非金融直接投资 1 亿美元以上项目 100 个左右,新签对外承包工程合同额 5 000 万美元以上项目 100 个左右。

(二)促进市场主体升级。发挥浦东新区、临港新片区等区域的特殊政策和功能优势,创新对外投资合作方式,以跨境换股、设立境外投资产业基金平台等试点政策为重点,鼓励开展并购,培育、吸引和集聚一批高能级本土跨国公司。

(三)促进协同联动升级。强化与进出口联动,以对外投资带动装备、技术、服务、标准出口;强化与"引进来"联动,探索与本市跨国公司地区总部联手开拓第三方市场,试点推进境外投资组建红筹架构境内上市;强化与工程联动，组合对外投资、工程承包、设备出口、运营服务等抱团出海；强化与援外联动，发挥培训优势，助力企业拓展国际市场。

（四）促进服务保障升级。以境外防疫和安全防范为重点，建立企业境外安全和权益保护联动工作机制，加强综合服务中心建设。优化风险预警、培训、信息等服务功能，推出"走出去服务港"公众号升级版。加强RCEP规则解读、跨国经营管理等培训，"十四五"期间培训超过2万人次。

（三）推动消费持续提质扩容，建设国际消费中心城市

坚持扩大内需这个战略基点，着力推进国内市场建设，以创新驱动、高质量供给引领和创造新消费需求，持续增强对国内外消费的吸引力、集聚力、资源配置力和创新引领力，建设线上线下深度融合、内贸外贸相互链接、具有全球影响力的国际消费中心城市。

8.创新高端消费供给。提升高端商品和服务集聚能力。大力培育高端消费市场，支持高端消费品牌跨国公司设立亚太和全球分拨中心，推动国际知名高端品牌、新兴时尚品牌集聚。发挥世界级口岸优势，建设一批进口消费品展示交易直销平台，多渠道扩大特色优质产品进口。推动首发经济发展。加快建设全球新品首发地，举办具有国际重大影响力的品牌首发活动，支持黄浦、静安、浦东、徐汇、虹口等区打造全球新品首发示范区，支持重点电商平台打造全球新品网络首发中心，支持国内外名家新品、名牌新品、老牌新品和新牌新品设立首店、旗舰店、体验店。深化品牌经济发展。培育本土品牌，鼓励发展城市定制商品和零售商自有品牌，支持外贸企业打造自有品牌，推进国产品牌入驻免税店，推动"上海制造"品牌建设。打造时尚品牌，引进培育一批知名独立设计师、品牌工作室、时尚买手。创新发展老字号，推动"一品一策一方案"落地，加快实施老字号"数字焕新工程""品牌保护工程""传人培养工程""国潮出海工程"。加快免退税经济发展。积极争取新设市内免税店，增加免税购物额度，培育本地免税品经营企业。推进重点商圈离境退税商店全覆盖，推广即买即退。扩大虹桥国际机场航站楼免税购物场所，加快浦东国际机场免税综合体建设，做大邮轮免税经济。支持南京西路等商圈建设离境退税示范区。

9. 建设多层级商业地标。打造世界级商圈。加快建设世界级"消费金腰带",形成南京路、淮海中路-新天地、豫园、小陆家嘴、徐家汇、北外滩"两街四圈",打造精品云集享誉世界、服务创新引领全球、消费环境优质舒适、监管模式接轨国际的国际消费中心城市核心承载区。形成差异化区域商圈。优化虹桥商务区免税购物功能和保税展示交易功能,提升服务长三角联通国际的消费枢纽功能。支持临港新片区引入高端、特色目的地消费体验项目,打造一站式消费新地标。加强中心城区历史文脉传承与现代商业融合创新,推动五角场、中山公园、前滩等市级商圈主题化、特色化发展。推动"五大新城"商业高质量发展。加快推动嘉定、青浦、松江、奉贤、南汇等"五大新城"商业发展,按照城市副中心的等级,建设面向新城的综合性商业中心,完善面向大型居住社区的社区配套商业,发展面向长三角的特色商业,加快集聚优质消费资源,深化商产文旅联动,形成层次分明、布局合理、功能完备、业态引领、错位发展的新城商业体系,加快提高新城人居品质,扩大新城商业辐射能力。培育特色商业街区。聚焦特色商业品牌资源与人文旅游资源整合和联动,加快提升国潮品牌特色街区、国别商品特色街区等20条"一街一主题"特色商业街区品质,建设分时步行特色街区。建设夜间经济地标。持续办好上海夜生活节,鼓励夜购、夜食、夜娱、夜游、夜秀、夜读等多元化业态发展,加快推动"1+12+X"夜间经济空间布局,大力发展滨江夜经济活力带、12个都市夜生活活力圈和多个主题化、特色化、差异化的标志性夜市。

10. 引领服务消费升级。扩大文旅休闲和体育消费。加快打造人民广场、世博会文化博览区两大具有国际影响力的文化设施集聚区,规划建设电竞场馆和全球动漫游戏原创中心。推进杨浦、徐汇国家体育消费试点城市建设,大力发展"三大球"、路跑等具有引领性的体育项目,打造健身休闲多层次消费场景。提升健康和养老消费。持续开展服务业质量提升行动,优化健康消费品和服务供给,发展定制化健康体检、私人健康管理等,推动医疗、养生和养老一体化发展。鼓励社会力量增加养老服务供给,提升老龄消费公共服务水平,支持商贸企业面向社区开展形式多样的养老服务项目。打造虹桥国际医药流通业集聚区,推进"诊疗一体化"等项目集聚。升级信息消费。推动建设各类信息消费体验中心,培育多元化商业模式,促进智能终端、可穿戴设备、智能家居等新型信息产品升级消费,扩大网络文学、互联网游戏等信息服务消费。扩大外来消费。用好进博会、购物节、旅游节、国际艺术节等资源,培育一批会商旅文体跨界融合的新模式、新业态,打造一批品牌化、标志性创新项目。发挥"上海购物"App、"乐游上海"公众号等平台功能,大力吸引境内外旅客来沪,带动吃住行游购娱等延伸消费。

11. 推动消费数字化转型。加快电子商务创新发展。鼓励人工智能、大数据、区块链等新技术广泛应用,积极推动在线教育、健康、文娱等新业态发展,大力推动直播电商、社交电商、小程序电商等新模式创新发展,着力培育一批在线新经济领军企业,支持浦东、长宁、青浦等区打造直播电商基地。加快线上线下深度融合。推动互联网平台企业与实体商业合作创新,加快高品质新型消费资源集聚,打造新型消费场景。鼓励实体商业加快数字化升级,建设南京路步行街、虹桥商圈等数字商圈商街示范项目,打造一批智慧商圈和智慧购物示范场景。加快生活服务数字化提升。建设数字生活服务示范区,大力发展"互联网+"餐饮、旅游、家政和体育等生活服务,形成服务各年龄层人群、覆盖居民"衣食住行娱"、基于地理位置的个性化本地生活服务。推进智能化终端设施建设。加快发展"无接触"经济,完善新型消费基础设施布局,推广建设智能快件箱、智能取餐柜、网订柜取门店、智慧零售终端和智能回收站等新型消费基础设施。推进网络新品牌建设。鼓励电商平台与"上海制造"品牌深度对接,为企业提供全渠道、全品类、全体验的销售模式,形成面向垂直领域、细分客户群的网络新品牌。

专栏6　消费数字化赋能行动

运用5G、大数据、人工智能等现代信息技术,促进商业领域数字化融合和改造,实现实体商业线上化、零售终端智慧化、物流配送即时化、生活服务数字化、生产消费个性化,通过强化"五个示范",将上海打造成"在线新消费之城"。

(一)打造数字商圈商街建设示范项目。推动各大电商平台和南京路步行街、徐家汇商圈、五角场商圈、虹桥商圈、陆家嘴商圈等重点商圈商街开展合作,加快数字化智能化升级改造,形成10个左右在全国具有示范引领性的数字商圈商街。推动开展商圈商街数字化营销,鼓励电商平台利用直播、小程序、微视频等产品和服务,共同策划系列营销活动。

（二）建设智能化终端设施示范项目。鼓励智能售货机、智慧微餐厅、智能回收站等各类智慧零售终端发展，开展安全卫生智能取餐柜示范试点，在社区、商务楼宇、交通枢纽、医院、学校、园区等场所，打造覆盖面广、类型丰富的新零售应用场景。

（三）实施智慧即时配送示范项目。加快推动无接触经济发展，加强智能配送设施网络布局，到"十四五"末基本实现智能快件箱社区全覆盖，在商务楼宇、医院和学校覆盖率显著提升。大力发展同城即时配送，加快物流仓储中心、分拨中心、快件转运中心和配送站等布局，合理布局生鲜前置仓，着力构建覆盖15分钟社区生活圈及住宅小区的智能末端配送体系。

（四）推进建设数字生活消费示范项目。发挥本市生活服务电商优势，大力推动互联网餐饮、旅游、家政、教育培训和休闲娱乐等生活服务电子商务发展，实现各类居民生活消费与互联网平台深度融合。打造"上海在线生活节"，形成一批数字生活服务的示范案例。

（五）培育新消费品牌示范项目。依托电商企业的平台优势和品牌集聚效应，整合网络直播、社交电商、产品供应链以及各类电商专业服务机构等业态资源，重点打造100个左右面向垂直领域、细分客群的上海网络新消费品牌。

12. 打响"上海购物"品牌。提升"五五购物节"辐射力和影响力。推动消费内容、消费模式和消费场景全面创新升级，打造消费新理念、新模式、新业态、新品牌的试验田和竞技场。深化长三角联动，共同做大消费市场。推进中国国际零售创新大会、上海时装周等与"五五购物节"联动，不断提升国际影响力。构建"上海购物"品牌体系。制定实施打响"上海购物"品牌新一轮三年行动计划。加强"上海购物"城市公共品牌研究，探索形成与上海国际消费中心城市相匹配的形象设计和推广模式。打造本土消费内容创意产业，打响一批精品活动IP，提升"上海购物"品牌和商业文明的创造力与传播力。优化"上海购物"环境。提升上海商务服务水平，加快消费服务标准化建设。推进商业配套设施改造，在移动支付、导引标示、信息获取等多环节提升消费便利度。构建以信用为基础的新型监管机制，加强单用途预付卡等商务领域信用分类分级监管，推动行业协会、重点企业开展商户信用分类管理，归集市场信用信息。完善商务诚信平台功能，发布商圈诚信指数,持续推进线下零售企业七日无理由退货。加强国际消费中心城市全球推广,搭建宣传推广公共平台,打造上海消费地图。

专栏7 全力打响"上海购物"品牌行动

进一步提升"上海购物"品牌的全球影响力和美誉度,聚焦打造系列精品节庆活动,强化"上海购物"品牌营销推广,全力打响"上海购物"品牌。

(一)持续提升"五五购物节"办节水平。丰富活动内容,深化线上线下融合,商产文旅展联动,推动消费内容、消费模式和消费场景全面创新升级。深化长三角联动,建立"客流共享、平台互联、主体互动、宣传互通"的联动办节机制,相互合作、相互促进、共同提升的消费资源联动推广载体和平台。打造标志性精品活动,增强集聚和辐射高质量消费资源的能力,打造国际新品名品荟萃、民族品牌精品云集的新品首发季。打造具有全球知名度的"夜上海"标志性项目,不断丰富融合夜游、夜娱、夜食、夜购、夜读等夜间经济新场景,打响"夜上海"品牌。提升国际影响力,开展知名商圈商街与国际知名商业地标的互动交流和节庆联动,不断提升"五五购物节"对全球消费者的吸引力和影响力,将"五五购物节"打造成为国际一流消费节庆活动,展示推广全球消费新理念、新模式、新业态、新品牌。

(二)打造一批专业节庆和推广活动。用好进博会等重大活动平台,在沪举办各类促消费活动。办好上海时装周和上海国际美妆节,打造集发布流行趋势、推广原创设计、贸易展示、文化交流于一体的国际时尚消费平台。提升中国国际零售创新大会、上海酒节、双品网购节、互联网青春生活节、浦东国际品质生活节、东方美谷国际化妆品大会等重点商业活动的影响力,培育具有国际影响力的商业节庆品牌项目,打造国际时尚消费风向标。

(三)构建"上海购物"品牌推广机制。构建"上海购物"品牌体系,开展"上海购物"城市公共品牌研究,明确"上海购物"品牌定位、品牌理念、品牌识别体系和品牌口号。加强上海国际消费中心城市和"上海购物"品牌整体形象设计和推广。打造本土消费内容创意产业,提升消费内容制造与分销传播平台能级和水平,提升"上海购物"品牌和商业文明的创造力与传播力,讲好上海品牌故事,提升国际品牌与国际客群对上海商业文化历史的认同感与认可度。打造"上海购物"品牌宣传推广平台。以手机App应用为载体,搭建多元化、开放式、全渠道的融媒体宣传矩阵,打造一站式、多功能、国际化的消费资讯信息门户和"上海购物"品牌宣传平台。

13. 推动生活服务升级。探索超大城市主副食品保供体系。以西郊国际三期和新上海农产品中心批发市场项目建设引领带动批发市场规划布局优化、功能完善和能级提升,提升保供能力。优化标准化菜市场规划布局,推动标准化菜市场向智慧菜市场转型,提升菜市场社区便民服务功能。支持主副食品新零售业态健康发展,丰富多元化供应网络。建设100个左右蔬菜域外基地、若干紧密型生猪外延基地。加快建立跨部门、跨地区、产业链各环节集聚的主副食品运行调控系统,进一步强化超大城市保供能力。优化社区商业。完善十五分钟社区生活圈,支持社区商业中心向社区生活服务中心转变,加快发展品牌连锁便利店,提升社区商业丰富度、便捷性和安全性。推进家政业提质扩容。大力培育家政龙头企业,推进产业化发展。推进家政综合服务管理平台建设,完善家政领域信用体系,推行家政人员星级评定和家政机构等级评定,打造上海家政服务品牌。指导推进长宁、闵行"领跑者"行动示范城(区)建设。完善早餐供应体系。制订早餐网点布局规划,加强郊区大居、产业园区、商务楼宇等早餐薄弱区域网点建设,完善以连锁早餐网点为主体,特色单店、流动餐车、外卖平台配送等多种形式为补充的早餐供应体系。制定早餐业态导则,大力发展各类复合业态,持续建设早餐示范点,开展共享早餐创新示范计划和早餐营养优化计划,推动早餐供应更加健康、便捷和丰富。

专栏8 超大城市保供优化行动

以建立健全与超大城市安全运行和高质量发展相匹配的主副食品保供体系,切实保障人民群众"菜篮子"充足稳定为总体目标,推动农产品流通主渠道布局优化、功能提升,进一步打通主副食品产业链,构建大市场、大流通、大基地、大数据、大统筹的保供格局。

(一)推进重点项目,促进批发市场转型升级。以西郊国际三期和新上海农产品中心批发市场项目建设为引领,带动批发市场规划布局优化、功能完善和能级提升。通过业务流程再造、标准体系建设、加工配送功能扩展、数字化经营管理能力提升,优化城市核心功能设施保供能力。

(二)开展试点建设,提升零售网络管理服务能级。开展智慧菜场试点,打造集大数据统计分析、线上线下运营功能于一体的数字化菜场。鼓励菜市场融合餐饮、休闲、助老等生活服务元素,提升便民服务功能。将新型零售业态纳入供应基础服务网络,形成市场主体多元、多种模式融合互补和运行高效的主副食品零售网络体系。

(三)拓展域外基地,强化货源可控能力。推动本市主要批发市场按照日常及应急需要,分级建设100个左右蔬菜域外基地。加强政策引导,通过资本、技术等要素输出,不断加强与重点基地的合作紧密度,提升货源可控性。加快制订支持政策,推进在江苏、安徽、河北和贵州等省建设若干紧密型生猪外延基地。提前开展产销对接,拓展渠道,确保基地生猪产品稳定供应上海市场。

(四)建立调控系统,构建超大城市保供体系。明确各级政府保供职责分工,形成考核机制,制度化保障保供工作协同高效。建立保供企业名录及"哨点"机制,落实保供主体责任。制定监测及应急调度管理制度,规范应急响应调度程序。以主副食品智慧运行调控系统为载体,以专业监测运行队伍和保供专家智库为支撑,强化市场运行监测信息分析预警,提升市场调控科学决策水平,优化主副食品保供能力。

(四)提升进博会全球影响力和竞争力,全面建成国际会展之都

高质量办好进博会,推动展品变商品、展商变投资商。充分发挥进博会国际采购、投资促进、人文交流、开放合作四大平台作用,持续放大进博会溢出带动效应。推动会展模式、技术、机制创新,着力将上海打造成为市场机制更加成熟、会展企业更有活力、品牌会展更加集聚、更具全球影响力的国际会展之都。

14. **持续放大进博会溢出带动效应。**推动贸易升级。做精做优做强"6天+365天"常年展示交易服务平台,增加境内外专业采购商规模。强化虹桥商务区进口集散功能,高水平建设一批面向"一带一路"国家和地区的专业贸易平台和国别(地区)商品交易中心,加快建设联动长三角、服务全国、辐射亚太的进出口商品集散地。推动产业升级。用好参展商资源,办好上海城市推介大会等重大活动,推进重大项目落地、总部能级提升。用好进博会海外资源网络,加强投资活动和项目信息联动,推介上海投资环境。推动消费升级。借力进博会新品首发平台,打造"全球新品首发地"。举办进博会参展国商品周、文化周、文化集市和各类场外延展和品牌推介活动,鼓励老字号、非遗品牌等在进博会展示推介,做大做强中国品牌日、中国自主品牌博览会等各类品牌展会。提升进博会常态化精品旅游线路的吸引力、影响力,打造集展会、旅游、购物、体验等为一体的新地标。推动开放升级。巩固和放大虹桥国际经济论坛国际影响力,打造世界级高水平论坛和国际公共产品。将进博会期间的展品税收支持、通关监管、资金结算、投资便利、人员出入境等创新政策依法上升为常态化制度安排。围绕"越办越好"总要求,按照"一流城市形象和一流服务保障"目标,高标准提升城市服务保障能力,着力打造成为城市治理体系和治理能力的现代化国际样板。

专栏9　进博会"6天+365天"常年展示交易服务平台增能行动

持续放大进博会溢出带动效应,强化"6天+365天"常年展示交易服务平台进口商品集散功能和资源配置能力,加快打造具有国际影响力的进口商品集散地。

(一)做大交易规模,壮大一批交易服务平台。进一步提升交易服务平台发展规模,加快高能级交易服务平台建设和培育,壮大一批综合服务平台、跨境电商平台、专业贸易平台及国别(地区)中心。力争到2025年交易服务平台数量达到80家左右,累计进口规模超过1万亿元左右。推动交易服务平台对接进博会展商展品,丰富进口商品品类,扩大进口规模,促进展品变商品。持续优化进口商品结构,进一步带动本市产业转型升级需要的技术、设备及零部件进口。

(二)优化区域布局,集聚一批高能级贸易主体。进一步优化交易平台区域布局,发挥外高桥和虹桥商务区2个国家级进口贸易促进创新示范区促进进口、服务产业、提升消费的示范引领作用,分别打造浦东和浦西集聚区。进一步做精外高桥国家级进口贸易促进创新示范区智能制造、化妆品、红酒等专业贸易平台。依托虹桥进口商品展示交易中心、绿地全球商品贸易港,支持交易服务平台在虹桥商务区集聚,提升规模效应,打造有形大市场。

（三）增强创新能级，形成一批政策创新成果。进一步发挥进博会贸易政策创新策源功能，加强贸易便利化创新政策建议储备，推动已有支持措施固化形成常态化制度安排，畅通进口商品进入国内市场渠道，提升平台创新示范能级。加强保税展示交易常态化业务模式探索，支持虹桥进口商品保税展示交易中心和绿地全球商品贸易港保税展示展销业务发展，提升产品保税展示交易整个流程的便利程度，做实展示、撮合、交易等服务功能。

（四）放大辐射效应，打造一张贸易辐射网络。进一步放大交易服务平台辐射带动效应，支持交易服务平台在长三角地区拓展渠道，增强地域联动能力。鼓励交易服务平台积极开拓新兴市场，在虹桥商务区等重点地区，高标准建设一批面向"一带一路"国家的商品直销平台，支持新兴市场国家和地区入驻国别（地区）商品中心，为国内外企业获取市场机遇搭建平台。

15. 提升会展业配置全球资源的能力。集聚高能级办展主体。大力引进国际知名会展企业总部、境内外专业组展机构及其上下游配套企业，支持打造具有国际竞争力的会展集团。鼓励本土会展企业采取国内外合作、收购兼并等模式增强组展实力，提升国际影响力。探索试点境外机构在本市特定展馆独立举办对外经济技术展会。规划布局大型会展场馆，进一步提升展览场馆运营能力。积极开展与国际展览业协会（UFI）和国际展览与项目协会（IEAA）等国际组织的合作。培育具有国际影响力的会展项目体系。聚焦集成电路、人工智能、生物医药、航天航空等战略性新兴产业和文化创意、金融服务、商业零售、商务服务等现代服务业领域，培育一批具有世界影响力的品牌展会项目，引进一批细分行业领域处于领先地位的世界知名展会项目。大力发展"会议＋展览"模式，吸引高级别国际会议在沪举办。创新展会服务模式。大力发展"云展"，培育以线上会展为主的新型展会主体，鼓励会展企业融合5G、大数据、人工智能等技术办展，实现会展行业线上线下融合发展。

16. 打造国际化城市会展促进体系。形成具有引领性的会展业标准体系。对接国际最高标准，完善会展服务、会展经营、绿色会展、评估认证等标准，在全国率先形成面向市场、服务产业、主次分明、科学合理的会展业标准化体系。构建会展业营商环境高地。深入贯彻本市会展业条例,率先建立会展活动"一网通办"和信息备案制度。构建市、区两级多措并举、精准高效的政策促进体系。完善高效便捷的事中事后监管机制、知识产权保护机制、纠纷解决机制。加强国际宣传推广,提升上海国际会展之都整体形象。

专栏10　展会双线(线上线下)联动发展行动

推动展会线上线下联动发展,创新展会服务模式、培育展会发展新动能、提升上海会展业品牌竞争力,全面建成国际会展之都。

(一)做大做强线上展会新平台。提升云上会展平台运营能力水平,打造具有国际影响力的线上"智慧场馆","十四五"期间力争承接100个左右国际性优质品牌展览会上线运营。开展"云展示""云对接""云签约",搭建展示、宣传、洽谈等线上新平台。依托新技术优势,探索开发"智慧场馆"新业务,创设场馆运营新模式。

(二)培育线上展会主办主体和品牌展会。鼓励本土展览企业与知名互联网企业、云服务企业加强合作,培育2至3家以"云会展"为主要业务的新型展会主办企业。鼓励本市大型组展企业加强与国内外知名会展企业合作,积极拓展长三角联动等跨区域交流,培育一批市场竞争力强、辐射带动作用大的线上品牌展会。

(三)鼓励本市会展企业线上线下融合发展。探索"线上线下双轮驱动"发展新模式,鼓励会展企业将5G、大数据、人工智能等数字技术深度融合到线下展会运营中,支持知名实体展会加强线上展会运营能力。引导会展企业进一步提升数字化水平,促进线上线下展会相互赋能。

(五) 推进现代流通体系建设,建设亚太供应链管理中心

深化流通体系改革,创新流通领域技术、业态、模式,完善制度、规则、标准,增强供应链自主可控能力,打造供应链服务健全、物流配送高效、市场治理规范、平台配置完善、期现市场联动的亚太供应链管理中心。

17. 优化现代商贸流通体系。建设高水平的商贸流通体系。推动流通创新与产业变革的深度融合,提升商贸企业产供销资源整合能力,推动产供销一体化发展。优化流通网络布局,合理规划商品集散中心和综合物流园区、公共配送中

心。加快上下游协调互动、资源整合、协同创新,实现产业链、供应链高效对接和整合,打造多渠道、多层次、立体化的现代流通体系。培育集聚具有全球竞争力的现代流通企业。聚焦自贸试验区及临港新片区、虹桥商务区、长三角一体化示范区和北外滩等重点区域,加快集聚一批贸易型总部和民营企业总部。支持各类总部积极开拓海外市场,打造形成立足全国、面向亚太的供应链、产业链集群。设立上海中小企业海外中心,实施"专精特新"中小企业培育工程。提升流通主体竞争力,引导流通企业数字化、平台化、标准化发展,进一步降本增效。促进内外贸一体化。打通内外贸流通堵点,完善内外贸一体化调控体系,推动内外贸在法律法规、监管体制、质量标准、认证认可等方面的衔接。推动内外贸产品同线同标同质,培育一批拥有自主品牌和开展国际经营的本土跨国商贸集团。加快推动国内国际流通融合,支持出口企业拓展国内市场、国内流通企业积极布局全球市场,构建高效通畅的全球物流网络。

18. 推动供应链创新与应用。强化供应链物流支撑。完善智慧物流基础设施建设,合理规划物流仓储布局、优化物流运输结构,构建高效便捷的配送网络体系。加强标准化建设和绿色发展,建立托盘循环共用系统性平台。推动青浦商贸服务型国家物流枢纽建设,加强与全球生产、流通、贸易等主体合作对接。推动存量仓库高标化、数字化、智能化升级改造。建设长三角区域应急供应链协作机制。加快推进供应链数字化和智能化发展。积极应用区块链、大数据等现代供应链管理技术和模式,加强数据标准统一和资源线上对接,推广应用在线采购、车货匹配、云仓储等新业态、新模式、新场景,促进企业数字化转型,实现供应链即时、可视、可感知,提高供应链整体应变能力和协同能力。支持商贸企业建设数字化供应链管理平台,实现研发、生产、制造、分销和物流等供应链各个环节实时联通。提升供应链服务平台能级。培育市场空间大、附加值高、对产业提升作用明显的供应链综合平台。拓展会计审计、金融服务、法律服务、投资咨询、信用评级、质量管理、数据服务、追溯服务、人力资源等领域专业服务,构建具有亚太乃至全球服务能力的专业服务网络。推进建设中国(上海)宝玉石交易中心,打造世界级的宝玉石集散中心。加强供应链安全建设。加强对重点产业供应链的分析与评估,探索建立跨区域、跨部门、跨产业的信息沟通、设施联通、物流畅通、资金融通、人员流通、政务联动等协同机制,加强对重点产业和区域的风险预警管理。增强供应链风险防范意识,制定和实施供应链多元化发展战略,着力在网络布局、流程管控、物流保障、应急储备、技术和人员管理等方面增强供应链弹性,促进供应链全链条安全、稳定、可持续发展。

19. 打造具有亚太影响力的大宗商品市场。加强市场监管配套制度建设。在钢铁、有色金属等领域,制定并完善产能预售、提单、远期交易等创新业务规则,建立相应的监管治理机制。探索为大宗商品现货离岸交易和保税交割提供与国际规则相接轨的跨境金融服务。提升大宗商品国际资源配置能力。积极布局亚太地区交割仓库、物流网络以及交易经纪业务,建立内外连接的大宗商品供应链体系。推动大宗商品交易人民币计价结算,推出更多能源和金属类大宗商品期货,打造大宗商品"中国价格"。推动浦东新区期现联动创新探索,开展预售交易业务试点。推动临港新片区设立国际油气交易平台。推进宝山建设钢铁领域亚太供应链管理中心示范区,打造集交易、结算、物流、金融、资讯等功能为一体的行业生态圈。

专栏11　平台经济能级提升行动

大力发展平台经济,建立适应现代市场流通体系建设需要的平台经济治理体系,提升国内国际资源配置能力和定价话语权。

(一)推动大宗商品交易市场能级提升。聚焦钢铁、有色、化工等领域,建立期现联动、内外连接的大宗商品现货市场,打造集交易、结算、物流、金融、资讯等功能为一体的行业生态圈。创建与之相配套的市场规则和治理体系,吸引境内外贸易商同台竞价,提升大宗商品国际资源配置能力。在宝山、浦东等区持续推进平台经济示范区建设,推动上海期货交易所标准仓单交易平台建设,实现从标准仓单逐步向非标仓单、保税仓单和场外衍生品交易拓展,形成满足实体企业风险管理、融资和定价需求的综合服务体系。

(二)建设联通供应链全链条的公共与专业服务平台。以汽车、电子、船舶、航空航天、医药、能源设备等优势行业为依托,持续培育供应链公共服务与专业服务平台,拓展质量管理、追溯服务、金融服务、研发设计等功能,提供供应链全链条服务。

(三)完善平台经济现代化治理体系。健全适应平台经济特点的新型监管机制,应用大数据技术构建商贸领域监管体系。发挥"大数据+部门联动监管"机制作用,分等级强化预警机制,设立监管信息平台,加强商贸领域监管治理。以电子商务、大宗交易等领域为重点,加快培育商务信用服务市场。

(六) 持续打造市场化、法治化、国际化营商环境,形成贸易投资制度创新高地

对标国际最高标准、最好水平,围绕对内对外开放两个扇面,全力支持浦东进一步扩大高水平制度型开放,推进临港新片区和虹桥商务区"一东一西"国际贸易中心核心功能承载区建设,率先建成贸易流通更便利、法治保障更健全、专业人才支撑更完备的贸易投资制度创新高地。

20. 推进浦东新区、自贸试验区和临港新片区高水平制度型开放。支持浦东新区打造社会主义现代化建设引领区。全面落实国家支持浦东新区高水平改革开放的意见,着力强化开放窗口、枢纽节点、门户联通功能,率先推进规则、规制、管理、标准等高水平制度型开放,率先加大现代服务业和先进制造业对外开放力度。建立与国际高标准规则相一致的跨境服务贸易制度,大力发展专业服务、商贸物流、旅游、会展等跨境服务。支持自贸试验区和临港新片区构建更高水平开放型经济新体制的试验田。对标最高标准、最好水平,实行更大程度的压力测试,加快推动自贸试验区和临港新片区由商品要素流动型开放向规则制度型开放转变。把握 RCEP 签署机遇,对标 CPTPP,在数字经济、互联网和电信、金融、教育、医疗、文化、知识产权等领域先行先试高标准经贸规则。加快建设临港新片区更具国际市场影响力和竞争力的特殊经济功能区,努力推动投资自由、贸易自由、资金自由、运输自由、人员从业自由、数据跨境流动安全有序,持续释放制度创新集成效应。建立以安全监管为主,体现更高水平贸易自由化便利化的货物贸易监管制度。建设高水平的洋山特殊综合保税区,推进国际物流、中转集拼、大宗商品等优势业态发展,拓展保税研发、保税制造、保税维修等新业态。研究推进加工制造、研发设计、物流分拨、检测维修等专项政策在特殊综合保税区制度环境下的集成和创新。探索实施洋山特殊综合保税区主分区制度。

21. 推进虹桥商务区打造上海国际贸易中心新平台。做大进口商品集散规模。推进国家级进口贸易促进创新示范区建设,培育保税展示、保税交易、价格形成、信息发布等核心功能，扩大保税交易规模，鼓励跨境电商创新发展。增强虹桥海外贸易中心功能，优化提升服务能级，吸引集聚国际经贸仲裁机构、贸易促进协会商会等组织，建设高能级贸易主体集聚地，推动贸易功能向国际交流、平台展示和贸易消费功能升级。推动服务贸易创新发展。依托虹桥临空经济示范区，发展航空服务业及配套产业，支持给予虹桥国际机场空运整车进口口岸资质，优化拓展虹桥机场国际航运服务。建设全球航空企业总部基地和高端临空服务业集聚区。鼓励新虹桥国际医学中心发展医疗服务贸易。积极吸引管理、会计、法律等咨询服务机构入驻，推动专业服务业集聚发展。支持在电子商务、数字贸易、供应链管理等领域培育引进一批独角兽企业和行业龙头企业。加快形成联通全球的数字贸易枢纽。充分发挥数字贸易龙头企业的带动作用，支持符合条件的境外企业探索数字贸易增值服务试点。持续优化数字贸易综合营商环境，建设虹桥商务区数字贸易重点区域，支持虹桥临空经济示范区建立国家数字服务出口基地。持续提升服务辐射长三角的能力。构建国际会展之都的重要承载区，推动高端商务、会展、交通功能深度融合。加强海关特殊监管区域建设，推动综合保税区与长三角区域内自由贸易试验区协同发展。加大与长三角协同联动力度，推动长三角生态绿色一体化发展示范区和虹桥国际开放枢纽拓展带建设。鼓励长三角地区各类品牌展会和贸易投资促进活动加强协调，支持长三角企业在虹桥商务区设立总部和功能性机构。

22. 优化跨境贸易营商环境。深化跨境贸易降费提速改革。对标国际最高标准、最好水平、最前沿实践，聚焦优流程、减单证、提效率、降费用、可预期，助力我国在世界银行营商环境跨境贸易指标排名位居海运经济体前列。进一步削减进出口验核单证，通过监管环节电子化、集约化，探索"云监管"和"云服务"。推动建立降费传导机制，提高企业感受度。深化中国（上海）国际贸易"单一窗口"建设。丰富银行、税务、保险等特色功能，拓展大数据、区块链等新技术应用试点，打造口岸"通关港航物流"服务平台。探索建立进出口企业信用评价体系，实施贸易融资、信用保险、出口退税等信用应用。推动跨境贸易便利化措施适用至所有海运、空运和海铁联运货物，并探索拓展至边境后管理领域。健全适应贸易高质量发展的法规制度体系。对标国际高标准贸易投资规则，不断完善国际贸易中心建设相关的地方法规制度体系，加强平台经济、总部经济、贸易消费数字化转型等领域立法调研，适时推动出台相关地方立法。完善海外知识产权维权援助服务机制，健全知识产权海外维权网络体系，支持重点行业、企业建立知识产权海外维权联盟,促进知识产权保护领域的国际交流与合作。

专栏12　口岸营商环境优化行动

对标最高标准、最好水平,巩固口岸营商环境优化成效,推进实施一批跨境贸易便利化新措施,营造高效、透明、规范的贸易便利化环境,助力我国在世界银行营商环境跨境贸易指标排名中,位居海运经济体前列水平。

(一)优化口岸"通关＋物流"流程。统筹口岸不同主体、不同环节衔接畅通,依托国际贸易"单一窗口",优化"通关＋物流"全流程并联作业,以海关进口"两步申报"、进出口"提前申报"模式和港航"出口直装""进口直提"模式融合协调为核心,推进并联作业向订舱、集港、提货、疏港、提还箱等物流环节拓展。

(二)推进口岸单证精简及无纸化。进一步争取削减口岸环节验核单证,推进简化相关检验、检测、认证类证书和凭单,严控相关市场主体新设单证,取消陆上运输、航运、港口经营等领域非必要单证要求。除保密等原因外,推进相关单证办理手续前推后移、网上申领、网上验核。优化出口退税单证备案制度,试点无纸化单证备案。

(三)降低企业进出口合规成本。落实停征港建费、简并港口收费项目等简降费政策。加强市场化收费公开和便捷查询,鼓励和推动港口、航运企业、堆场经营人等主体调整收费结构,加强口岸不合理收费的清理和监督检查。

(四)提升口岸监管能力和服务水平。推广无陪同查验,优化以风险管理为基础的口岸联合监管和事中事后监管模式,提升口岸查验单位风险管理水平,运用大数据风险识别、区块链供应链监管、非侵入式智能查验等监管手段,推进对实货的顺势监管和无感通关。

(五)强化口岸作业公开透明可预期。主动听取企业对跨境贸易便利化改革的建议,加强通关便利化措施对企业宣传培训,加强通关疑难问题会诊咨询和热线服务,向企业提供更多即时性通关状态和监管过程信息。

23. 优化国际经贸人才发展环境。加大海内外优秀人才引进力度。聚焦国际贸易中心建设紧缺急需人才,推动人才引进政策向重点区域、重点领域、重点机构聚力,鼓励重点功能区实施差异化特殊人才政策。完善经贸人才引进重点机构目录和动态调整机制,支持在线新经济、商贸会展等重点领域和各类总部型机构引进优秀人才。强化高水平人才队伍培育。完善市场化、社会化的国际贸易中心人才培养体系,统筹推动高端领军、专业技能、质量管理等各类人才队伍建设。整合各类优质培训研修交流资源,深入开展国际商务领域高端人才专项培育,探索建立国际贸易中心建设高端智库。加快推动高技能人才培养基地、技能大师工作室、工匠创新工作室等载体建设,培育国际贸易中心建设高技能人才。

四、保障措施

24. 发挥贸易与金融、航运、科技创新互相促进的作用。大力发展贸易金融。积极探索资金跨境自由流动的管理制度,积极推进人民币跨境使用,着力推进货物贸易外汇收支便利化试点,促进离岸贸易、转口贸易、跨境电商等新型国际贸易发展。加强贸易与航运联动发展。大力吸引国际性航运专业组织和功能性机构落户,加快优化集疏运体系和海空铁多式联运体系,持续增强长三角贸易综合竞争力。强化贸易与科技创新的相互促进。着力吸引和集聚各类国际创新资源,推进国家技术转移东部中心、上海国际技术进出口促进中心、南南全球技术产权交易所参与国际技术交流与合作,鼓励外资研发机构与本土机构组建国际研发联盟和联合研究机构,构建面向国际的创新合作新平台。

25. 全面提升防范应对风险能力。积极参与和服务国家涉外法治工作战略布局,提高以法治方式应对挑战、防范风险、反制打压的能力。持续跟踪国际经贸发展趋势,及时研判风险挑战。建立全球性突发事件应急预案,加强区域产业链、供应链安全监测,促进供应链开放、稳定、安全。拓展公平贸易公共服务平台与载体,持续开展国际贸易风险防控与法律实务培训,提升贸易摩擦应对、贸易投资合规指导的精准性与有效性。深化产业损害预警体系建设,搭建上海国际经贸政策工具箱,构建面向国际的经贸商事争议解决平台。

26. 强化规划实施组织保障。发挥市推进上海国际贸易中心建设领导小组作用,加强统筹协调,优化财政资金支持的内容和方式,保障重大项目、重大平台、重大政策顺利实施。深入落实推进浦东高水平改革开放和三项新的重大任务,承担更多国家级贸易、投资、消费和流通领域改革试点任务。健全政府与企业、市民的信息沟通和交流机制,发挥新闻媒体、群众社团的桥梁和监督作用,完善国际贸易中心建设动态监测和评估体系,推动规划有效实施。